U0062827

谢林著作集

先刚 主编

先验唯心论体系

System des transzendentalen Idealismus

〔德〕谢林 著 先刚 译

北京大学出版社
PEKING UNIVERSITY PRESS

图书在版编目（CIP）数据

先验唯心论体系 /（德）谢林著；先刚译. —北京：北京大学出版社，2024.4

（谢林著作集）

ISBN 978-7-301-34936-6

Ⅰ.①先… Ⅱ.①谢…②先… Ⅲ.①先验论 Ⅳ.① B081.2 ② B516.34

中国国家版本馆 CIP 数据核字（2024）第 062731 号

书　　　名	先验唯心论体系	
	XIANYAN WEIXINLUN TIXI	
著作责任者	〔德〕谢　林（F.W.J.Schelling）著　先　刚 译	
责任编辑	王晨玉	
标准书号	ISBN 978-7-301-34936-6	
出版发行	北京大学山版社	
地　　　址	北京市海淀区成府路 205 号　100871	
网　　　址	http://www.pup.cn　新浪微博 @ 北京大学出版社	
电子邮箱	编辑部 wsz@pup.cn　总编室 zpup@pup.cn	
电　　　话	邮购部 010-62752015　发行部 010-62750672	
	编辑部 010-62752025	
印刷者	北京中科印刷有限公司	
经销者	新华书店	
	890 毫米 ×1240 毫米　16 开本　22 印张　257 千字	
	2024 年 4 月第 1 版　2024 年 4 月第 1 次印刷	
定　　　价	108.00 元	

目　录

中文版"谢林著作集"说明

如果从谢林于1794年发表第一部哲学著作《一般哲学的形式的可能性》算起，直至其1854年在写作《纯粹唯理论哲学述要》时去世，他的紧张曲折的哲学思考和创作毫无间断地延续了整整60年，这在整个哲学史里面都是一个罕见的情形。[①] 按照人们通常的理解，在德国古典哲学的整个"神圣家族"（康德—费希特—谢林—黑格尔）里面，谢林起着承前启后的关键作用。诚然，这个评价在某种程度上正确地评估了谢林在德国古典哲学的发展过程中的功绩和定位，但另一方面，它也暗含着贬低性的判断，即认为谢林哲学尚未达到它应有的完满性，因此仅仅是黑格尔哲学的一种铺垫和准备。这个判断忽略了一个基本事实，即在黑格尔逐渐登上哲学顶峰的过程中，谢林的哲学思考始终都处于与他齐头并进的状态，而且在黑格尔于1831年去世之后继续发展了二十多年。一直以来，虽然爱德华·冯·哈特曼（Eduard von Hartmann）和海德格尔（Martin Heidegger）等哲学家都曾经对"从康德到黑格尔"这个近乎僵化的思维模式提出过质疑，但真正在

[①] 详参先刚：《永恒与时间——谢林哲学研究》，第1章"谢林的哲学生涯"，北京：商务印书馆，2008年，第4—43页。

这个领域里面给人们带来颠覆性认识的，乃是瓦尔特·舒尔茨（Walter Schulz）于1955年发表的里程碑式的巨著《德国唯心主义在谢林后期哲学中的终结》。[①] 从此以后，学界对于谢林的关注度和研究深度整整提高了一个档次，越来越多的学者都趋向于这样一个认识，即在某种意义上来说，谢林才是德国古典哲学或德国唯心主义的完成者和终结者。[②]

我们在这里无意对谢林和黑格尔这两位伟大的哲学家的历史地位妄加评判。因为我们深信，公正的评价必须而且只能立足于人们对于谢林哲学和黑格尔哲学乃至整个德国古典哲学全面而深入的认识。为此我们首先必须全面而深入地研究德国古典哲学的全部经典著作。进而，对于研究德国古典哲学的学者来说，无论他的重心是放在四大家的哪一位身上，如果他对于另外几位没有足够的了解，那么很难说他的研究能够多么准确而透彻。在这种情况下，对于中国学界来说，谢林著作的译介尤其是一项亟待补强的工作，因为无论对于康德、黑格尔还是对于费希特而言，我们都已经拥有其相对完备的中译著作，而相比之下，谢林著作的中译仍然处于非常匮乏的局面。有鉴于此，我们提出了中文版"谢林著作集"的翻译出版规划，希望以此推进我国学界对于谢林哲学乃至整个德国古典哲学的研究工作。

[①] Walter Schulz, *Die Vollendung des deutschen Idealismus in der Spätphilosophie Schellings*, Stuttgart, 1955; zweite Auflage, Pfullingen, 1975.

[②] 作为例子，我们在这里仅仅列出如下几部著作：Axel Hutter, *Geschichtliche Vernunft: Die Weiterführung der Kantischen Vernunftkritik in der Spätphilosophie Schellings*. Frankfurt am Main 1996; Christian Iber, *Subjektivität, Vernunft und ihre Kritik. Prager Vorlesungen über den Deutschen Idealismus*, Frankfurt am Main 1999; Walter Jaeschke und Andreas Arndt, *Die Klassische Deutsche Philosophie nach Kant: Systeme der reinen Vernunft und ihre Kritik (1785-1845)*. München, 2012。

　　中文版"谢林著作集"所依据的德文底本是谢林去世之后不久，由他的儿子（K. F. A. Schelling）编辑整理，并由科塔出版社出版的十四卷本《谢林全集》（以下简称为"经典版"）。①"经典版"分为两个部分，第二部分（第11—14卷）首先出版，其内容是晚年谢林关于"神话哲学"和"天启哲学"的授课手稿，第一部分（第1—10卷）的内容则是谢林生前发表的全部著作及后期的一些手稿。自从这套全集出版以来，它一直都是谢林研究最为倚重的一个经典版本，目前学界在引用谢林原文的时候所遵循的规则也是以这套全集为准，比如"VI, 60"就是指所引文字出自"经典版"第六卷第60页。20世纪上半叶，曼弗雷德·施罗特（Manfred Schröter）为纪念谢林去世100周年，重新整理出版了"百周年纪念版"《谢林全集》。②但从内容上来看，"百周年纪念版"完全是"经典版"的原版影印，只不过在篇章的编排顺序方面进行了重新调整，而且"百周年纪念版"的每一页都标注了"经典版"的对应页码。就此而言，无论人们是使用"百周年纪念版"还是继续使用"经典版"，本质上都没有任何差别。唯一需要指出的是，"百周年纪念版"相比"经典版"还是增加了新的一卷，即所谓的《遗著卷》（Nachlaßband）③，其中收录了谢林的《世界时代》1811年排印稿和1813年排印稿，以及另外一些相关的手稿片段。1985年，曼弗雷德·弗兰克（Manfred Frank）又编辑出版了一套六卷本《谢

---

① F. W. J. Schelling, *Sämtliche Werke*. Hrsg. von K. F. A. Schelling. Stuttgart und Augsburg: Cotta'sche Buchhandlung, 1856-1861.

② *Schellings Werke. Münchner Jubiläumsdruck, nach der Originalausgabe (1856-1861) in neuer Anordnung*. Hrsg. von Manfred Schröter. München 1927-1954.

③ F. W. J. Schelling, *Die Weltalter. Fragmente. In den Urfassungen von 1811 und 1813*. Hrsg. von Manfred Schröter. München: Biederstein Verlag und Leibniz Verlag 1946.

林选集》①，其选取的内容仍然是"经典版"的原版影印。这套《谢林选集》因为价格实惠，而且基本上把谢林的最重要的著作都收录其中，所以广受欢迎。虽然自1976年起，德国巴伐利亚科学院启动了四十卷本"历史—考据版"《谢林全集》②的编辑工作，但由于这项工作的进展非常缓慢（目前仅仅出版了谢林1801年之前的著作），而且其重心是放在版本考据等方面，所以对于严格意义上的哲学研究来说暂时没有很大的影响。总的说来，"经典版"直到今天都仍然是谢林著作的最权威和最重要的版本，在谢林研究中占据着不可取代的地位，因此我们把它当作中文版"谢林著作集"的底本，这是一个稳妥可靠的做法。

目前我国学界已经有许多"全集"翻译项目，相比这些项目，中文版"谢林著作集"的主要宗旨不在于追求大而全，而是希望在基本覆盖谢林各个时期的著述的前提下，挑选其中最重要和最具有代表性的著作，陆续翻译出版，力争做成一套较完备的精品集。从我们的现有规划来看，中文版"谢林著作集"也已经有二十二卷的规模，而如果这项工作进展顺利的话，我们还会在这个基础上陆续推出更多的卷册（尤其是最近几十年来整理出版的晚年谢林的各种手稿）。也就是说，中文版"谢林著作集"将是一项长期的开放性的工作，在这个过程中，我们也希望得到学界同仁的更多支持。

---

① F. W. J. Schelling, *Ausgewählte Schriften in 6 Bänden*. Hrsg. von Manfred Frank. Frankfurt am Main: Suhrkamp 1985.

② F. W. J. Schelling, *Historisch-kritische Ausgabe*. Im Auftrag der Schelling-Kommission der Bayerischen Akademie der Wissenschaften herausgegeben von Jörg Jantzen, Thomas Buchheim, Jochem Hennigfeld, Wilhelm G. Jacobs und Siegbert Peetz. Stuttgart-Band Cannstatt: Frommann-Holzboog, 1976 ff.

　　本丛书得到了国家社科基金项目“德国唯心论在费希特、谢林和黑格尔哲学体系中的不同终结方案研究”（项目批准号20BZX088）的支持，在此表示感谢。

先　刚

北京大学外国哲学研究所

北京大学美学与美育研究中心

译者序

　　谢林于1800年发表的《先验唯心论体系》是整个德国古典哲学演进过程中的一部里程碑式著作，其在出版当年就获得了至少12篇公开发表的书评[①]，此后也持续发挥影响，更在很长一段时间里被哲学界看作谢林最重要的代表性著作。谢林对自己的这部著作同样十分重视，他在晚年撰写的《近代哲学史》里不但为其开辟了一个专门的章节，而且明确指出："如果你们中间的某位现在或者将来想要准确而原原本本地了解近代哲学的逐渐发展过程，那么我只能推荐他去研究这部《先验唯心论体系》。"[②]

　　从历史背景来看，谢林自1798年23岁获得耶拿大学教授职位之后，在哲学创作上就进入了爆发阶段，尤其从1799年到1801年的短短三年之间，他的体系构想仿佛经历了一个三级跳，连续发表了关于自然哲学体系、先验唯心论体系和绝对同一性体系的著作。当然，这并不意味着谢林在这段时间提出了"三个"不同的体系，或他的哲学思想发生

---

① Vgl. F. W. J. Schelling, *Werke*, Band 9, Teilband 2, Historisch-kritische Ausgabe, herausgegeben von Harald Korten und Paul Ziche, Stuttgart-Bat Cannstatt 2005. S. 24-26.

② 谢林：《近代哲学史》，先刚译，北京大学出版社，2016年，第113页。

了什么快速转变，而仅仅是他的体系构想的逐渐完善化的表现。当时的情况是，谢林虽然19岁的时候就已经凭借几部在风格上近似于费希特的论著成名于哲学界，但他真正得到广泛认可和高度赞誉，还是由于他的自然哲学思想，而他也是凭借早期的自然哲学著作才获得耶拿大学的教授职位。谢林自然哲学的原创性和重要意义在于，他让自然界重新成为一种活生生的、精神性的、按照内在法则而上升发展的东西，简言之，他表明自然界是人类自我之外的"**另一个自我**"，而不是一个仅仅接受人的理性为之立法的现象总体，更不是僵死事物和机械运动的组合。这些思想也受到了费希特的欢迎，因为他以为，谢林的自然哲学只不过是对他自己的知识学的——锦上添花式的，但并非根本重要的，因而不至于喧宾夺主的——补充。但从谢林的角度看，自然哲学并不是先验哲学（知识学）的附庸，毋宁说二者是平行的、一体两面的关系，如果一定要说自然哲学是对先验哲学的"补充"，那么这也是弥补费希特的先验哲学的根本缺陷，弥补其完全缺失的另一面。简言之，谢林从1799年的《自然哲学体系初稿》过渡到1800年的《先验唯心论体系》，完全是遵循他自己的体系框架，仅仅是换一条进路用先验哲学去完善他自己的自然哲学，其目的在于"让费希特的唯心主义与现实性达成和解，或者说表明，即使以费希特的'一切东西都仅仅**通过**自我并且**为着**自我而存在'这个命题为前提，客观世界同样也是可以理解把握的"[1]。 这些思想伴随着《先验唯心论体系》的出版变得无比清晰，也终于让费希特意识到他和谢林的根本分歧。随后两位哲学家围绕着"自然哲学与先验哲学的关系""绝对自我的性质""同一性的意义"

---

[1] 谢林：《近代哲学史》，第112页。

等问题展开了激烈争执，最终走向决裂。在这个背景下，谢林于1801年发表了《对我的哲学体系的阐述》，这个标题里的"**我的**哲学体系"（mein System der Philosophie）放弃了自然哲学或先验哲学的名称，改称为"绝对同一性体系"。谢林后来也说，他之所以使用这个新的名称，"仅仅是为了使他的体系在全体和特殊方面区别于费希特的体系，因为后者根本不承认自然界有一种自主的存在，而是把自然界当作人的自我的一个单纯偶性。"① 但这仅仅是名称的改变而已，从根本上说，绝对同一性体系仍然是此前那个把自然哲学和先验哲学当作一体两面的体系。

实际上，《先验唯心论体系》的意义和影响绝不是仅仅在于澄清了自然哲学和先验哲学的关系，更重要的是，它突破了费希特哲学的狭窄范围，直接续上了康德哲学。正如我们看到的，这本书总共有六章，除去前两章阐述先验唯心论的本原并对其进行演绎之外，后面四章分别讨论的是理论哲学、实践哲学、目的论和艺术哲学，其框架和内容正好与康德的三大批判精准对应，同时还处理了康德后期哲学关心的自然、法权、历史、宗教等问题，因此可以说《先验唯心论体系》完全就是康德的整个哲学蓝图的实现，并且就覆盖面而言堪称近代哲学的第一个完整体系——这不是一个局限于通常所说的"先验唯心论"内部的体系，而是一个以先验唯心论为出发点而展开的完整体系。尤其需要指出的是，当那个时代的绝大多数人还仅仅对康德的理性批判和道德哲学顶礼膜拜时，在哲学界，是谢林首次对《判断力批判》给出了前

---

① 谢林：《神话哲学之哲学导论》，先刚译，北京大学出版社，2023年，第139页。

所未有的至高评价①，这也解释了为什么是他开风气之先，把艺术当作整个体系的封顶石，随后在历史上首创"艺术哲学"（Philosophie der Kunst），进而把艺术和哲学看作一体两面的关系。与此同时，我们也应当知道，《先验唯心论体系》绝非仅仅是康德哲学的翻版和整合，因为它的前两章恰恰是以一个统一的最高本原克服了康德哲学由于缺失本原而导致的不同部门各自为政的局面，而这一点当然要归功于费希特在重建本原的问题上的奠基工作，尤其归功于费希特所揭示出的最高本原的原初同一性和二重性结构及其动力机制（至于这个本原究竟是叫作"本原行动"，还是叫作"自我""绝对同一性""精神""概念"等，已经是次要的问题）。就此而言，谢林的《先验唯心论体系》是康德哲学和费希特哲学的第一个完满综合，它在哲学史上第一次揭示出自然界和精神世界在本质上和结构上的同一性及其动态的发展过程，并且给后来的黑格尔的《精神现象学》和《哲学科学百科全书》树立了一个标杆。

　　至于谢林自己后来的体系，无论是"世界时代"体系还是"神话哲学–启示哲学"体系，虽然都是史上罕见的恢宏之作，并且充满了创新思想和洞见，但毕竟是专注于特定的领域（主要是以神话和宗教为依托的精神史），在整全性上终究不如《先验唯心论体系》。当然，必定也会有行家指出，《先验唯心论体系》之后的绝对同一性体系，尤其是

① 谢林直到晚年都仍然宣称："《判断力批判》是康德最深刻的著作，假若他不是以这部著作作为结尾，而是以之作为开端，那么他很有可能已经给了他的整个哲学一个完全不同的方向。"《近代哲学史》，第213页。亦参阅谢林1804年为康德撰写的悼文《伊曼努尔·康德》，收录于谢林：《哲学与宗教》，先刚译，北京大学出版社，2017年，第10—11页。

1804年的《全部哲学尤其是自然哲学的体系》，也是一个整全的体系，甚至篇幅更大，对某些领域有更充分的阐述——但这些更充分的阐述仅仅限于自然哲学领域（其标题已经暴露了这一点），反之观念世界部分的阐述就很简略，更类似于纲要性质，与《先验唯心论体系》不可同日而语。更重要的是，这里有一个关键的区别，即《先验唯心论体系》和绝对同一性体系所遵循的**方法**是完全不同的。也就是说，绝对同一性体系的阐述方法主要是斯宾诺莎的几何学方法，亦即按照界说、公理、定理、绎理、附属的结构来展开思想，同时还夹杂着德国浪漫派的"断想"（Ideen）、"片断"（Fragmente）、"箴言"（Aphorismen）等阐述方法，而这些方法既不是谢林的独创，也不是什么高明之举，更不能说是一种适合哲学本性的阐述方法。更何况，正是这种阐述方法让谢林哲学（和斯宾诺莎哲学一样）带有浓厚的独断论色彩，有导致哲学静态化、凝固化、模式化的危险，同时也给黑格尔提供了攻击的口实。[①] 当然我们也知道，谢林只是在较短的一段时间里试验性地使用了这些方法，并且在1806年之后将其彻底放弃，这表明他自己也意识到了其中的弊端。与此相反，《先验唯心论体系》的方法却保留下来，一直延续到谢林整个后期哲学；这是谢林最珍视，也最引以为傲的方法，即**历史的－辩证的**发展方法。

关于这个方法，谢林在《先验唯心论体系》前言里有一个粗略概述："全部哲学就其本质而言是**自我意识不断前进的历史**……为了准确而完整地勾勒这段历史，首要的关键是把这段历史的各个时期以及

---

① 黑格尔在《精神现象学》序言里多次批评的"形式主义"（Formalismus），就是在针对谢林的同一性哲学时期采用的这种阐述方法。参阅黑格尔：《精神现象学》，先刚译，人民出版社，2013年，第10、31—32、36页。

这些时期的各个阶段不仅准确地加以区分，而且在一个前后相继的序列中加以呈现。"（III, 331）但究竟为什么要使用这个方法呢？对此谢林在《近代哲学史》里有更明确的交代。也就是说，谢林首先同意费希特的基本立场，即自我创造了世界；但我们每一个正常的人都不会觉得是自己创造了世界，正相反，我们的意识在起步之初就已经面临一个客观的、独立的外部世界，受其制约；因此，只能是一个"无意识的自我"（绝对自我）生产出世界和自我意识或有意识的自我，换言之，世界仅仅是绝对自我的产物，却不是一个现实的自我意识的产物。在这个意义上，谢林才说："我试图通过自我的一个**先行于**现实意识或经验意识的**先验过去**来解释，为什么自我始终是与一个必然呈现在它面前的外部世界联系在一起。于是这个解释走向自我的一个**先验历史**。"①在《先验唯心论体系》里，哲学家之所以能够追溯过去，是通过对于原初活动的"自由模仿"，而全部哲学都是从这种模仿开始的（III, 396）。通过这种模仿，哲学家不但可以使那些超越于时间之外的、原初产生出来的东西仿佛重新出现在眼前，而且可以任意地中断这个序列，对它进行反思。简言之，"哲学领域的天赋恰恰在于不仅能够自由地复制原初行动的序列，更能够在这个自由模仿中重新意识到那些行动的原初必然性。"（III, 397-398）相应地，谢林在《近代哲学史》里指出："科学的任务在于，让意识的那个自我[绝对自我]**亲自**和意识一起重新走过那整条道路，从它最初的外在于自身的存在一直到一种最高的意识。就此而言，哲学对自我来说无非就是一种**回忆**，即回想起自我在其普遍的存在

---

① 谢林：《近代哲学史》，第110页。

里曾经做过和曾经遭遇的事情。"[1] 回忆既是绝对自我自己的回忆（因为它在进入个体之后就遗忘了自己曾经走过的道路），也是个体的自我亦即哲学家的回忆（因为个体自我就是个体化了的绝对自我），因此其阐述的整条道路不是哲学家个人的天马行空的幻想或诗意发明，而是哲学家依据自然界和历史里面的各种遗迹而进行的重构。这种基于"模仿"和"回忆"的方法不仅重续柏拉图的伟大思想，更是直接塑造了黑格尔《精神现象学》的基本方法，尤其当黑格尔把"回忆"这个概念诠释为**"深入内核过程"**（Er-Innerung）[2]，整件事情的目标和方法已经无比清晰。[3]

至于这个方法的真正意义上的**辩证的**方面，即"设定–对立设定–综合设定"（或通常所说的"正–反–合"）模式，在整部《先验唯心论体系》里都有大量体现。我在这里放弃了列举相关例子，一方面是因为它们脱离语境之后同样很容易成为一种令人诟病的形式主义，另一方面是因为在我看来，这个方法并非如谢林自诩的那样是"我所独有的、甚至可以说天然属于我的东西"[4]，毋宁说，这种模式——比如"通过设定而不设定"（规定即否定），"主动的被动"，"在走向无限的同时回归自身"，尤其是那种无处不在的"交互作用"或"交互规定"等——在费希特那里已经基本完善，然后在谢林那里水到渠成（虽然无论是

---

① 谢林：《近代哲学史》，第112页。

② 黑格尔：《精神现象学》，第463、502—503页。亦参阅：G. W. F. Hegel, *Enzyklopädie der philosophischen Wissenschaften III. Werke*, Theorie-Werkausgabe, Band 10, Frankfurt am Main: Suhrkamp, 1969. S. 204。

③ 对此可参阅我的《"回忆"和黑格尔精神现象学的开端》，刊于《江苏社会科学》2019年第1期，此外亦参阅我的《柏拉图的"回忆说"和"灵魂不朽论"》，刊于《云南大学学报》2018年第1期。

④ 谢林：《近代哲学史》，第114页。

在费希特的《全部知识学的基础》里还是在谢林的《先验唯心论体系》里，甚至都没有出现"辩证法"这个术语)，进而又被黑格尔继承下来。今天的人们经常感叹于谢林和黑格尔那里的诸多精彩纷呈的辩证法思想，却很少知道费希特才是德国唯心论辩证法的真正缔造者。当然，费希特只能把这个方法应用于自我意识的狭隘领域，而谢林的伟大功绩和贡献，也是他后期针对黑格尔而强调的自己的原创性，在于他第一次用辩证法贯穿了全部领域，第一次揭示出自然界和精神世界在本质上的同一性和结构上的一致性，而《先验唯心论体系》正是这种一以贯之的辩证法的第一次集中呈现，这种贯通式的辩证法不仅支配着黑格尔的《精神现象学》，更塑造了黑格尔的整个思维方式。至于最后为什么是黑格尔而非谢林把这种辩证法推进到登峰造极的地步，这当然不是因为谢林能力不足(虽然某些黑格尔的盲目崇拜者很喜欢这种论调，总是以自己的无能当作尺度去臆测天才能力的界限)，而是因为后期谢林已经不再把辩证法看作一种包揽一切的绝对方法。正因如此，谢林对黑格尔的万能式辩证法操作并不认同，尤其反对黑格尔把概念放在自然界前面这种头足倒置的做法，而在这个问题上，恩格斯的自然辩证法实际上追随的是谢林的路线。①

　　总的说来，在谢林的全部著作里，《先验唯心论体系》一方面比此前的自然哲学体系更全面，另一方面比此后的绝对同一性体系更具有历史的维度和辩证法的活力，因此它被看作谢林早期哲学最重要的代表作是实至名归的。当然，这里必须加上"早期哲学"这个限定词，因为它的

① 关于谢林的自然辩证法和黑格尔的概念辩证法之争，可参阅我的两篇论文：《试析后期谢林对于黑格尔的批评》，刊于《哲学评论》2017年第1期；《重思谢林对于黑格尔的批评以及黑格尔的可能回应》，刊于《江苏社会科学》2020年第4期。

框架和方法后来已经容纳不下后期谢林在《世界时代》(这是谢林本人指定的真正的"代表作")、《神话哲学》和《启示哲学》里面对人类精神史的全新刻画，因此谢林在他的绝笔之作《神话哲学之哲学导论》里也指出："《先验唯心论体系》这部著作在别的方面本身又只是扮演着过渡和预演的角色。"①

在汉语学界，第一部被翻译过来的谢林著作就是梁志学和石泉(薛华)于1976年合作翻译出版的《先验唯心论体系》，而这本书在很长一段时间里是我们仅有的一部谢林著作中译本。今天的局面已经大有改善。此次我们在"谢林著作集"框架下推出《先验唯心论体系》新译本，也要对前辈的工作致以敬意和感谢。

本书得到了国家社科基金项目"德国唯心论在费希特、谢林和黑格尔哲学体系中的不同终结方案研究"(项目批准号20BZX088)的支持，在此亦表示感谢。

先　　刚

2024年2月于北京大学外国哲学研究所

北京大学美学与美育研究中心

---

① 谢林:《神话哲学之哲学导论》，第137页。

先验唯心论体系

1800

F. W. J. Schelling, *System des transzendentalen Idealismus*, in ders. *Sämtliche Werke*, Band III, S. 327-634. Stuttgart und Augsburg 1856-1861.

前言

当一个体系已经完全改变乃至扭转整个不仅支配着日常生活，甚至也支配着绝大部分科学的世界观，而且它的本原已经得到最严格的证明，如果那些能够感觉到或真正认识到其证明的明晰性的人仍然坚持拒斥这个体系，那么这件事情的唯一根据在于，人们没有能力从大量琐碎的问题里面抽离出来，而忙碌的想象力正是依据这样一个已经改变的观点，直接从整个经验领域里面引申出那些问题，随之迷惑和扰乱了判断。人们既不能否认证明的力量，又不知道可以用什么确定而明晰的东西去取代那些本原，而当他们看到本原那里预先显露出来的一些似乎不可思议的结论，就感到害怕和绝望，以为本原在其应用中必定遭遇的所有那些困难是不可解决的。但是，既然我们有权利要求，每一个真正从事哲学研究的人都应当有能力进行任何抽象，并且懂得按照最高的普遍性去理解把握本原——在这种普遍性里，琐碎东西完全消失了，而且如果它真的是最高的普遍性，就肯定也预先包含着一切可能任务的解决——，那么很自然地，我们在最初建立体系的时候，也应当清除一切沉迷于琐碎东西的研究，仅仅保留必要的第一位东西，使本原达到纯粹性并且摆脱任何质疑。对于每一个体系的真理性，最稳妥的试金石就是看它是否能够不仅轻松解决一些此前不可解决的问题，甚至召唤出一些迄今为止没有人想到的全新问题，并且通过全面摇撼那些被假定为真的东西，让一种新型的真理显露出来。先验唯心论的独特之处恰恰在于，它一旦得到承认，就必定让一切长久以来被认为是颠扑不破的真理的知识仿佛从头开始产生出来，重新审查这些知识，而哪怕它们通过了审查，至少也让它们在全新的形式和形态下显露出来。

　　本书的目的正是要把先验唯心论拓展为它真正应当所是的东西，亦即拓展为全部知识的一个体系，因此不是仅仅大而化之地，而是通过事实本身来证明这个体系，也就是说，把体系的本原真正拓展到一切可能涉及知识的主要对象的问题，这些问题要么是前人已经提出来但没有解决的，要么只有通过体系本身才成为可能的，并且以新的方式产生出来。由此可见，本书必定会涉及那样一些问题和对象，它们对于当前许多在哲学领域里大放厥词的人而言简直是闻所未闻的，因为这些人仍然死守着体系最初的初始根据，不能离开半步，而这又是因为，他们要么原初地缺乏理解能力（这种能力对于理解全部知识的本原而言是必需的），要么是出于偏见或别的什么理由。同样，尽管我们的研究不言而喻会一直回溯到最初的原理，但本书对于这类人也不可能抱有多少期望，因为关于基础研究部分，

III, 331　本书所说的一切都要么在知识学的发明者[费希特]的著作里，要么在我的著作里早就已经说过，只不过在阐述某些论点的时候，本书相比之前那些著作具有更大的清晰性，但这种清晰性至少永远不可能弥补领悟力方面的原初缺陷。除此之外，我的目的是全面地阐述唯心论，而我为了达到这个目的而尝试的手段，就是依据一种延续性

去宣讲哲学的所有部分，并且揭示出，全部哲学就其本质而言是自我意识不断前进的历史，而那些散落在经验中的东西仿佛仅仅是这段历史的纪念碑和凭证。为了准确而完整地勾勒这段历史，首要的关键是把这段历史的各个时期以及这些时期的各个阶段不仅准确地加以区分，而且在一个前后相继的序列中加以呈现。这样一来，人们能够通过那个借以发现序列的方法本身就确保没有遗漏任何一个必要的中间环节，从而赋予整体一个内在的、不为时间所触及的联系，这个联系对于所有后续的版本而言都仿佛是一个屹立在那里、必须承载着一切东西的永恒架构。真正说来，这个联系是直观的一个**层级秩序**（Stufenfolge），而自我是通过这个层级秩序才提升到最高潜能阶次的意识。我之所以煞费苦心去阐述这个联系，主要是有感于自然界和理智东西的平行对应关系，虽然我早就注意到了这种关系，但要完整地阐述它，单凭先验哲学或自然哲学都是不可能的，毋宁说只有**两门科学**合力才是可能的，正因如此，它们必定是两门永恒对立的科学，绝不可能融为一体。就此而言，关于我一直以来主张的两门科学在理论方面的完全平等的实在性，人们必须在先验哲学中，尤其在本书包含着的对于先验哲学的释义中去寻找其令人信服的证明，而本书必须被看作我的自然哲学类著作的一个必然的镜像。因为本 ⟨III, 332⟩ 书恰恰表明，自我之内的直观的同一些潜能阶次在一定界限之内也能够在自然界中被揭示出来，而由于这个界限恰恰是理论哲学和实践哲学的界限，所以对于纯理论的考察而言，究竟把客观东西还是把主观东西当作第一位的东西，这是无关紧要的，因为只有实践哲学（它在纯理论的考察里不做任何表态）才能够把主观东西判定为第一位的东西，因此就连唯心论也不具有一个纯理论的基础，也就是说，如果人们仅仅承认理论上的明晰性，那么唯心论就绝不可能获得自然科学享有的明晰性，因为自然科学的基础和证明完完全全是理论性质的。正是通过以上解释，那些熟悉**自然哲学**的读者将会认识到，我把自然哲学与先验哲学对立起来并把二者完全分开的做法有一个非常深刻的、基于事情本身的理由，而他们也会确信，假若我们的整个任务仅仅是去解释自然界，那么我们根本就不会走向唯心论。

　　至于本书里面关于自然界的主要对象、一般意义上的物质及其普遍功能、有机体等等做出的演绎，虽然是唯心论式的推导，但并不因此就是目的论式的推导（很多人把二者看作同一回事），因为后者无论在唯心论里还是在别的体系里都是不能令人满意的。比如，即便我能够证明，为了顾及自由或实践目的，必须存在着一种具有这样那样规定的物质，或理智必须直观到它针对外部世界的行动是以一个有机体为中介，这个证明也仍然没有回答我的那个问题，即理智究竟是如何和通过哪种**机制**而恰恰直观到那些对于自由或实践目的而

III, 333　言必不可少的东西。毋宁说，唯心论者关于特定的外部事物的存在提出的全部证明都必须从直观活动本身的原初机制出发，亦即必须立足于一个现实的对于客体的**建构**。正因为证明是唯心论式的，所以在进行证明时，单纯的目的论措辞不会给真正的知识带来任何进步，因为众所周知，对于一个客体的目的论解释根本不能告诉我这个客体的真实起源。

　　在先验唯心论体系自身之内，**实践**哲学的真理只能作为中间环节而出现，而且实践哲学中真正属于这个体系的仅仅是它的客观方面，这个客观方面按照其最大的普遍性而言是历史，而在唯心论体

系里，历史和最初的客观秩序或自然界一样，也要求以完全先验的
方式得到演绎。历史的这个演绎同时也证明了，那个应当被看作行
动的主观方面和客观方面之间的和谐的最终根据的东西，虽然必须
被思考为一个绝对同一体，但把绝对同一体想象为实体性存在者或
人格性存在者，并不比把它设定为一个单纯的抽象物更高明。实际
上，只有通过一种无比粗俗的误解，人们才会把这个观点栽赃给唯
心论。

至于**目的论**原理，读者无疑自己就会发现，这些原理揭示出了唯
一合理地解释自然界的机械性和目的性共存的途径。——最后，关
于作为整体的封顶石的**艺术哲学**的定理，这里仅仅在哲学体系的语
境中略有提及。我希望那些对此有特别兴趣的读者注意一点，即整
个研究本身是无止境的，因此这个伟大对象的很多方面不得不预先
被排除在考察之外。

最后需要补充的是，我的一个附带目的是为先验唯心论提供一 III, 334
个尽可能通俗易懂的阐述，并且通过我选择的方法而能够在某种程
度上获得成功。关于这一点，两次公开讲授这个体系的经验已经让
我深信不疑。

相信这篇简短的前言足以激发起那些与我处于同一个立场、
致力于共同解决同一些任务的人对于本书的兴趣，去追求讲解和
启迪，同时也预先劝退那些既对本书毫无兴趣，也不愿老老实实
接受讲解和启迪的人。这样一来，这篇前言也就达到了自己的全部
目的。

1800年3月底，耶拿

内容概览 ①

---

① 这份"内容概览"不是出自谢林本人之手，而是《谢林全集》的编者后加的。其页码指原书（《谢林全集》第三卷）的页码。——译者注

第四章　基于先验唯心论原理的实践哲学体系

导论

§. 1.
先验哲学的概念

1．一切知识都立足于一个客观东西和一个主观东西的一致性。——因为人们所**认知**的仅仅是真相（das Wahre）；而一般认为，真理（Wahrheit）就在于表象与其对象的一致性。

2．我们可以把我们的知识之内的一切单纯**客观东西**的总括称作**自然界**；反之，一切**主观东西**的总括可以叫作**自我**或**理智**（Intelligenz）。这两个概念是相互对立的。在原初的意义上，理智被看作单纯进行表象的东西，自然界被看作单纯可表象的东西，前者是有意识的，后者是无意识的。现在，每一种**知识**之内都必然有二者（有意识的东西和自在地无意识的东西）的彼此汇合，因此我们的任务是解释这个汇合。

3．在知识自身之内——**当我认知的时候**——，客观东西和主观东西的统一方式使得人们不能指出二者中的哪一个具有优先性。这里没有第一位和第二位的东西，毋宁说二者是同时的，是合为一体的。——当我**想要解释**这种同一性的时候，我必然已经将其**扬弃**。知识的上述两个因素是解释的原则，而由于我除了它们之外不掌握别的东西，所以，为了解释这种同一性，我必须把其中一个因素**放在**另一个因素的**前面**，从其中一个因素**出发**，以达到另一个因素；但任务本身并没有规定我应当从**哪一个**因素出发。

4. 因此只有两种情况是可能的。

A. 要么把客观东西当作第一位的东西，然后追问，一个与之一致的主观东西是如何添加到这个客观东西里面的？

主观东西的概念并未**包含**在客观东西的概念之内，毋宁说二者是相互排斥的。因此，主观东西必然是**添加**（hinzukommen）到客观东西里面的。——**自然界**的概念同样没有包含一个表象着它的理智。看起来，哪怕没有任何东西表象着自然界，也不妨碍自然界的存在。因此我们的任务也可以这样表述：理智是如何添加到自然界里面的，或者说，自然界是如何成为一个被表象的东西？

这个任务假定自然界或客观东西是**第一位的东西**。这无疑是**自然科学**的任务，因为后者就在做同样的事情。至于那个**事实**，即自然科学——在不自觉的情况下——至少**接近于**真正解决了这个任务，对此这里只能略作说明。

如果一切**知识**都仿佛具有互为前提和彼此需要的两极，那么这两极必定会在全部科学里面寻求彼此；因此，必然有**两门基础科学**，而且只要从一极出发，就必定会被驱使着走向另一极。因此一切**自然科学**的必然趋势就是从自然界走向理智。正是以这一点而非别的什么东西为基础，人们才努力把**理论**注入到自然现象里面。——自然科学的最高完满性就在于让全部自然法则达到完满的精神化，

成为直观活动和思维活动的法则。现象（质料性的东西）必须完全
消失，只留下法则（形式化的东西）。由此可以得出，自然界本身愈是
绽放出合乎法则的东西，其遮掩物就愈是趋于消失，现象本身就愈 III, 341
是具有精神性，最终完全不复存在。光学现象无非是一种用光来画
线的几何学，而这种光本身已经具有一种模棱两可的物质性。在磁
的现象里，全部物质的痕迹已经消失了，至于重力现象，甚至自然研
究者都认为，它们只有作为一种直接的精神性作用才是可以理解的，
其留下的也只有它们的法则，而这个法则的宏观体现就是天体运动
的机制。——完满的自然理论将是一种把整个自然界都消解在理智
之内的理论。——自然界的僵死的和无意识的产物仅仅是自然界企
图反映自身的失败尝试，但总的说来，所谓的僵死的自然界是一个
不成熟的理智，因此它的现象仍然无意识地已经绽放出一种理智特
性。——自然界只有通过最高和最终的反映才达到它的最高目标，即
把自己完全转化为客体，而那个反映无非是人，或更普遍地说，是我
们称作理性的那种东西，通过它，自然界才第一次完全回归自身，从
而表明，自然界和我们之内被认作理智和意识的那种东西是原初地
同一的。

　　以上所述大概足以证明，自然科学必然倾向于使自然界成为一
种理智东西；恰恰通过这个倾向，自然科学成为**自然哲学**，而自然哲
学是哲学的一门必然的基础科学。①

　　B. 要么把主观东西当作第一位的东西，而任务就是去解释：一

————————

① 关于自然哲学的概念及其必然趋势的详细阐述，可参阅我的《自然哲学体系初稿》及其
　《导论》，以及包含在《思辨物理学杂志》第一卷里的解释。——谢林原注

个与之一致的客观东西是如何添加到它里面的？

如果**一切**知识都是基于这二者的一致性（1.），那么对于一切知识而言，去解释这种一致性无疑就是最高的任务，而且，如果像公认的那样，哲学是一切科学里的至高无上者，那么这无疑也是哲学的**首要任务**。

但这个任务仅仅要求一般地解释那个汇合，却根本没有规定解释的出发点，没有规定应当把什么当作第一位的东西，把什么当作第二位的东西。——但既然对立双方是相互必需的，那么无论从哪一方出发，推演的结果都必须是一样的。

正如刚才已经指出的，把**客观东西**当作第一位的东西，并且从中推导出主观东西，这是**自然哲学**的任务。

因此，如果有一种**先验哲学**，那么它只能反其道而行之，从作为**第一位东西和绝对者的主观东西出发，使客观东西从中产生出来**。这样一来，自然哲学和先验哲学已经分属哲学的两条可能的路线，而如果**全部**哲学都必须致力于**要么从自然界里制造出理智，要么从理智里制造出自然界**，那么承担后一项任务的先验哲学就是**哲学的另一门必然的基础科学**。

§. 2.
绎理

通过迄今所述，我们不但推演出了先验哲学的概念，同时也让读者注意到了哲学的整个体系，而正如人们看到的，这个体系是通过两门基础科学而完成的，二者虽然在本原和路线上相互对立，但

相互需求和相互补充。本书不是提出哲学的整个体系，而是只提出
整个体系的其中一门基础科学，并且按照已经推导出的概念首先对　　III, 343
其进行更详细的刻画。①

1）如果先验哲学把**主观东西**当作**第一位的东西**，当作全部实在
性的唯一根据和所有别的东西的唯一解释原则（§.1.），那么它必然
开始于对客观东西的实在性的普遍怀疑。

如果说仅仅专注于客观东西的自然哲学家最关心的事情是不要
让主观东西干扰他的知识，那么反过来，先验哲学家最关心的事情
就是不要让客观东西干扰知识的纯粹主观本原。——排除干扰的
工具是绝对的怀疑论——不是那种半吊子的、仅仅针对人的普通成
见，却永远不能追根究底的怀疑论，而是一种彻底的怀疑论，这种
怀疑论所针对的不是个别成见，而是那个必然牵一发而动全身的根
本成见。换言之，除了一些人为的、后天灌输的成见之外，还有一些
深远得多的、不是通过教育和技艺，而是通过自然界本身而置于人
心之内的成见，除了哲学家之外，所有别的人都用这些成见替代了全
部知识的本原，而某些所谓的"独立思考者"甚至把它们当作全部
真理的试金石。

所有别的成见都归结为一个根本成见，而这个根本成见无非是
认为：**我们之外存在着物**；因为这个信以为真的观点虽然并不是基
于什么理由或推论（对于它根本不存在任何一个可靠的证明），但
又不能通过相反的证明而被消除（naturam furca expellas, tamen

---

① 只有当先验哲学的体系完成之后，人们才会认识到自然哲学必然是先验哲学的补充，然
后才会不再提出只有自然哲学才能够满足的那些要求。——谢林原注

usque redibit [即使你把大自然叉出去,它终究还会回来①]），所以它自命具有**直接的**确定性。但由于它涉及某种完全不同于我们,甚至与我们相对立的东西,而人们根本看不出这些东西是如何进入直接的意识,所以我们只能把它看作成见,——虽然是一个天生的和原初的成见,但并不因此就不是一个成见。

III, 344

一个命题就其本性而言不可能是直接确定的,却又被盲目地和无理由地当作一个直接确定的命题——先验哲学家要解决这个矛盾,唯一的办法就是假定那个命题以隐蔽的方式,在人们迄今为止不知不觉的情况下,不是与一个直接确定的东西相联系,而是与这个东西是同一的,是同一回事。**揭示这种同一性,将**真正是先验哲学的分内之事。

2）但哪怕对于普通的理性运用而言,唯一直接确定的东西也只有这样一个命题：**我存在**。因为这个命题一旦**脱离**直接的意识就失去意义,所以它是全部真理里面最个体化的真理,是一个**绝对的成见**；我们必须**首先**接纳这个命题,这样某种别的东西才能够是确定的。——因此,对于先验哲学家而言,“**我们之外存在着物**”这个命题只有通过它与“**我存在**”这一命题的同一性才能够是确定的,而它的确定性将仅仅**等同于**后一个命题的确定性,并且是从后一个命题那里借来的。

就此而言,先验知识有两点区别于普通知识。

第一,对于先验知识而言,确信外物的存在是一个单纯的成见,因此必须超越这个成见,去寻求它的根源。（先验哲学家所关心的

① 出自罗马诗人贺拉斯《书信集》（*Episteln*）I, 1, 24。——译者注

绝不可能是去证明自在之物的存在，而是仅仅表明，把外部对象看作真实的东西，这是一个自然的和必然的成见。）

第二，先验知识把汇合在普通意识里的"**我存在**"和"**我们之外存在着物**"这两个命题分开（把其中一个命题放在另一个命题前面），恰恰是为了能够证明它们的同一性，并且真正揭示出它们在普通意识里仅仅被觉察到的直接联系。如果这个分割行为是完整的，那么通过这个行为本身，那个直接的联系就服从于先验的考察方式，这个考察方式绝不是一个自然的方式，而是一个人为的方式。

III, 345

3）如果先验哲学家认为，只有主观东西才具有原初的实在性，他就会仅仅把知识里的主观东西当作直接的客体，把客观东西当作间接的客体。在普通知识里，只有客体，没有**知识本身**（认知活动），反之在先验知识里，只有认知活动，**作为客体的客体**已经消失。因此，先验知识作为纯主观的知识，是一种关于知识的知识。

比如，直观里面只有客观东西达到普通意识，而直观活动本身却消失在对象里；与此相反，先验的考察方式透过被直观的东西仅仅看到直观活动本身。——同理，普通思维是这样一种机制，概念在其中虽然占据支配地位，却没有**作为**概念而被区分出来；与此相反，先验思维打破了那种机制，并且，当它意识到概念就是活动，就把自己提升为**概念的概念**。——在普通行动里，人们只看到行动的客体，却忘记了**行动本身**；哲学思考也是一个**行动**，但并非仅仅是一个行动，毋宁同时是这个行动中的一个持续的**自身直观活动**。

因此总的说来，先验考察方式的本性必然在于**通过这种方式而把那些在所有别的思维、知识或行动里逃避意识的东西，把那些绝对地非客观的东西，带到意识面前，使之成为客观的**，简言之，在于

主观东西持续不断地转变为自己的客体。

而先验艺术正是这样一种技能，即在行动和思维的这种二重性中持续地维系自身。

§. 3.
先验哲学的初步划分

这个划分是**初步的**，因为划分所依据的本原只有在科学自身之内才能够被推导出来。

现在我们回到科学的概念。

先验哲学必须解释：假设主观东西被看作知识里的支配者或第一位的东西，知识一般而言是如何可能的？

因此，先验哲学既不是把知识的某个部分，也不是把知识的某个特殊对象，而是把**知识本身**，把**一般意义上的知识**，当作自己的客体。

现在，一切知识都可以还原为某些原初信念或原初成见，而先验哲学必须把这些个别信念追溯到**一个**原初信念；所有别的信念都是源于这个信念，而这个信念则是通过**先验哲学的第一本原**而表达出来，因此我们的任务就是要找到这个本原，而这无非意味着，我们应当找到一个绝对确定的东西，一个为所有别的东西提供确定性的东西。

先验哲学的划分本身是由某些原初信念所规定的，而这些信念的有效性又是由先验哲学所保障的。我们必须首先在普通知性之内搜寻这些信念。——因此，当我们退回到常识的立场，就会发现人类知性里面有如下一些根深蒂固的信念。

A. 不仅在我们之外不依赖于我们存在着一个事物的世界，而且我们的表象和事物是如此之一致，以至于事物和我们对于它们的表象**毫无区别**。——我们的客观表象里的强制性可以这样解释，即事物不可改变地是已规定的，而我们的表象也间接地是由事物的这个规定性所规定的。这个首要的和最原初的信念规定了哲学的第一个任务，即去解释表象如何能够与那些完全独立于表象而存在着的对象绝对一致。——但既然全部经验的可能性都是基于一个假设，即事物恰恰就是它们在我们的表象中的样子，因此我们确实认识到了事物**自在的**样子（因为，假若不以存在和现象的绝对同一性为前提，经验将是什么东西呢？譬如物理学又将迷失到什么地步呢？），那么这个任务的解决就等同于**理论**哲学，因为理论哲学必须研究经验的可能性。

III, 347

B. 第二个同样原初的信念是：那些**不是通过必然性，而是借助自由**在我们之内产生的表象，能够从思想世界过渡到现实世界并获得客观的实在性。

这个信念和第一个信念是对立的。第一个信念假定：对象是**不可改变地已规定的**，而且我们的表象是由对象所规定；第二个信念假定：对象是**可改变的**，而且是通过我们之内的表象的因果性而发生改变。按照第一个信念，从现实世界到思想世界有一个过渡，或者说表象是由客观东西所规定的；按照第二个信念，从表象世界到现实世界有一个过渡，或者说客观东西是由我们之内的一种（自由筹划的）表象所规定的。

第二个信念也规定了第二个问题，即客观东西如何能够通过一个单纯的思想而发生改变, 并且与思想完全一致?

由于全部自由行动的可能性都是基于这一前提, 所以这个任务的解决就是**实践哲学**。

C. 这两个问题让我们陷入矛盾。——按照B, 思想 (观念东西) 应当支配着感官世界; 但是, 如果 (按照A) 表象就起源而言已经仅仅是客观东西的奴隶, 怎么能够设想这样的支配作用呢? ——反过来, 如果现实世界是某种完全不依赖于我们的东西, 并且 (按照A) 是我们的表象必须遵循的模板, 那么同样不可理喻的是, 现实世界如何能够 (按照B) 以我们之内的表象为准绳。一言以蔽之, 当我们以理论的确定性为准, 就会失去实践的确定性, 而当我们以实践的确定性为准, 又会失去理论的确定性; 同时让我们的认识具有真理和让我们的意愿具有实在性, 这件事情是不可能的。

III, 348

无论如何, 只要存在着哲学, 这个矛盾就必定会被解决——这个问题的解决, 或者说对于这个问题的回答, "如何能够设想表象以对象为准绳, 同时对象又以表象为准绳", 虽然不是先验哲学的**首要**任务, 却是其**最高**任务。

不难看出, 这个问题既不能在理论哲学中, 也不能在实践哲学中, 毋宁只能在一种更高的哲学中得到解决, 这种哲学是把前面二者结合起来的中介, 既不是理论哲学, 也不是实践哲学, 毋宁同时是**二者**。

假若这两个世界 (观念世界和实在世界) 中间不存在一种**前定和谐**, 那么就不能理解, 客观世界以我们内心里的表象为准绳, 同时我们内心里的表象又以客观世界为准绳。但这种前定和谐本身是不可设想的, 除非那个把客观世界生产出来的行动和那个在意愿中表现出来的行动原初地就是同一的，反之亦然。

无论如何，意愿确实表现出一种**生产性的**活动；一切自由的行动都是生产性的，仅仅是**伴随着意识**而进行生产。只要我们断定，两种活动按照本原而言只能是**一种**活动，也就是说，同一种活动在自由的行动中是**伴随着意识**进行生产，但在生产出世界的时候却是**无意识地**进行生产，那么那种前定和谐就是真实的，而矛盾也就解决了。

只要我们断定，一切东西确实是如此，那么那种忙于生产出世 III, 349
界的活动和那种在意愿中表现出来的活动的原初同一性就将在前一种活动的产物中呈现出来，而这些产物必定会显现为一种**有意识的**同时又是**无意识的**活动的产物。

自然界无论是作为一个整体，还是作为个别的产物，都必须显现为既是一种有意识地被制造出来的作品，同时又是最盲目的机制的产物；**自然界是合乎目的的，却不能以合乎目的的方式加以解释**。——因此，研究**自然目的**的哲学或目的论就是理论哲学和实践哲学的那个联合点。

D. 迄今为止，我们仅仅一般地设定了那种制造出自然界的无意识的活动和那种在意愿中表现出来的有意识的活动的同一性，还没有判定前一种活动的本原究竟是落于何处，是位于自然界之内呢，还是位于我们之内。

知识的体系只有在回归它的本原之后才可以被看作已完成的。同理，先验哲学只有**在它的本原里**（在自我里）证实那个**同一性**——这是它的整个问题的最高解决——之后，才可以说是已完成的。

因此我们设定，在主观东西里，**在意识自身之内**，可以揭示出那种同时是有意识的和无意识的活动。

这样一种活动只能是**审美**活动,而每一件艺术作品都只能被理解为这样的活动的产物。因此艺术的理想世界和事物的实在世界是同一种活动的产物;二者(有意识的活动和无意识的活动)的汇合在**无意识**的情况下生产出现实世界,在**有意识**的情况下生产出审美世界。

客观世界仅仅是精神的原初的、尚且无意识的诗(创制);哲学的普遍官能——和它的整座大厦的封顶石——是**艺术哲学**。

III, 350

§. 4.
先验哲学的官能

1. 先验考察的唯一直接的客体是主观东西(§. 2);因此这种哲学思考方式的唯一官能是**内感官**,而且它的客体绝不可能像数学的客体那样成为外在直观的客体。——诚然,数学的客体和哲学的客体一样,都不是**外在于**知识。数学的整个存在都是基于直观,也就是说,数学仅仅存在于直观中,但这个直观本身是一个外在直观。除此之外,数学家绝不会直接研究直观(建构活动)本身,而是仅仅研究那些被建构的、只能以外在的方式呈现出来的东西,反之哲学家所关注的仅仅是**建构活动本身**,而这种活动是一种绝对内在的活动。

2. 进而言之,除非先验哲学家的客体是被自由地生产出来的,否则它们根本不会存在。——人们不能勉强从事这种生产,正如人们不能通过从外部勾勒一个数学图形,就强迫大家从内部直观这个图形。正如数学图形的存在是基于外感官，哲学概念的整个实在性则是基于**内感官**。这种哲学的整个客体无非是理智遵循特定法则而采取的行动。这种行动只能通过自己的直接的内在直观而被把握，而这种直观又只有通过生产活动才是可能的。这还不够。在进行哲学思考时，人们不仅是考察的客体，而且始终同时是考察的主体。因此，理解哲学有两个条件：**第一**，人们必须进行一种持续的内在活动，持续地生产出理智的那些原初行动；**第二**，人们必须持续地反思这个生产活动，简言之，必须始终同时是被直观者（生产者）和进行直观者。　　III, 351

　　3. 通过生产活动和直观活动的这种持续的二重性，那种**原本不能通过任何东西而反映出来**的东西应当成为客体。——虽然不是在**这里**，但后面将会证明，只有想象力的一种**审美**活动才能够把那种绝对无意识的、非客观的东西反映出来。但通过这里已经证明的东西，至少可以看出，全部哲学都是**生产性的**。因此哲学完全和艺术一样，都是基于一种生产能力，二者的区别仅仅在于生产力的不同方向。换言之，如果说艺术中的生产活动是指向外部，以便通过产物去反映出无意识的东西，那么哲学中的生产活动则是直接指向内部，以便在理智直观中反映出无意识的东西。——因此，真正用来理解把握这类哲学的领悟力，是**审美的**领悟力，也正因如此，艺术哲学是哲学的真正官能（§. 3）。

　　只有两个途径可以摆脱普遍的现实性：一个是让我们置身于理想世界的诗，另一个是让现实世界在我们眼前完全消失的哲学。——我们看不出，为什么哲学所需的领悟力比诗所需的领悟力更应当具有普遍性，尤其对某一类人而言，他们要么通过死记硬背（没有比这更直接扼杀生产性的了），要么通过一种僵化的、将全部想象力消灭了的思辨而完全丧失了审美官能。

4. 对于那些废话，比如**真理领悟力**如何全然不顾后果等等，我们没有必要浪费任何时间，尽管人们可能会问，一个要求把"我们之外存在着事物"当作最确定的信念的人，还能够把别的什么信念当作神圣的？——我们宁可再讨论一下普通知性的那些所谓的诉求。

III, 352　　　　在哲学的事务里，普通知性唯一要求的，就是每一个研究对象都应当得到**圆满的解释**。

但我们应当做的，不是去证明普通知性信以为真的东西的真实性，而是仅仅去揭示它的各种错觉的不可避免性。——我们坚持认为，客观世界只不过是那些使自我意识（"我存在"）成为可能的必要限定条件之一；对于普通知性而言，如果从这个观点本身又推导出普通知性自己的必要限定，这就够了。

为了达到这个目的，我们不仅应当开启我们的精神活动的内在驱动力，揭示必然的表象活动的机制，而且应当表明，通过我们的哪一种独特的本性，那些仅仅在我们的直观活动中具有实在性的东西，必然被我们反思为某种在我们之外存在着的东西。

如果说自然科学把自然法则精神化为理智法则，或用形式的东西补充质料的东西，由此从实在论得出唯心论（§. 1），那么先验哲学就是**把理智法则物质化为自然法则**，或用质料的东西补充形式的东西，由此从唯心论得出实在论。

第一章
论先验唯心论的本原

第一节
论知识的一个最高本原的必要性和性质

1. 我们首先假设我们的知识一般而言具有**实在性**，然后追问，这个实在性的条件是什么。——至于我们的知识是否**真的**具有实在性，这取决于我们是否能够随后表明这些首先推导出来的条件是真实的。

如果一切知识都是基于客观东西和主观东西的一致性（《导论》§.1），我们的整个知识就是由各种命题构成的，它们并非**直接**就是真实的，而是从另外某种东西那里获得它们的实在性。

单纯把一个主观东西和另一个主观东西拼凑在一起，不能奠定真正的知识。反过来，真正的知识以对立双方的汇合为前提，而它们的汇合只能是一种**经过中介**的汇合。

因此我们的知识之内必定有某种普遍地发挥中介作用的东西，它是知识的唯一根据。

2. 我们**假设**我们的知识包含着一个**体系**，也就是说，一个自己

III, 354　承载着自己，并且在自身之内融洽的整体。——怀疑论者不但否认这个假设，也否认前一个假设，而这个假设和前一个假设一样，都只能通过行动本身而得到证明。——假若我们的知识乃至于我们的整个本性都是自相矛盾的，事情将会怎样呢？——既然如此，我们只能假设，我们的知识是一个原初整体，其框架应当是一个哲学体系，而这样一来，首先应当追问这样一个体系有哪些条件。

由于每一个真实的体系（比如宇宙体系）都必须**在自身之内**具有它的持存根据，所以，如果有一个知识体系，那么这个体系的本原就**必须位于知识自身之内**。

3. **这个本原只能是唯一的**。因为全部真理都是彼此绝对**平等**的。诚然，或然性可以有不同的程度，但真理却没有程度之分；凡是真实的东西，都是同等真实的。——但是，假若知识的全部命题的真理是来自于不同的本原（各种中间环节），那么它们的真理就不可能是一个绝对平等的真理，因此，一切知识之内必须只有唯一的（发挥中介作用的）本原。

4. 这个本原在间接的情况下是每一门科学的本原，但在直接的情况下仅仅是一门**以全部知识为对象的科学**（亦即先验哲学）的本原。

通过这个任务，即建立一门以**知识**为对象的科学，一门把主观东西当作第一位东西和最高东西的科学，我们就直接触及全部知识的一个最高本原。

先验哲学的概念已经排除了针对知识的这样一个**绝对的**最高本原而提出的一切反对意见。因为一切反对意见的根源都是仅仅在于，人们忽视了这门科学的首要任务是有所限定的，即这门科学从一开始就抽离了全部客观东西，仅仅专注于主观东西。

这里讨论的根本不是**存在**的绝对本原，而是**知识**的绝对本原，而所有那些反对意见仅仅适用于前者。

但很显然，假若知识没有一个绝对的界限——**某种**甚至在我们　III, 355 没有意识到它的情况下在知识之内绝对地束缚和约束着我们的东西，并且**当我们进行认知的时候**，它也绝不会成为客体，而这恰恰是因为，它是全部知识的**本原**——，那么它绝不可能成为知识，更不可能成为一种具体的知识。

先验哲学家并不追问："我们的知识的什么最终根据可能位于我们的知识**之外**？"而是追问："什么是**位于我们的知识自身之内**，而我们不能超越的最终东西？"——他在**知识的内部**寻找知识的本原（因此这个本原本身是某种能够被认知的东西）。

"**知识有一个最高本原**"不像"存在有一个绝对本原"那样是一个**肯定的**论断，而是一个**否定的、做出限制的**论断，其意思仅仅是说：存在着一个最终的东西，一切知识都是开始于它，只要超出它就没有任何**知识**。

但由于先验哲学家（《导论》§. 1）始终仅仅把主观东西当作他的客体，所以他也仅仅主张，在主观的意义上，亦即**对我们而言**，有一种**第一知识**；至于在抽离我们的情况下，在超出这种**第一**知识的情况下，是否仍然有某种东西，这是他当下根本不关心的，而这一点必须留待后面再来判定。

现在，这种**第一知识**对我们而言无疑是一种关于我们自身的知识，或者说是自我意识。唯心论者之所以把这种知识当作哲学的本原，是遵循他的整个任务的限制，即除了知识的主观东西之外不把任何别的东西当作客体。——自我意识**对我们而言**是一个把全部东西结合起来的坚固的点，这是不需要证明的。——至于这个自我意识可能只是一个更高存在的变形（或许是一个更高意识的变形，而这个更高意识又是一个还要更高的意识的变形，如此以至无限）——简言之，至于自我意识在根本上仍然可能通过某种我们对其**一无所知**的东西加以**解释**，这跟作为先验哲学家的我们是毫不相干的；原因恰恰在于，自我意识对我们而言不是一种**存在**，而是一种**知识**，而且是我们一般地具有的一种最高和最广阔的知识。

III, 356

进而言之，我们甚至可以证明（而且这在《导论》§. 1已经部分地得到证明），哪怕**客观东西**被任意地设定为第一位的东西，我们也绝不可能**超出**自我意识。那样一来，我们在进行解释的时候，要么必须从有根据的东西追溯到根据，如此以至无限，要么必须随意中断序列，把一个**本身是**原因和后果——**本身是**主体和客体——的绝对者设定为第一位的东西，而由于这件事情原初地只有通过自我意识才是可能的，所以我们等于是重新把一个**自我意识**设定为第一位的东西；自然科学里面就是这样，尽管无论对自然科学而言，还是对先验哲学而言，存在都不是原初的东西（参阅《自然哲学体系初稿》第5页[1]）；自然科学把唯一实在的东西设定在一个本身是原因和后果的绝对者之内——设定在主观东西和客观东西的绝对同一性之内，这个绝对同一性被我们称作自然界，并且在最高的潜能阶次上仍然无非是自我意识。

独断论既然把**存在**当作原初的东西，在根本上就只能通过一种

---

① 《谢林全集》第三卷，第12页（III, 12）。——原编者注

无限回溯来进行解释；因为它的解释遵循着原因和后果的序列，而
这个序列只能止步于某种本身同时是原因和后果的东西；但恰恰在
这种情况下，独断论转化为自然科学，而自然科学本身在完成时又回
溯到先验唯心论的本原。（前后一贯的独断论仅仅存在于斯宾诺莎
主义里；但斯宾诺莎主义作为实在论体系又只能作为**自然科学**而延
续下去，直到其最终的结果重新成为先验哲学的本原。）

　　所有这一切都表明，自我意识环绕着我们的知识的整个可以无　III, 357
限拓展的视域，并且在每一个方向上都始终是最高的东西。但就当
前的目的而言，我们不需要掌握这些高瞻远瞩的思想，而是只需要反
思我们的最初任务的意义。——每一个人无疑都会发现以下推理是
清晰明了的。

　　我现在暂时只想要做的事情，是把一个体系带入我的知识自
身之内，并且在**知识的内部**寻找那个规定着全部具体知识的东
西。——首先，毫无疑问，那个规定着我的全部知识的东西，是一种
关于我自己的知识。——既然我希望仅仅在我的知识**自身之内**奠定
它，我就不再继续追问那个第一知识（自我意识）的最终根据，因为
假若有这样一个根据，它也必定是位于知识**之外**。自我意识是整个
知识体系里的光源，但它仅仅向前照亮，而不是向后照亮。——哪怕
我们承认，这个自我意识仅仅是一个不依赖于它的存在的变形（而
这显然不是任何哲学能够加以解释的），它对于现在的我而言也不
是一种存在，而是**一种知识**，而且我**在这里仅仅按照这个性质去考
察它**。通过去限定那个迫使我在知识的领域里进行无限回溯的任
务，自我意识对我而言成为一个独立的东西，成为绝对的本原——
不是全部存在的本原，而是**全部知识**的本原，因为**全部**知识（不只是

我自己的知识）都必须由此出发。——至于全部知识（尤其是这个**第一知识**）都是依赖于一个不依赖于它的存在，对此还没有任何独断论能够加以证明。到目前为止，既**有可能**全部存在仅仅是一种知识的变形，也**有可能**全部知识仅仅是一个存在的变形。——但是，如果完全不考虑存在是不是必然的东西，知识是不是存在的偶性——那么**对于我们这门科学而言**，当我们仅仅把知识看作一种**基于自身**的东西，亦即仅仅在主观的意义上考察知识，它就恰恰成为一种独立的知识。

III, 358　　　　至于这种知识是不是**绝对**独立的，要判定这一点，还需要等到科学本身去判定，是否可以设想某种东西是不能够从这种知识自身推导出来的。

　　独断论不可能责难这个任务本身，更不可能责难这个任务的**使命**，因为我可以完全任意地**限定**我的任务，而不是将其任意地**拓展**到某种事先就可以看出绝不可能落入我的知识范围内的东西，比如知识之外的一个知识的最终根据等等。——对此唯一可能的责难是，这样规定的任务不是哲学的任务，这个任务的解决也不是哲学。

　　然而到底什么**是**哲学，这恰恰是一个迄今未解决的问题，对它的答复只能是哲学本身的结果。"这个任务的解决是哲学"，**这一点**只能通过行动本身去答复，即**人们通过这个任务同时解决了自古以来在哲学里试图解决的所有那些问题**。

　　针对独断论者的责难，**我们**同样有权利主张，人们迄今所理解的"哲学"只有作为一门关于知识的科学才是可能的，而且哲学不是把**存在**，而是把**知识**当作客体；因此，哲学的本原也不可能是存在的本原，毋宁只能是知识的本原。——至于我们是否能够从知识达到存在，从起初仅仅为了我们这门科学的方便而**假定**为独立的知识里面推导出全部客观东西，并因此把那种知识提升为一种绝对独立的知识，以及我们的这个做法是否能够比独断论者的相反尝试（从假定独立的存在里面制造出一种知识）更有成功的把握，这些问题必须随后加以判定。

5. 我们这门科学的最初任务，是尝试找到一个从知识本身（就它是一种活动而言）到知识里的客观东西（这时知识不是一种活动，而是一个存在，一种持存）的过渡，而通过这个任务，知识已经设定为独立的；在进行实验之前，这个任务本身是无可指责的。 III, 359

因此，这个任务本身同时设定，知识具有一个**基于自身**的绝对本原，而且这个位于知识内部的本原**同时应当是作为科学的先验哲学的本原**。

每一门科学都是一个具有**特定形式**的命题整体。因此，如果那个本原应当奠定科学的整个体系，那么它必须不仅规定这门科学的**内容**，而且规定其**形式**。

人们公认哲学具有一个独特的形式，即所谓的"体系"形式。——别的科学都在未经推导的情况下预设了这个形式，因为它们已经预设了一种科学之科学，但后者本身却不能采取这个做法，因为它恰恰要在根本上探讨这样一个形式的可能性。

什么是一般意义上的**科学形式**？它又起源于什么东西？这些问题必须由一种知识学代替所有别的科学加以答复。但这种知识学本身已经是**科学**，因此需要一种知识学的知识学，而这种知识学本身又将是科学，如此以至无限。因此现在的问题是，如何解释这个显然不可解决的循环。

为了解释这个对于科学而言不可避免的循环，我们只能断定，它原本就扎根在**知识**自身（科学的客体）之内，也就是说，知识的**原初内容**以知识的原初形式为前提，反过来，**知识的原初形式**又以知识的原初内容为前提，二者是互为条件的。——有鉴于此，我们必须在理智自身之内找到一个点，在那里，通过最原初的知识的同一个不可分割的活动，内容和形式同时产生出来。——找到这个点的任务必须等同于找到全部知识的本原的任务。

III, 360　　**也就是说，哲学的本原必须是这样一个东西，在它那里，内容以形式为条件，反过来形式又以内容为条件**，并非一方是另一方的前提，而是双方互为前提。——针对哲学的第一本原，有些人曾经提出如下方式的论证：哲学的本原必须用一个原理表达出来，这个原理当然不应当是一个单纯形式性的原理，毋宁应当是一个质料性的原理；但每一个命题，不管其内容是什么，都服从逻辑法则。因此，每一个质料性原理都仅仅因为是这样的原理，就以一些更高的原理亦即**逻辑**原理为前提。——这个论证唯一需要的，就是应当被颠倒过来。人们不妨把一个形式性命题比如A=A设想为最高命题；这个命题里的逻辑因素仅仅是A和A之间的同一性形式；但我究竟是从哪里知道这个A的呢？**如果**A存在，那么它是等同于它自身的；但A究竟是从哪里来的呢？这个问题无疑不能由命题A=A本身来回答，而是只能由一个更高的命题来回答。A=A的分析以A的综合为前提。因此很显然，假若不以一个质料性本原为前提，我们就不能设想任何形式性本原，假若不以一个形式性本原为前提，我们也不能设想任何质料性本原。

要摆脱任何形式以一个内容为前提和任何内容以一个形式为前

提这个循环，唯一的办法是找到一个命题，在它那里，内容和形式互为条件，并且使对方成为可能。

因此，那个论证的第一个错误前提就在于把逻辑原理当作**无条件的**原理，殊不知这些原理是从一些更高的命题里推导出来的。——对我们而言，逻辑原理仅仅是在这种情况下产生出来的，即我们把那个在别的命题里仅仅是形式的东西重新当作命题的内容；因此一般而言，逻辑只能通过抽离特定的命题而产生出来。如果逻辑是以**科学的**方式产生出来的，那么它只能通过抽离知识的**最高**原理而产生出来，但由于这些最高原理作为原理而言**本身又已经**以逻辑形式为前提，它们就必须具有这样的性质，即在它们那里，**二者** III, 361（形式和内容）互为条件和互为源头。

但在进行上述抽离之前，必须首先提出知识的这些最高原理，并确立知识学本身的地位。知识学应当为逻辑奠基，同时又应当遵循逻辑法则，以确立自身的地位，对于这个新的循环的解释和对于之前指出的循环的解释是一样的。由于在知识的最高原理里，形式和内涵是互为条件的，所以一种关于知识的科学必须同时是科学形式的法则和最完满的应用，而且无论就形式还是就内容而言都是绝对以自身为法则。

第二节
本原本身的演绎

当我们谈论最高本原的演绎时，不是指从一个**更高的**本原推导出这个本原，更不是去证明它的**内容**。证明只能涉及这个本原的**地**

位，或者说只能证明它是**最高**本原，并且本身承载着这样的本原所具有的全部特性。

这个演绎可以采取极为不同的方式。我们选择的是那样一个方式，它对我们而言是最轻松的，同时让我们最直接地看到本原的真正意义。

1）甚至怀疑论者都承认，知识一般而言是可能的——这不是指这种或那种特定的知识，而是泛指某一种知识，至少是对于无知的知识。无论我们知道什么东西，这种知识都要么是有条件的，要么是无条件的。——何谓"有条件的"？就是我们之所以知道它，仅仅因为它和某种无条件的东西联系在一起。因此我们在任何情况下都指向一种无条件的知识。（前面的段落已经证明，我们的知识里必定有某种东西是我们不能再度通过某种更高的东西而得知的。）

III, 362　　　　问题仅仅在于，究竟什么东西是人们无条件地知道的。

2）我**无条件地**知道的只有那样一种东西，即对于它的知识仅仅以主观东西为条件，而不是以客观东西为条件。——现在有人主张，只有那种通过**同一性**命题表达出来的知识才是仅仅以主观东西为条件。因为在A=A这个判断里面，主词A的内容被完全抽离了。至于A究竟是否具有**实在性**，对于这种知识而言是无关紧要的。也就是说，如果完全抽离了主词的**实在性**，那么我们就是仅仅考察A**在我们之内**被设定、被我们**表象着**的样子，根本不去追问这个表象是否与我们之外的某东西相一致。这个命题是自明的和确定的，完全不必考虑A究竟是某种现实的东西呢，还是某种单纯想象出来的乃至不可能的东西。因为这个命题只是说：如果我思考A，那么我所思考的无非是A。因此这个命题里的知识仅仅以**我的思维**（主观东西）为条件，也就是说，按照上面的解释，这种知识是**无条件的**。

3）但在全部知识里，都有一个**客观东西**被思考为与主观东西汇合在一起。但命题A=A里面却没有这样的汇合。就此而言，一切原初知识都超越了思维的**同一性**，而命题A=A本身必须以这样一种知识为前提。——当我思考A的时候，我当然是把它作为A来思考；但我为什么会思考A呢？如果它是一个随意设想出来的概念，它就没有为知识奠基；如果它是一个伴随着必然性的感觉而产生出来的感觉，它就必须具有客观的实在性。

如果所有那些命题——在其中，主词和谓词不是**仅仅以思维的同一性**，而是以某种外在于思维、不同于思维的东西为中介——都叫作**综合**命题，那么我们的整个知识就是完全由综合命题构成的，而且只有这样的命题才包含着一种现实的知识，亦即一种在自身之外具有它的**客体**的知识。

4）但不言而喻，综合命题并不是**无条件的**，因为只有同一性命题或分析命题才是无条件的（2.）。因此，如果综合命题乃至我们的整个知识应当包含着确定性，它们就必须追溯到一个**无条件确定的东西**，也就是说，追溯到**思维的一般意义上的同一性**，而这是自相矛盾的。 III, 363

5）要解决这个矛盾，唯一的办法是**找到同一性和综合性合为一体的那个点**，或者说找到这样一个命题，它作为同一性命题同时是综合命题，作为综合命题同时是同一性命题。

在这类命题里，一个完全陌生的客观东西与一个主观东西汇合（每一个综合判断A=B都是这种情况；谓词或概念在其中始终代表着主观东西，主词代表着客观东西）。除非依据以下两个条件，否则我们无法理解怎么能够通过这类命题而达到确定性：

a. 确实存在着某种**绝对真实的**东西；因为，假若我们的知识包含着一个从本原到本原的无限追溯，那么为了感觉到那个强制性（命题的确定性），我们至少必须无意识地向后穷尽那个无限序列，而这显然是荒谬的。如果序列真的是无限的，它就不可能以任何方式被穷尽。如果序列不是无限的，那么就存在着某种绝对真实的东西。——如果存在着这样的东西，那么我们的整个知识乃至于其中的全部个别真理都必须和那个绝对的确定性交织在一起；对于这个联系的**模糊感觉**产生出对于那个强制性的感觉，伴随着后者，我们才把某个命题看作真实的。——哲学应当把这个模糊感觉化解为清晰概念，而其采取的办法，就是揭示出那个联系及其主要环节。

b. 那种绝对真实的东西只能是一种**同一性**知识；但由于全部真实的**知识**都是综合知识，所以那种绝对真实的东西作为同一性知识必须同时是综合知识；因此，如果存在着一种绝对真实的东西，那么必定存在着一个点，在那里，综合知识直接发源于同一性知识，同一性知识直接发源于综合知识。

III, 364

6）为了能够完成找到这样一个点的任务，我们无疑必须进一步深究同一性命题和综合命题之间的对立。

每一个命题里面都有两个概念相互参照，也就是说，它们要么被设定为彼此等同，要么被设定为彼此不同。但在同一性命题里面，只有**思维与它自身**进行参照。——与此相反，综合命题超越了**单纯的思维**；我在思考命题的主词时并没有思考谓词，谓词是**添加**到主词里面的；因此对象在这里不是**仅仅**由对它的思维所规定的，而是被看作**实在的**，因为"实在"恰恰意指着那种不能通过**单纯的思维**

而被制造出来的东西。

现在，如果同一性命题是概念与概念相参照的命题，综合命题是概念与一个不同于它的对象相参照的命题，那么"找到同一性知识同时是综合知识的那个点"这个任务无非意味着：**找到一个点，在那里，客体和它的概念、对象和它的表象原初地、绝对地、在没有任何中介的情况下合为一体**。

这个任务和"找到全部知识的一个本原"这一任务是同一回事，对此还需要简单加以说明。——如果知识本身没有包含着表象和对象**原初地**合为一体的点，或者说没有包含着**思维和表象活动的最完满的同一性**，看起来就根本不能解释表象和对象如何能够相一致。

7）现在，既然表象是主观东西，存在是客观东西，那么这个任务的最准确的规定就是：**找到一个点，在那里，主体和客体直接合为一体**。

8）通过愈来愈细致地去限定这个任务，它现在几乎得到解决了。——主体和客体的那种直接的同一性只能存在于一个地方，在那里，**被表象者**同时也是**进行表象者，被直观者**同时也是**进行直观者**。——但被表象者和进行表象者的这个同一性仅仅位于**自我意识**之内；因此，我们所寻找的点是在自我意识之内找到的。

III, 365

释义

a. 如果我们现在再回顾一下同一性原理A=A，就会发现我们本来能够从它那里直接推导出我们的那个本原。——我们曾经指出，在每一个同一性命题里，都是思维与它自身相参照，而这无疑是通过一个**思维活动**而发生的。也就是说，命题A=A以一个**直接把自己当作客体**的思维为前提；但这样一种转变为自己的客体的思维活动仅仅位于**自我意识**之内。诚然，我们无法理解如何能够从一个单纯的逻辑命题里面刨出某种实在的东西，但可以理解的是，我们既然能够通过反思这个命题里的思维活动而找到某种实在的东西（比如在判断的逻辑功能里面找到范畴），也就能够在每一个同一性命题里找到自我意识的活动。

b. 任何人只需通过自我意识本身的活动就能够看清楚**一个事实**，即思维的主体和客体在自我意识之内是合为一体的。为此人们必须同时从事这个活动，并在这个活动中重新反思自身。——自我意识是思考者借以直接成为他自己的客体的活动，反过来，唯有这个活动（而非别的什么活动）才是自我意识。——这个活动是一个绝对自由的行动，人们可以被引导，却不能被强迫去采取这个行动。——以下阐述始终以这样一种技能为前提，就是能够在这个活动中直观自己，把自己区分为被思考者和思考者，并且在这个区分中重新认识到自己的同一性。

c. 自我意识是一个活动，而无论通过什么活动，我们都确立了某些东西。——任何思维都是一个活动，而任何特定的思维都是一个特定的活动；无论通过什么思维，我们都获得了一个特定的**概念**。概念无非是思维活动本身，一旦抽离了这个活动，概念就什么都不是。通过自我意识的活动，我们同样必须获得一个概念，而这个概念无非就是**自我**的概念。当我通过自我意识成为我自己的客体，我就获得了自我的概念，反过来，自我的概念仅仅是"自身的客体化"这一概念。

III, 366

　　d. 自我的概念仅仅是通过自我意识的活动才确立的，因此自我**离开**这个活动就是无，它的整个实在性都是仅仅基于这个活动，**它本身无非就是这个活动**。换言之，自我只能被表象为一般意义上的**活动**，否则它就是无。

　　至于**外在的**客体是否与它的**概念**毫无区别，以及概念和客体在这里是不是同一个东西，这是首先必须判定的一个问题；但自我的**概念**（亦即那个在根本上使思维成为自己的客体的活动）和**自我本身**（客体）是绝对地合为一体的，这一点根本不需要证明，因为自我**离开**这个活动显然就是无，并且总的说来仅仅存在于这个活动中。

　　因此这里就是我们所寻求的思维和客体、显现和存在的那种原初同一性，它在任何别的地方都是找不到的。自我在那个使思维成为自己的客体的活动**之前**根本就**不存在**，因此它本身无非是那个成为自己的客体的思维，随之离开思维完全是无。——很多人之所以始终认识不到"被思考"和"产生出来"在自我那里的这种同一性，唯一的原因在于，他们既不能自由地完成自我意识的活动，也不能在这个活动中反思那些由此产生出来的东西。——关于前一点，需要指出的是，我们诚然区分了作为活动的自我意识和单纯的经验意识；我们通常所说的意识，是某种仅仅与客体的表象并行的东西，亦即某种仅仅以经验的方式在表象的更替中维持着同一性的东西，因为在这种情况下，我虽然意识到我自己，但仅仅把我自己当作进行表象者。——但这里所谈论的活动却是这样一种活动，通过它，我不是意识到自己具有这个或那个规定，而是**原初地**意识到我自己，这个意识作为经验意识的对立面，叫作**纯粹**意识，或真正意义上的**自我意识**。

III, 367

这两种意识的谱系还可以通过如下方式加以澄清。当我完全顺从表象的强制的延续性，那么这些表象无论多么千差万别，看起来都是属于同一个主体。当我反思主体在表象中的这个同一性，我就发现了"**我思**"这个命题。这个"我思"是一个伴随着全部表象，并且维持着表象之间的意识延续性的东西。——但如果我摆脱全部表象活动，以便**原初地**意识到我自己，我所发现的就不是"**我思**"这个命题，而是"**我存在**"，而这无疑是一个更高的命题。"我思"这个命题已经表达出自我的一个规定或情状；反之"我存在"是一个无限命题，因为这个命题不具有一个**现实的**谓词，但恰恰因此肯定了无穷多**可能的**谓词。

e. 自我不是什么有别于它的思维的东西，自我的思维和自我本身是绝对地合为一体的；因此自我**离开**思维根本就是无，从而不是**物**，不是**事情**，而是一个无限推进的**非客观东西**。对此可以这样理解：也就是说，自我诚然是客体，但仅仅**对它自己而言**是如此，因此自我不是**原初地**就在客体世界之内，而是通过把自己当作客体才**成为**客体，而且它不是成为某种外在东西的客体，而是始终仅仅成为它自己的客体。

一切别的不是**自我**的东西都原初地是客体，但正因如此不是其 III, 368 自己的客体，而是它们之外的一个直观者的客体。原初的客观东西始终只是一个被认识者，绝非一个进行认识者。自我只有通过它的自身认识才转变为一个被认识者。——物质之所以被称作"非自主的"，就是因为它不具有内核，而且是一种仅仅在异己的直观中被把握的东西。

f. 既然自我不是物，不是事情，人们就不能追问自我具有哪些谓词；除了"不是物"这一点之外，自我不具有任何别的谓词。自我的特性恰恰在于，它所具有的谓词无非是自我意识的谓词。

同样的结论也可以从另外一些方面推导出来。

那个作为知识的最高本原的东西，不可能又把某种更高的东西当作它的认识根据。因此对我们而言，它的principium essendi und cognoscendi [存在的本原和认识的本原]也必须是同一个东西，并且合为一体。

正因如此，这个无条件者不可能在某一个**物**里被找到，因为那个作为客体的东西，原初地也是知识的客体；与此相反，那个作为全部知识的**本原**的东西，绝不可能原初地或自在地就是客体，毋宁只有**通过自由的一个特殊活动**才能够成为知识的客体。

也就是说，无条件者不可能在整个客体世界里被找到（因此无论是对于科学还是对于先验哲学而言，纯客观的东西或物质都不是什么原初的东西，而是一个假象）。

所谓"无条件"，意思是绝不可能成为物或事情。因此，哲学的首要问题也可以这样表述：去找到某种绝不可能被思考为物的东西。但这样的东西仅仅是自我，反过来，自我是一个自在地非客观的东西。

g. 现在，如果自我绝不是客体——不是物，看起来就很难解释，一种关于自我的知识究竟是如何可能的，或者说我们关于自我究竟具有什么样的知识。

自我之所以是纯粹的活动，一个在知识里必定绝对非客观的纯粹行动，原因恰恰在于，它是全部知识的**本原**。因此，当自我成为知识的客体，这必定是通过一种完全不同于普通知识的知识而发生

III, 369

的,而这种知识必须满足以下两点:

1)它是一种绝对自由的知识,而这恰恰是因为一切别的知识都是**非自由的**,也就是说,这是一种并非通过证明和推论乃至以任何概念为中介而获得的知识,因此在根本上是一种直观活动;

2)它是一种不让它的客体独立于它的知识,亦即**一种同时生产出它的客体的知识**——一种在根本上自由地进行生产的直观,在其中,生产者和产物是同一个东西。

这样一种与感性直观——它看起来并没有生产出自己的客体,因此在它那里,**直观活动本身**和被直观者是区分开的——相对立的直观,叫作**理智直观**。

这样一种直观就是**自我**,因为只有**通过自我关于它自身的知识**,**自我自身**(客体)才产生出来。换言之,自我(作为客体)无非是一种**关于自身的知识**,因此只有当自我对自身具有知识,自我才产生出来;因此,**自我自身**是一种同时把自身(作为客体)生产出来的知识。

理智直观是全部先验思维的官能。因为先验思维的目标恰恰是要通过自由而把那个本来不是客体的东西当作客体;先验思维以这样一种能力为前提,即能够同时生产出并直观精神的某些行动,以至于"生产出客体"和"直观活动本身"是绝对地合为一体的,而这种能力恰恰是理智直观的能力。

就此而言,先验的哲学思考必须始终伴随着理智直观:有些人宣称这种哲学思考是不可理喻的,但这并不是因为这种哲学思考本身是不可理喻的,而是因为人们缺乏一个必须借以理解把握这种哲学思考的官能。假若没有这种直观,哲学思考本身就缺乏一个应当承载和支撑着思维的基体;恰恰是理智直观,在先验思维里取代了客观世界，仿佛带着思辨展翅翱翔。**自我自身**是一个客体，而这个客体是**通过自我对自身具有知识而存在着**，也就是说，自我是一种持续的理智直观；既然这个生产着自身的东西是先验哲学的唯一客体，那么理智直观对于先验哲学的意义，就好比空间对于几何学的意义。假若没有空间直观，几何学将是绝对不可理喻的，因为几何学的全部建构都仅仅是以各种方式去界定空间直观；同理，假若没有理智直观，一切哲学也将是不可理喻的，因为哲学的全部概念都仅仅是以各种方式去界定**那个把自己当作客体的生产活动**，亦即去界定理智直观。（参阅费希特发表于《哲学杂志》的《知识学导论》。）

为什么有些人会把这种直观理解为某种神秘莫测的东西，——理解为少数人自吹自擂的一个奇特官能呢？对此唯一的解释，就是有些人真的缺少这个官能，而我们之所以对这件事见惯不惊，只不过是因为他们除了缺少这个官能之外，还缺少另外一些其实在性同样不容置疑的官能。

h. 自我无非是**一个成为自己的客体的生产活动**，亦即一种理智直观。但这种理智直观本身是一个绝对自由的行动，因此这种直观是不能加以证明的，只能被当作一个要求；但自我本身仅仅是这种直观，因此自我作为哲学的本原，本身仅仅是某种被当作**公设**的东西。

自从莱茵霍尔德①把哲学的科学奠基当作目标以来，很多人都

---

① 莱茵霍尔德（Karl Leonhard Reinhold, 1758—1823），德国哲学家。他的哲学通常被称作"基础哲学"（Fundamentalphilosophie）或"要素哲学"（Elementarphilosophie），批评康德哲学缺乏一个最为坚实的基础或本原，因此应当把意识（表象）当作哲学的基础或基本要素。这些思想对德国唯心论（费希特、谢林和黑格尔）产生了重要影响。——译者注

谈到了哲学必须由之出发的第一原理, 而通常说来, 人们所理解的
"第一原理"是一个应当包含着整个哲学的定理。但我们很容易发
现, 先验哲学不可能从任何论题出发, 因为它的出发点是主观东西,
亦即那个只能通过自由的一个特殊活动而转变为客体的东西。论
题是一个涉及**存在**的命题。但先验哲学不是从存在, 而是从一种自
由的行动出发, 而这样的行动只能被当作公设。任何不是经验科学
的科学都必定已经通过它的第一本原就排除了全部经验论, 也就是
说, 它不是假定它的客体是现成已有的, 而是将客体**制造出来**。比如
几何学就是这样做的, 因为它不是从一些定理, 而是从一些公设出
发。人们把几何学里的原初建构当作公设, 要求学生自己去把它制造
出来, 因此是要求学生从一开始就独立进行建构。——先验哲学同
样也是如此。假若缺乏先验的思维方式, 人们必定会觉得先验哲学
是不可理喻的。因此人们必须从一开始就通过自由而置身于先验的
思维方式, 而这需要借助于那个使得本原产生出来的自由活动。虽
然先验哲学不应当一般地预设它的全部客体, 但它至少可以预设它
的**第一个客体**亦即**本原**, 仅仅假定本原是一个可以自由地加以建构
的东西, 在这种情况下, 既然本原是先验哲学自己建构出来的, 那么
它的所有别的概念也是如此, 而整个科学都只需从事它自己的自由
建构。

如果哲学的本原是一个公设, 那么这个公设的客体将是**内感官**
的最原初的建构, 亦即自我, 但这不是指一个以某种特殊方式被规
定的自我, 而是指一般意义上的**自我**, 即一种自己生产出自己的活
动。通过这个原初的建构, 并且在这个建构之中, 诚然确立了某种特
定的东西, 正如通过精神的每一个特定的活动也确立了某种特定的

III, 371

东西。但产物**离开**建构就是绝对的无，并且一般而言只有通过被建构才**存在着**，正如几何学家的线也离不开建构。——这条线也不是某种实际存在着的东西，因为画在黑板上的线并不是线本身，只有当它依据我们对于线本身的原初直观，才被认作是线。

正因如此，"什么**是**自我"和"什么是线"一样，都是不可证明的；人们只能描述那个使自我产生出来的**行动**。——假若线是可以证明的，我们就用不着把它当作公设了。生产活动的那条先验的线也是如此，它在先验哲学里必须被原初地直观到，然后才从它那里显露出科学的所有别的建构。 III, 372

只有当我们制造出自我，我们才会经验到什么是自我，因为唯有自我原初地包含着存在和生产活动的同一性。（参阅《新哲学杂志》第十期刊载的关于哲学文献的综述。①）

i. 那个对我们而言通过理智直观这一原初活动而产生出来的东西，可以用一个原理来表达，而人们可以把它称作哲学的第一原理。——现在，那个对我们而言通过理智直观而产生出来的东西是自我，这时它是**它自己的产物**，同时是生产者和产物。自我（作为生产者）和自我（作为产物）之间的这种同一性通过命题"自我＝自我"表达出来，这个命题既然把对立双方设定为彼此等同的，就绝不是一个同一性命题，而是一个综合命题。

也就是说，通过命题"自我＝自我"，命题"A＝A"转化为一个综合命题，而我们已经找到一个点，在那里，同一性知识直接发源于

---

① 谢林：《知识学唯心论释义》（*Abhandlungen zur Erläuterung des Idealismus der Wissenschaftslehre*），《谢林全集》第一卷，第401页（I，401）。——原编者注

综合知识，综合知识直接发源于同一性知识。但全部知识的本原也聚集于这个点（第一节）。也就是说，命题"自我=自我"必须表达出全部知识的本原，因为**唯有**这个命题**能够**同时是同一性命题和综合命题。

对于命题"A=A"的单纯反思也能够把我们带到这个点。——诚然，命题"A=A"看起来是一个同一性命题，但如果其中一个A是与另一个A相对立的，那么它也能够具有综合的意义。也就是说，人们

III, 373　必须用一个概念替换A，这个概念不但表达出**同一性里的原初二重性**，而且反过来表达出原初二重性里的同一性。

　　j. 这样一个概念所指的是一个与自己相对立、同时又与自己相等同的客体。但这样的客体仅仅是那样一个东西，它**本身同时是原因和后果**，同时是生产者和产物，同时是主体和客体。——因此，一个同时表达出二重性里的原初同一性和相反情况的概念所指的仅仅是一个**主体–客体**，而这个东西原初地仅仅出现在自我意识之内。

　　自然科学**任意地**从同时作为**生产者和产物**的自然界出发，以便从前面的那个概念中推导出个别东西。知识的直接客体是那个仅仅出现在直接的自我意识之内的同一性，即"自身客体化"的最高潜能阶次，而先验哲学家——不是任意地，而是通过**自由**——就置身于其中；最终说来，只有把自然界当作理智，才可以解释自然界里的原初二重性。

　　k. 命题"我是我"同时满足了对于知识的本原提出的第二个要求，即这个本原应当同时奠定知识的形式和内涵。因为只有通过命题"我是我"表达出来的那个**活动**，即"思维成为自己的客体，同时保持着自身同一性"，"A=A"这一最高的形式原理才是可能的。也就

是说，并非命题"我是我"从属于同一性原理，反而是同一性原理以
"我是我"为条件。换言之，假若我不是我，那么A也不可能是A，原
因在于，命题"我是我"所设定的等同性仅仅表达出了进行判断的主
体和那样一个东西（A在其中被设定为**客体**）之间的等同性，亦即作
为主体的我和作为客体的我之间的等同性。

综述

1）前面的演绎所解决的是这样一个矛盾：知识的科学不可能从
任何**客观的**东西出发，因为它恰恰开始于对客观东西的实在性的普
遍怀疑。因此，对于这种科学而言，无条件确定的东西只能位于绝对
非客观的东西之内，而这也证明了同一性命题（作为唯一无条件确定
的命题）的非客观性。至于一个客观东西如何能够从这个原初地非
客观的东西里产生出来，这是不可理解的，除非那个非客观的东西
是一个**自我**，亦即一个能够**转变为**自己的客体的本原。——只有原
初地不是客体的东西，才能够把自己当作客体，并随之成为客体。一
切客观东西都是出于自我之内的这种原初二重性，展现在自我面前，
进入自我的意识，而只有二重性里的那种**原初**同一性才把统一和联
系带入全部综合知识。

III, 374

2）关于这种哲学的习惯用语，有必要再提出一些评论。

康德在他的人类学里发现一件值得注意的事情，即一旦儿童开
始用"我"称谓自己，就仿佛在他面前打开了一个新的世界。这种情
况实际上是很自然的；在他面前打开的是理智世界，因为凡是能够用
"我"称谓自己的东西，都因此超然于客观世界之上，从异己的直观
进入他自己的直观。——无疑，哲学必须从那个在自身之内包揽着整

个理智性的概念出发，从中展开自身。

这恰恰表明，相比"**个体性**"这个单纯的表述，"自我"概念具有某种更高级的意味，即它所指的是**一般意义上的自我意识**的活动，这个活动诚然是必须伴随着个体性的意识而出现，但本身并不包含任何个体的东西。——迄今为止，我们所讨论的**自我**仅仅是**一般意义上的自我意识这一活动**，而全部个体性都必须随后从它那里推导出来。

作为本原的自我既然不能被看作个体的自我，也就不能被看作经验的自我，即出现在经验意识里的自我。当纯粹意识以各种方式接受规定和限制，就得出经验意识，因此二者的区别仅仅在于它们的界限；你们只要取消经验自我的界限，就会得到这里讨论的绝对自我。——纯粹自我意识是一个位于全部时间之外，后来才把全部时间建构起来的活动；反之经验意识是一种仅仅在时间和表象的延续中生产出自身的东西。

III, 375

至于自我究竟是一个自在之物还是一个现象，这个问题本身就是荒谬的。自我根本就不是一个物，既不是自在之物，也不是现象。

人们在回答这个问题时面临的两难选择（一切东西必须要么是某东西，要么是无），是基于"**某东西**"（Etwas）这个概念的模棱两可性。如果"**某东西**"一般所指的是某种与单纯的**想象**相对立的**实在东西**，那么自我当然必定是某种实在的东西，因为它是全部实在性的**本原**。但同样清楚的是，正因为它是全部实在性的**本原**，所以它的实在性和那些仅仅推导出来的实在性不可同日而语。有些人唯一认可的实在性是物的实在性，而这是一种单纯借来的实在性，仅仅是那种更高的实在性的映射。——仔细看来，那个两难选择无非是说：一切东西要么是一个**物**，要么是无；这就立即暴露出它的虚假性，因为当然存在着一个比"物"的概念更高的概念，即"**行动**"或"**活动**"的概念。

这个概念必定高于"物"的概念，因为物本身只能被理解为一个以各种方式遭受限制的活动的变形。——物的存在不是基于一个单纯的静态或无作为。因为就连全部空间填充物都仅仅是某种程度的活动，每一个物也仅仅是一个特定程度的填充空间的活动。

既然物具有的谓词无一适用于自我，这就解释了那个悖论，即不能说自我**存在着**。换言之，之所以不能说自我存在着，只因为自我是**存在本身**。我们把自我意识的永恒的、不包含在时间里的活动称作"**自我**"，是它赋予全部事物以存在，因此它本身不需要任何别的存在去承载着它，而是自己承载和支撑着自己，客观上显现为**永恒的转变**，主观上显现为**无限的生产活动**。 III, 376

3）在我们着手建立体系本身之前，还有必要表明，本原如何能够**同时**奠定理论哲学和实践哲学，而这一点作为本原的必然特征是不言而喻的。

除非本原本身同时具有理论意义和实践意义，否则它不可能同时是理论哲学和实践哲学的本原。现在，既然理论本原是一个**定理**，而实践本原是一个**诫命**，那么二者中间必须有某种东西。这个东西就是**公设**，它和**实践**哲学的相似之处在于它是一个单纯的**要求**，而它和**理论**哲学的相似之处在于它需要一种**纯理论的建构**。——鉴于公设和实践要求的亲密关系，同时也就解释了它是从哪里借来它的强制力。理智直观是人们**能够**要求和劝勉的某种东西；如果一个人不具有理智直观的能力，那么他至少**应当**具有这种能力。

4）每一个全神贯注地跟随我们来到这里的人都会亲自发现，这种哲学的开端和终点是**自由**，而自由是某种绝对不能推证，毋宁只能通过它自身而加以证明的东西。那些在所有别的体系里可能摧毁自由的东西，在这个体系里是从自由本身推导出来的。——在这个体系里，存在仅仅是**已扬弃的自由**，而在一个把存在当作第一位东西和最高东西的体系里，不仅知识必定是一个原初存在的单纯摹本，而且全部自由都必定只是必然的幻觉，因为人们不认识本原，不知道本原的运动是自由的鲜明表现。

第二章
先验唯心论的一般演绎

提要

1) 唯心论已经通过我们的第一原理表达出来。简言之, 因为自我直接由于被思考而**存在着**(因为自我无非是一种自身思考), 所以命题"我=我"等于命题"**我存在**", 而不是像命题"A=A"那样仅仅表明"**如果A被设定, 那么它被设定为自身等同的**"。对于自我而言,"自我**是**被设定的吗?"这个问题是根本不可能的。现在, 如果"我存在"这个命题是全部哲学的本原, 那么唯一能够存在着的实在性, 就是一个与这个命题的实在性等同的实在性。但这个命题并没有表明我对于某种在我之外的东西而言存在着, 而是仅仅表明我**对于我自己**而言存在着。因此, 一切存在着的东西都只能是对于自我而言存在着, 此外根本没有别的实在性。

2) 因此, 关于知识的普遍观念性, 最一般的证明就是[费希特的]**知识学**从"**我存在**"这个命题出发, 通过一些直接推论而提出的证明。但另一种证明也是可能的, 这就是[我的]**先验唯心论体系本身**提出的事实性证明, 即真正从那个本原推导出知识的整个体系。但

III, 378　由于这里要讨论的不是知识学，而是基于先验唯心论原理的知识体系本身，所以我们关于知识学也只能略述它的一般结论，以便能够从知识学规定的那个点出发，开始演绎知识的上述体系。

　　3）知识学就其本性而言既不是理论的，也不是实践的，毋宁同时是二者；假若理论哲学和实践哲学的划分不是必须通过知识学才演绎出来，我们本可以立即建立理论哲学和实践哲学本身。因此，我们必须像知识学那样，首先证明理论哲学和实践哲学之间有一个必然的对立（证明二者互为前提，唇齿相依），以便能够依据这些普遍的本原建立二者的体系本身。

　　人们在证明"全部知识都必须从自我中推导出来"或"知识的实在性仅仅以自我为根据"这些**论点**时，始终没有回答一个问题，即知识的整个体系（比如客观世界及其全部规定，历史等等）究竟是如何通过自我而被设定的？即便对于最顽固的独断论者，我们也能够证明，世界仅仅存在于表象之内，但只有当我们依据精神活动的内在本原合理地展示出**世界的产生机制**，这个证明才会成为完满的信念；换言之，绝不会有人看到客观世界及其全部规定如何无需一个外在反思就从纯粹自我意识中发展出来之后，仍然认为必须有一个不依赖于自我意识的世界，而后面这个看法大概就是莱布尼茨的被误解的"前定和谐"的观点。①但在这个机制本身还没有被推导出

III, 379　来之前，产生了一个问题，即我们究竟为什么假设有这样一种机制？我们在这个推导中把自我看作一种完全盲目的活动。我们知道，自我

---

① 根据这个观点，虽然每一个个别单子都从自身生产出世界，但与此同时，世界是不依赖于表象而存在着的。但莱布尼茨本人的观点是，世界作为实在的世界，本身仍然只是由单子构成的，因此全部实在性最终说来都是仅仅立足于表象力。——谢林原注

原初地仅仅是活动；但我们为什么会把它设定为盲目的活动呢？"盲目"这一规定必定是后来才添加到"活动"概念里的。有些人诉诸我们的理论知识中的强制感，于是这样进行推论：因为自我原初地仅仅是活动，所以那个强制性只能被理解为盲目的（机械的）活动；但这种诉诸事实的做法在我们这样的科学里是不允许的；毋宁说，我们必须首先从自我的本性本身演绎出那种强制性的存在；除此之外，对于那种强制性的根据的追问以一种原初自由的活动为前提，而这种活动和那种受约束的活动是同一个活动。实际情况也是如此。自由是唯一承载着万物的本原，而我们在客观世界里看到的绝不是什么位于我们之外的东西，毋宁仅仅是我们固有的自由活动的内在限制性。全部存在都仅仅是一种被阻碍的自由的表现。因此，在知识中受到束缚的，是我们的自由活动。但反过来，假若我们之内同时没有一种不受限制的活动，我们就不会具有"受限制的活动"这一概念。如果同一个同一的主体之内确实有一种自由的、但受到限制的活动和一种不可限制的活动共同存在着，那么这个共存必定是**必然的**，而这个必然性的演绎是一种同时是理论哲学和实践哲学的**更高级的**哲学的任务。

因此，如果哲学体系本身划分为理论哲学和实践哲学，那么我们必须能够**一般地**证明，自我就其概念而言不可能原初地已经是一种受限制的（虽说是自由的）活动，除非它同时是一种不受限制的活动，反之亦然。这个证明必须被放在理论哲学和实践哲学本身之前。

这个证明本身也会表明，只要证明了自我之内的两种活动的必然共存，同时也就一般地证明了整个先验唯心论。

　　先验唯心论的一般证明仅仅依据于此前推导出来的那个命题：

通过自我意识的活动，自我成为自己的客体。

这个命题让我们立即认识到另外两个命题：

一、自我在根本上仅仅是**它自己的**客体，因此不是任何外在东西的客体。假若人们设定一个对于自我的外部作用，自我就必定是某种外在东西的**客体**了。但自我对于全部外在东西而言都是无。因此，没有任何外在东西能够作用于**作为**自我的自我。

二、自我**成为**客体；也就是说，自我并非原初地就**是**客体。我们要牢记这个命题，以便由此做出进一步的推论。

a. 如果自我并非原初地就是客体，那么它就是客体的对立面。但一切客观东西都是某种静止的、固定的东西，本身不能采取行动，毋宁仅仅是行动的客体。因此自我原初地**仅仅**是活动。——再者，我们在客体的概念里所思考的是一个被限定的或受限制的东西的概念。一切客观东西正因为成为客体，就成为有限的。因此，自我原初地（超然于自我意识在自我之内设定的客观性）就是无限的——，**因而是无限的活动。**

b. 如果自我原初地就是无限的活动，那么它也是全部实在性的根据和总括。因为，假若实在性在自我之外有一个根据，那么自我的无限活动就是原初地受限制的了。

c. 自我意识的条件，就是这种原初地无限的活动（全部实在性的这个总括）成为它自己的客体，从而成为有限的和被限定的。现在的问题是，如何设想这个条件？自我原初地是一种**纯粹的**、无限推进的**生产活动**，而单凭这一点，它绝不可能达到**产物**。因此，自我为了让自己作为客体产生出来（就像在自我意识里一样，不仅要成为生产者，而且同时要成为产物），就必须为自己的生产活动设定界限。

d. 但自我不可能限定自己的生产活动，除非它设定自己与某种 III, 381
东西相对立。

证明：当自我把自己限定为生产活动，它自己就成为某种东西，也就是说，自我设定自己。但全部设定都是一种已规定的设定，而且全部规定都以一个绝对无规定的东西为前提（比如一切几何图形都以无限空间为前提），因此每一个规定都是绝对实在性的扬弃，亦即否定。

但要否定一个肯定的东西，不可能是凭借单纯的褫夺，而是只能凭借**实在的对立**，比如$1+0=1$，$1-1=0$。

也就是说，我们在思考"设定"的概念时，必然也会思考"对立"的概念，随之在思考"自身设定"这一行动时，也会思考"设定某种与自我相对立的东西"，唯其如此，"自身设定"这一行动才同时是同一性的和综合的。

但自我的那个原初对立面只有通过自身设定的行动才产生出来，而一旦抽离这个行动就是绝对的无。

自我是一个完全封闭在自身之内的世界，一个从不走出自身，但也不让任何东西从外面进来的单子。因此，除非某个对立面（一个客观东西）通过自身设定的原初行动同时也被设定，否则这个对立面绝不可能进入单子。

因此，当自我通过一个行动对自身而言成为有限的，这个行动不可能又把那个对立面（非我）当作解释的根据。独断论者直接用"遭到客观东西的限制"去解释自我的有限性，而唯心论者必须按照自己的本原做出相反的解释。独断论者的解释没有实现自己的承诺。假若像独断论者预设的那样，自我和客观东西仿佛原初地就分别具有实在性，那么自我就并非如其所是原初地无限的了，因为它是通过自我意识的活动才成为有限的。既然自我意识**只能**被理解为活动，我们就不能用某种仅仅解释被动性的东西去解释它。独断论者不知道客观东西是通过有限化才在我面前产生出来的，也不知道自我只有通过自我意识的活动才在客观性面前揭示自身，更不知道自我和客体是如同正量和负量那样相互对立的，以至于客体只能获得那种在自我之内被扬弃的实在性；在这种情况下，独断论者就像解释一个客体的限定状态那样去解释自我的限定状态，也就是说，他解释了限定状态本身，却没有解释一种关于**限定状态的知识**。但只有当自我直观到自己是自我，它才被限定为自我，因为一般而言，自我仅仅是对它自身而言所是的东西。独断论者的观点足以解释限定状态，但不足以解释**处于限定状态中的自身直观**。自我应当受到限制，同时仍然是自我，也就是说，不是对一个位于它之外的直观者而言是自我，而是对它自身而言是自我。那么，那个自我究竟是什么东西，以至于**对它而言**，另一个自我应当受到限制呢？无疑是一个不受限制的东西；自我应当遭受限定，同时仍然是不受限定的。现在的问题是，如何设想这个不受限制的东西？

只有当自我把**自己**设定为受限定的，制造出限定状态本身，自我才有可能不仅是受限定的，而且直观到自己是受限定的，换句话说，自我才有可能在遭受限定的同时是不受限定的。所谓自我制造出限定状态本身，意思是：自我扬弃了作为绝对活动的自己，亦即在根本上扬弃了自己。这是一个必须加以解决的矛盾，因为哲学在其最初的本原里不应当是自相矛盾的。

III, 382

e. 自我的原初无限的活动扬弃了自己，也就是说，转化为一种有限的活动（转化为自我意识）。为了理解这件事情，唯一的办法是去证明，**自我作为自我只有在遭受限定的时候才是不受限定的**，反过来，**自我只有在不受限定的时候才被限定为自我**。

f. 这个命题包含着另外两个命题。

A. **自我作为自我只有在遭受限定的时候才是不受限定的。** III, 383

问题在于如何设想这件事情。

aa. 自我仅仅对它自身而言是它所是的一切。所谓自我是无限的，意思是：自我对它自身而言是无限的。——假设在某一瞬间，自我**是**无限的，但并非对它自身而言是如此，那么这里虽然有一个无限者，但不能说这个无限者就是自我。（我们可以用无限空间的形象来解释这一点，也就是说，无限空间是一个无限者，但不是自我，而是仿佛代表着**瓦解的**自我或无反思的自我。）

bb. 所谓自我对于它自身而言是无限的，意思是：它对于它的自身直观而言是无限的。但是，自我在直观自身的**同时**就成为有限的。要解决这个矛盾，唯一的前提是，自我在这个有限性中对它自身而言**转变**为无限的，也就是说，它把自身直观为一种**无限的转变**。

cc. 但是，除非以一种限定状态为条件，否则**转变**是不可设想的。假若有一种畅通无阻的无限生产活动，以无限迅捷的速度进行生产，那么它的产物就将是一个存在，而不是一个转变了。因此一切转变都以限定状态或限制为条件。

dd. 但自我不应当仅仅是一种**转变**，毋宁应当是一种**无限的**转变。它必须遭受限制，才是一种**转变**。同理，限制必须被扬弃，自我才是一种**无限的**转变。——假若生产活动不是致力于突破它的产物（它的限制），那么产物就不具有生产性，也就是说，不是一个**转变**。但是，假若生产活动在某个特定的点终结，以至于限制被扬弃了（因为限制仅仅与那个致力于突破它的活动相对立），那么这就不是一种无限的生产活动。——因此，限制既应当被扬弃，也不应当被扬弃。应当**被扬弃**，是因为这样转变才是一种**无限的**转变；不应当被扬弃，是因为这样转变才始终是一种**转变**。

III, 384 　　ee. 这个矛盾只有借助限制的"**无限拓展**"这一中间概念才能够得到解决。限制在每一个特定的点都被扬弃，但不是绝对地被扬弃，而是仅仅被推移，如此以至无限。

　　因此，只有以（无限拓展的）限定状态为前提，自我作为自我才能够是无限的。

　　也就是说，那个无限者的限定状态是由它的**自我性**所直接设定的，这时它不仅是一个无限者，而且同时是一个**自我**，亦即一个对它自身而言的无限者。

　　B. 自我只有在不受限定的时候才是受限定的。

　　人们不妨设想，自我在无作为的情况下被设定了一个界限，而这个界限位于任意的一个点C。假若自我的活动并没有抵达这个点，或者说恰好抵达这个点，那么这个点对于自我而言就不是一个界限。但是，除非自我原初地就走向无限，亦即是无限地主动的，否则人们也不能假设自我的活动为什么会恰好抵达点C。因此点C只有在这种情况下才对自我而言存在着，即自我致力于突破这个点，而无限性就位于这个点的彼岸，因为在自我和无限性之间除了这个点之外没有别的东西。因此，自我的无限努力本身就是自我遭受限定的条件，也就是说，自我的非限定状态是它的限定状态的条件。

g. 从A和B这两个命题出发，我们可以通过如下方式继续做出推论：

aa. 我们本来也可以仅仅把自我的限定状态演绎为它的非限定状态的条件。但限制只有在无限拓展的情况下才是非限定状态的条件。进而言之，自我除非对限制采取行动，否则就不能拓展限制；与此同时，除非限制是不依赖于这个行动而存在着，否则自我也不能对它采取行动。因此，只有通过自我与限制的斗争，限制才成为实在的限制。假若自我的活动不是针对着限制，那么限制对自我而言就不 III, 385
是限制，也就是说，根本就没有什么限制（因为限制只有在与自我相关联的时候才可以被设定为**否定的**）。

根据命题B的证明，那种针对着限制的活动无非是自我的原初地走向无限的活动，亦即唯有那个**超出**自我意识的自我才具有的活动。

bb. 这个原初无限的活动虽然解释了限制如何是**实在的**，却没有解释限制如何又转变为**观念的**。也就是说，它确实解释了自我的一般意义上的限定状态，但没有解释自我关于限定状态的知识，或者说没有解释自我对它自身而言的限定状态。

cc. 但限制必须同时是实在的和观念的。必须是**实在的**（亦即不依赖于自我），因为如若不然，自我就不是现实地遭到限定；必须是**观念的**（依赖于自我），因为如若不然，自我就没有设定自身，没有把自身直观为受限定的。这两个主张，"限制是实在的"和"限制仅仅是观念的"，必须从自我意识出发加以演绎。自我意识表明，自我对它自身而言是受限定的；为了让自我成为受限定的，限制必须不依赖于受限定的活动，而为了让自我对它自身而言是受限定的，限制又必须依赖于自我。因此, 只有一个出现在自我意识自身之内的对立才能够解决上述两个主张的矛盾。所谓限制依赖于自我, 意思是: 自我之内除了有一种受限定的活动, 还有另外一种必定不依赖于前者的活动。换言之, 自我之内除了有一种走向无限的活动(我们希望把它称作"实在的活动", 因为只有它可以被限定为实在的), 必定还有另外一种活动, 而我们希望把它称作"观念的活动"。限制对于走向无限的活动而言是实在的, 或者说——因为自我意识之内的这种无限活动恰恰应当遭受限定——对于自我的**客观**活动而言是实在的, 但对于一种相反的、非客观的、自在地不可限定的活动而言却是观念的, 而我们现在必须更详细地刻画后面这种活动。

dd. 这两种活动里面, 第一种活动被我们首先当作必要的公设, 以解释自我的限定状态。既然除了这两种活动之外, 自我意识没有别的因素, 那么第二种观念活动或非客观的活动必须一方面解释客观活动为什么遭受限定, 同时另一方面解释关于这种限定状态的**知识**。但由于在原初的意义上, 观念活动仅仅被实在活动设定为**进行直观的**(主观的)活动, 以解释自我为什么**被限定为**自我, 所以对于第二种客观活动而言, **被直观**和**被限定**必须是同一回事。这一点可以依据自我的根本特性加以解释。既然第二种活动是一个**自我**的活动, 那么它必须**遭受限定**, 同时被直观为遭受限定的, 因为自我的本性恰恰就在于**"被直观"**和**"存在"**的这个同一性。实在活动在遭受限定时, 必须也被直观, 在被直观时, 必须也遭受限定, 这二者必须是绝对的同一回事。

ee. **两种活动**, 观念活动和实在活动, **互为前提**。没有观念活动, 就没有原初地努力走向无限, 但为了自我意识却必须遭受限定的

III, 386

实在活动，对于前者而言，后者在其限定状态中就是无限的（根据dd）。反过来，没有进行直观的、可限定的、恰恰因此实在的活动，也就没有观念活动。

从这两种活动为了自我意识的缘故而互为前提的关系中，可以推导出自我的整个机制。

ff. 正如两种活动互为前提一样，**唯心论**和**实在论**也是如此。如果我仅仅反思观念活动，我就得出唯心论，或者说主张限制仅仅是由自我设定的。如果我仅仅反思实在活动，我就得出实在论，或者说主张限制是不依赖于自我的。如果我**同时**反思**二者**，我就从二者得出一个第三者，人们可以把它称作**唯心－实在论**，而这就是我们迄今已经用"先验唯心论"这个名称加以标示的东西。

gg. 理论哲学必须解释限制的**观念性**（即这样一个问题：那个 III, 387 原初地仅仅对于自由行动而言存在着的限定状态如何成为对于知识而言的限定状态），实践哲学必须解释限制的**实在性**（即这样一个问题：那个原初地仅仅是纯主观的限定状态如何成为客观的限定状态）。因此，理论哲学是唯心论，实践哲学是实在论，只有二者合在一起，才是**先验**唯心论的完满体系。

正如唯心论和实在论互为前提一样，理论哲学和实践哲学也是如此，而我们为了建立当前的这个体系，必须把那个在自我自身之内原初地合为一体的东西区分开。

第三章
基于先验唯心论原理的理论哲学体系

提要

1）我们由之出发的自我意识，是**唯一的绝对活动**，伴随着这个唯一的活动，不仅自我本身及其全部规定被设定了，而且正如前一章已经清楚表明的，一切别的东西（即对于一般意义上的自我而言被设定的东西）也被设定了。因此我们在理论哲学里的首要任务是对这个绝对活动进行演绎。

但是，为了找出这个活动的完整内容，我们不得不分解这个活动，仿佛将它切分为诸多单个行动。这些单个行动将是那个唯一的绝对综合的**中间环节**。

把所有这些单个活动放在一起，我们就可以让那些由唯一的绝对综合（全部单个活动都包揽在其中）一次性地同时设定的东西，**以前后相继的方式**仿佛在我们眼前产生出来。

这个演绎采取了如下方法：

自我意识的活动同时全然是观念的和实在的。通过这个活动，凡是被设定为实在的东西，直接也被设定为观念的，凡是被设定为

观念的东西，直接也被设定为实在的。自我意识的活动所包含的观
念设定和实在设定的这种**彻底的**同一性在哲学里面只能被设想为以 III, 389
前后相继的方式产生出来。这是以如下方式进行的。

我们由之出发的概念，是"自我"的概念，也就是我们通过绝对
自由而提升到的"主体−客体"的概念。通过那个活动，**对我们**这些
从事哲学思考的人**而言**，某东西被设定在作为**客体**的自我之内，但
并未因此就被设定在作为**主体**的自我之内（对于自我**自身**而言，在
同一个活动中，那被设定为实在的东西，也被设定为观念的）。既然
如此，我们的研究必须持续推进，直到那些对我们而言被设定在作
为客体的自我之内的东西，对我们而言也被设定在作为主体的自我
之内，也就是说，直到对我们而言，我们的客体的意识与我们自己的
意识相汇合，以至于自我自身对我们而言已经到达我们由之出发的
那个点。

鉴于我们的客体和我们的任务，这个方法是必然的，因为我们为
了进行哲学思考，也就是说，为了让那些在自我意识的绝对活动里面
绝对地联合起来的东西——主体和客体——在我们眼前产生出来，
必须持续地分割它们。

2）按照之前所述，这个研究将划分为两个步骤。我们必须首先
推导出那个包含在自我意识的活动中的绝对综合，然后搜寻这个综
合的中间环节。

步骤I.
包含在自我意识的活动中的绝对综合的演绎

1）我们的出发点是前面已经得到证明的一个命题："限制必须同时是观念的和实在的。"如果事情是这样的，那么，因为观念东西和实在东西的原初联合只有在一个绝对活动中才是可设想的，所以限制必须是通过一个**活动**而被设定，而且这个活动本身必须同时是观念的和实在的。

III, 390　　2）但这样一个活动仅仅是自我意识，因此全部限定状态都必须是由自我意识所设定的，并且是和自我意识一起被给予的。

a. 自我意识的原初活动同时是观念的和实在的。自我意识就其本原而言是纯粹观念的东西，但通过自我意识，自我对我们而言却是作为纯粹实在的东西产生出来。通过自身直观的活动，自我直接也**转变为**受限定的；"被直观"和"存在"是同一回事。

b. 限制仅仅是由自我意识所设定的，因此它唯一具有的实在性就是它通过自我意识而获得的实在性。[自我意识]这个活动是更高的东西，反之限定状态是推导出来的东西。对于独断论者而言，受限状态是第一位的东西，自我意识是第二位的东西。这是不可思议的，因为自我意识必定是一个**活动**，而限制如果要成为**自我**的限制，必须同时既依赖于又不依赖于自我。这一点（参看第二章）只能如此设想，即**自我等同于这样一个行动**，其中有两个相互对立的**活动**，一个是**被限定的**（正因如此，限制不依赖于这个活动），另一个是**做出限定的**（正因如此，这个活动是不可限定的）。

3）这个行动恰恰是自我意识。超于自我意识之上的自我是**单纯**

的客观性。这个单纯的客观东西——正因如此，它是原初的非客观东西，因为客观东西不可能脱离主观东西而存在——是唯一**自在**存在着的东西。通过自我意识，主观性才添加进来。与这个原初**单纯客观**的、在意识中被限定的活动相对立，有一个做出限定的活动，正因如此，后者本身不可能转变为客体。——"达到意识"和"被限定"是同一回事。也就是说，只有我身上被限定的东西才达到意识；做出限定的活动位于全部意识之外，而这恰恰是因为，它是全部限定状态的原因。在我看来，限定状态必定是不依赖于我的，因为我只能看到我的限定状态，绝不能看到那个设定限定状态的活动。

4）既然我们的前提是区分做出限定的活动和被限定的活动，那么**无论是做出限定的活动，还是被限定的活动**，就都**不是**我们称 III, 391
作"自我"的**那个活动**。因为自我仅仅位于自我意识之内，但自我意识的自我并不是通过孤立设想的前一个活动或后一个活动而在我们面前产生出来的。

a. **做出限定的**活动没有达到意识，没有转变为客体，因此它是纯粹主体的活动。但自我意识的自我不是纯粹主体，毋宁同时是主体和客体。

b. **被限定的**活动仅仅是一个转变为客体的活动，是自我意识里的**单纯客观东西**。但自我意识的自我既不是纯粹主体，也不是纯粹客体，毋宁同时是二者。

因此，自我并非仅凭做出限定的活动或仅凭被限定的活动就达到自我意识。由此看来，还存在着二者复合而成的第三个活动，而自我意识的自我是通过这个活动才产生出来的。

5）自我是通过摆动在被限定的活动和做出限定的活动之间的

第三个活动才产生出来的，而第三个活动无非是**自我意识本身**的自我，因为自我的生产活动和自我的存在是合为一体的。

也就是说，**自我本身是一个复合的活动，而自我意识本身是一个综合的活动。**

6）为了更详细地规定这第三个综合的活动，我们必须首先更详细地规定它的两个相互对立的组成部分之间的斗争。

a. 在原初的意义上，这个斗争不是两个相互对立的活动的主体之间的斗争，而是这两个活动的**方向**之间的斗争，因为两个活动是同一个自我的活动。两个方向的起源是这样的：一方面，自我倾向于生产出无限者，这个方向必须被看作走向**外部**（离心式的），但另一方面，为了区分出这个方向，必须有一个走向**内部**、回归自我这一中心点的活动。那个走向外部的，就其本性而言无限的活动是自我之内的客观东西，而这个向着自我回归的活动无非是一种努力，要在那个无限性中直观自身。通过这个一般的行动，自我之内的内核和外观就分离了，而伴随着这个分离，自我之内就设定了一个只有通过自我意识的必然性才能够加以解释的冲突。为什么自我必须原初地意识到它自己，这是无法进一步加以解释的，因为自我仅仅作为自我意识**存在着**，此外无他。恰恰在自我意识之内，必定有两个对立方向之间的斗争。

自我意识的自我是一个沿着这两个对立方向前进的东西。自我仅仅立足于这个斗争，或更确切地说，自我本身就是两个对立方向之间的这个斗争。既然自我确实意识到了它自己，那么同样确定的是，那个冲突也必须产生出来并得到维持。问题在于这个冲突**如何**得到维持。

两个相互对立的方向相互扬弃，相互消灭，由此看来，这个冲突似乎是不能持存的。这样的话，将产生一种绝对的无作为；因为，既然自我无非是一种想要等同于自身的努力，那么对于自我而言，唯一规定着它去活动的根据就是它自身之内的一个持久的冲突。然而每一个矛盾都自在且自为地消灭了自身。没有任何矛盾能够持存，**除非努力去维持矛盾或思考矛盾**，而通过这个第三者（努力）本身，矛盾之内就出现了一种同一性，出现了两个对立环节的交互关联。

自我自身的本质之内的原初矛盾既不可能被扬弃（除非自我本身也被扬弃），也不可能自在且自为地持存下去。因此只有通过一种必然性，换言之，只有通过一个起源于矛盾的努力（即力图维持矛盾，并因此把同一性注入矛盾），矛盾才能够持存下去。

（通过迄今所述已经可以推出，自我意识里面表现出的同一性不是原初的同一性，而是一种制造出来的、经过中介的同一性。自我之内的对立方向之间的斗争才是原初的东西，而同一性是由此得出的结果。诚然，我们原初地仅仅意识到同一性，但通过考察自我意识的条件，就可以看出这只能是一种经过中介的、综合的同一性。）

我们意识到的最高东西是主体和客体的同一性，但这种同一性不可能是自在存在着的，而是只能借助于一个第三者，一个提供中介的东西。既然自我意识是方向的二重性，那么提供中介者必定是**一个在对立方向之间摆动的活动**。

b. 迄今为止，我们在考察两个活动时，仅仅关注它们的对立方向，还没有辨别它们究竟是不是无限的。现在，既然在自我意识**之前**，没有理由把前一个活动或后一个活动设定为有限的，那么两个活动之间的斗争就将是一个**无限的**斗争（因为前面已经表明，二者在根本上是相互冲突的）。既然如此，这个斗争就不是在唯一的行动

III, 393

中, 而是只能在**一个无限序列的行动**中得到调解。现在, 既然我们是在自我意识的唯一行动中思考自我意识的同一性（即那个冲突的调解）, 那么这个唯一的行动必须包含着无穷多的行动, 也就是说, 它必须是一个**绝对的综合**, 而且, 如果对于自我而言, 一切东西都是仅仅通过自我的行动而被设定的, 那么通过这个绝对的综合, 凡是对于自我而言一般地被设定的东西, 全都已经被设定下来。

至于自我如何被迫走向这个绝对行动, 或者说, 无穷多的行动如何可能聚集在唯一的绝对行动中, 这只有通过如下方式才能够看清楚。

自我原初地包含着相互对立的东西, 即主体和客体; **二者相互扬弃, 然而任何一方都不可能脱离对方而存在**。主体只有在与客体的对立中才持存着, 客体只有在与主体的对立中才持存着, 也就是说, 除非消灭对方, 否则任何一方都不可能转变为实在的, 但事实上又绝不可能出现某一方被对方消灭的情况, 而这恰恰是因为, 每一方都只有在与对方的对立中才是其所是。既然如此, 二者就应当合为一体（因为任何一方都不可能消灭对方）, 但它们又确实不能共存。这样看来, 斗争就不是两个因素之间的斗争, 而是两个方面之间的斗争, 也就是说: 一方面, 两个无限地相互对立的东西不可能合为一体, 另一方面, 为了维持自我意识的同一性, 那两个东西又必须合为一体。主体和客体是**绝对地**相互对立的东西——正是这一点迫使自我不得不让无穷多的行动聚集在唯一的绝对行动中。假若自我之内没有对立, 那么在它之内就根本不会有运动, 不会有生产活动, 随之也不会有产物。同样, 假若对立不是一个绝对的对立, 那么合为一体的活动就不会是绝对的, 不会是必然的和不由自主的。

III, 394

7）迄今演绎出来的从绝对反题到绝对综合（绝对合题）的进展也可以完全从形式的方面加以设想。如果我们把客观自我（正题）看作绝对的**实在性**，那么与之对立的东西就必定是绝对的**否定**。但绝对的实在性正因为是绝对的，所以不是实在性，因此对立双方在相互对立时仅仅是观念的。如果自我应当转变为实在的，亦即转变为自己的客体，那么它所包含的实在性就必须被扬弃，也就是说，它必须不再是绝对的实在性。同理，如果与之对立的东西应当转变为实在的，那么这个东西必须不再是绝对的否定。如果二者都应当转变为实在的，那么它们必须仿佛分享实在性。但像主观东西和客观东西这样分享实在性，恰恰是不可能的，除非是借助于自我的摆动于二者之间的第三个活动，而这第三个活动同样是不可能的，除非对立双方本身就是自我的活动。

因此，这个从正题到反题，然后从反题到综合（合题）的推进过程原初地就是建基于精神的机制，而且就其纯粹的形式方面而言（比如在科学方法里），是从先验哲学建立的那个原初的、质料性的推进过程里抽象出来的。

步骤 II.
绝对综合的中间环节的演绎

III, 395

提要

通过迄今所述，我们在进行这个演绎时已经掌握了如下事实。

1. **自我意识是一个绝对的活动，通过这个活动，一切东西对于**

自我而言都已经被设定。

　　这个活动不是指哲学家当作公设的一个伴随着自由而制造出来的活动，仿佛是原初活动的一个更高的潜能阶次似的，而是指原初活动，后者因为是全部限定状态和意识的条件，所以本身没有达到意识。于是首先出现一个问题：这个活动属于什么类型，是任意的呢，还是不由自主的？它既不能被称作"任意的"，也不能被称作"不由自主的"，因为这些概念仅仅适用于一般地能够解释的层面；一个行动无论是任意的还是不由自主的，都已经以限定状态（意识）为**前提**。当一个行动是全部限定状态的**原因**，并且不能通过别的行动加以解释，这个行动就必定是**绝对**自由的。但绝对的自由和绝对的必然性是同一的。比如，假若我们可以设想上帝之内的一个行动，那么这个行动就必定是绝对自由的，但这种绝对的自由同时也是绝对的必然性，因为我们绝不可能设想上帝之内的任何法则和行动不是出自于他的本性的内在必然性。自我意识的原初活动就是这样的活动，它是绝对自由的，因为它不是出自我之外的任何东西所规定的；它是绝对必然的，因为它出自于自我的本性的内在必然性。

　　但现在的问题是，哲学家凭什么确信有那个原初活动，或者说，通过什么而认识到那个原初活动？很显然不是直接地，而是仅仅通过一些推论。也就是说，我通过哲学发现，我自己在每一个瞬间都是仅仅通过这样一个活动而产生出来的，因此我推论出，我原初地同样只有通过这样一个活动才能够产生出来。我发现，对于一个客观世界的意识已经融入我的意识的每一个环节，因此我推论出，某种客观东西必定原初地已经融入自我意识的综合，然后从展开的自我意识里重新显露出来。

III, 396

但是，哪怕哲学家确信那个活动是一个活动，他又如何确信自己掌握了这个活动的特定内涵呢？无疑是通过对于这个活动的**自由模仿**，而全部哲学都是从这种模仿开始的。但哲学家是通过什么而认识到，那个第二性的、任意的活动和那个原初的、**绝对**自由的活动是同一的呢？因为，如果全部限定状态乃至全部时间都是通过自我意识才产生出来的，那么那个原初活动就不可能落入时间自身之内；相应地，人们既不能说一个自在的理性存在者"已经开始存在"，也不能说它"自全部时间以来已经存在"，毋宁说，自我作为自我是绝对永恒的，亦即位于全部时间之外；但那个第二性的活动必然落入一个特定的时间点，既然如此，哲学家是通过什么而认识到，这个位于时间序列之内的活动和那个位于全部时间之外、后来才建构起全部时间的活动是和谐一致的呢？——自我一旦置身于时间之内，就是一种持续的从表象到表象的过渡；但无论如何，自我有能力通过反思而打断这个序列，而全部哲学思考都是开始于那种相继性（Succession）的绝对中断，于是从现在起，之前那种非随意的相继性就转变为随意的相继性；但哲学家究竟是通过什么而认识到，这个通过中断而进入他的表象序列的活动和那个原初的、作为整个序列的开端的活动是同一个活动呢？

只要一个人在根本上认识到，自我是仅仅通过它自己的行动而产生出来的，他也就会认识到，既然通过时间序列之内的任意行动，只有自我产生出来，那么对于自我而言，唯一能够出现的东西就是那些通过这个行动而原初地在全部时间的彼岸出现的东西。再有甚者，自我意识的那个原初活动是永恒持续的，因为我的整个表象序列无非是那个唯一的综合的进化。除此之外，正如我对于我自己而

III, 397

言是原初地产生出来的，我对于我自己而言也能够在每一个瞬间产生出来。无论我是什么，都**仅仅**通过我的行动而是其所是（因为我是绝对自由的），但通过这个特定的行动，对我而言产生出来的始终仅仅是自我，因此我必定推论出，自我原初地也是通过同一个行动而产生出来的。

关于以上所述，这里有必要做出一个一般的反思。如果哲学的第一个建构是对于原初建构的模仿，那么哲学的全部建构都将仅仅是这样的模仿。只要自我是包揽在绝对综合的原初进化里面，那么存在着的就是唯一的行动序列，即一系列原初的和必然的行动；一旦我打断这个进化，自由地返回到进化的开端点，对我而言就产生出一个新的序列，于是那些在第一个序列中是**必然的**东西，在新的序列中是**自由的**。第一个序列是原型，第二个序列是摹本或模仿。如果第二个序列的内容相比第一个序列的内容不多也不少，那么模仿就是完满的，就会产生出一种真实的和完整的哲学。反之就会产生出一种虚假的和残缺的哲学。

总的说来，哲学无非是对于那个原初的行动序列的自由模仿和自由复制，而自我意识的唯一活动就是在那个序列中发生进化。第一个序列相对于第二个序列而言是实在的，后者相对于前者而言是观念的。既然第二个序列是自由地开始的和推进的，看起来就难免掺入了任意，但任意只能是指行动的形式方面，不可以规定行动的内容。

正因为哲学把意识的原初产生过程当作客体，所以它是唯一包含着那种双重序列的科学。所有别的科学都仅仅包含着唯一的序列。哲学领域的天赋恰恰在于不仅能够自由地复制原初行动的序列，更能够在这个自由模仿中重新意识到那些行动的原初必然性。　　　

2. **自我意识（自我）是两个绝对地相互对立的活动之间的斗争。** 我们把其中一个原初地走向无限的活动称作**实在的、客观的、可限定的**活动，把另一个在上述无限性中趋向于直观自身的活动称作**观念的、主观的、不可限定的**活动。

3. **两个活动原初地被设定为同样无限的。** 通过观念活动（它反映着实在活动），我们已经有理由把那个可限定的活动设定为有限的。至于观念活动如何能够遭受限定，这一点必须首先推导出来。自我意识的活动，作为我们的出发点，起初仅仅给我们解释了为什么客观活动是受限定的，却没有解释为什么主观活动也是如此，而既然观念活动被设定为客观活动的全部限定状态的根据，那么观念活动恰恰因此不是被设定为原初地不受限定的（随之和客观活动一样是**可限定的**），而是被设定为绝对**不可限定的**。如果说客观活动作为原初地不受限定的，但恰恰因此可限定的活动，就质料而言是自由的，但就形式而言是受限制的，那么主观活动作为原初地不可限定的活动，在遭受限定的时候，就恰恰因此就质料而言不是自由的，仅仅就形式而言是自由的。理论哲学的全部建构都是基于观念活动的这种不可限定性，而在实践哲学里，情况可能刚好相反。

4. 既然自我意识（按照2.和3.）包含着一种无限的斗争，那么我们由之出发的唯一的绝对活动里面就结合和聚集了无穷多的行动，而完全通观这些行动就是一个无限任务的对象（这个任务一旦得到完满解决，我们就必定会洞察客观世界的整个联系和自然界的全部规定，连那些最微小的东西都一览无遗）。因此哲学只能列举出那些在自我意识的历史里仿佛构成了不同时期的行动，并且按照它们的

III, 399　联系将它们依次呈现出来。(比如,感受是自我的一个行动,假若它的全部居间环节能够被揭示出来,我们就必定会演绎出自然界里面的全部性质,而这是不可能的。)

因此,哲学是自我意识的一段历史,具有各个时期,而那个唯一的绝对综合就是由这些时期前后相继组合而成的。

5. 这段历史的推进本原是那个已经预设为不可限定的观念活动。理论哲学的任务是去解释限制的**观念性**,而这等于是去解释,那个迄今被认为不可限定的观念活动如何能够遭受限定。

第一个时期
从原初感受到生产性直观

A.
任务:解释自我如何直观到自己是受限定的

解决

1)当自我意识的两个相互对立的活动在第三个活动里彼此渗透,就产生出前两个活动的共同者。

问题在于:这个共同者将具有哪些特征? 它既然是两个相互对立的无限活动的产物,就必定是一个有限者。两个活动之间的斗争不应当被设想为处于**运动**中,毋宁说,这是**固定下来的**斗争。共同者统一了对立的方向,而对立方向的统一等于静止。但共同者必定是某种实在的东西,因为对立双方在综合之前仅仅是观念的,应当通过综合而转变为实在的。因此,我们不能把它看作两个活动的同归于

尽，而是必须看作两个活动交替着复归的一种平衡，而这种平衡的 III, 400
持存是以两个活动的持续竞争为条件。

（产物可以被刻画为一个实在的无活动的东西，或一个无活动
的实在东西。凡是实在的、却又无活动的东西，都是单纯的质料，都
是想象力的单纯产物，而这种东西绝不可能脱离形式而存在着，并
且在这里也仅仅表现为研究的过渡环节。——通过这个解释，物质
的制造活动（创造）就质料而言就不再是不可理喻的。全部质料都
是两个相互对立的活动交替着复归的一种平衡的单纯表现。比如，
在杠杆那里，两端的重量仅仅作用于支点，因此支点就是它们的活
动的共同基体。——除此之外，这个基体不是通过自由的生产活动
而任意产生出来的，而是完全不由自主地借助于第三个活动才产生
出来，这个活动和自我意识的同一性是同样必然的。）

假若这个第三者（共同者）是持续存在的，实际上就将是**自我自
身的一个建构**，而自我在这里不是**单纯的**客体，毋宁同时是主体和
客体。——在自我意识的原初活动里，自我力图转变为自己的一般意
义上的客体，却做不到这一点，除非它（对于观察者而言）恰恰因此
转变为一个**双重的东西**。这个对立必须在主体和客体的共同建构中
扬弃自身。现在，假若自我能够在这个建构中直观自身，它就不再仅
仅作为客体，而是同时作为主体和客体（作为完整的自我）成为自己
的客体。——

2）但这个共同者不会持续存在。

a. 由于观念活动陷入到那个斗争之内，所以它也必须受到**限
定**。两个活动既不能彼此关联，也不能在一个共同者之内彼此渗透，
除非它们交替着受到彼此的限制。因为观念活动并不是实在活动的

III, 401　消灭者（褫夺者），而是后者的实在对立面或否定者。正如我们迄今看到的，观念活动和对方一样都是肯定的，只不过意义刚好相反，因此和对方一样都能够遭受限制。

　　b. 但观念活动已经被设定为绝对不受限定的，因此也不可能真正遭受限定，而由于共同者的持续存在是以两个活动的竞争为条件（1.），所以共同者也不可能持续存在。

　　（假若自我止步于那个最初的建构，或者说，假若那个共同者能够真正持续存在，那么自我就将是无生命的自然界，没有感受，也没有直观。对于自然科学而言，自我仅仅是从头开始创造出自身的自然界，因此对于自然界一路上升直到把自己从僵死的物质塑造为感受性这件事情，自然科学只能这样进行解释，即在自然界里，当两个相互对立的活动最初被扬弃之后，其产物也不可能持续存在。）

　　3）刚才已经说过（1.），假若自我能够在那个共同者里直观自身，它对自己（作为主体和客体）就将具有一种完整的直观；但这种直观恰恰是不可能的，因为直观活动本身已经包含在建构之内。但由于自我是一种无限的想要直观自身的倾向，所以我们很容易发现，直观活动不可能永远包含在建构之内。因此，两个彼此渗透的活动里面，只有实在活动是受限定的，反之观念活动始终是绝对不受限定的。

　　4）因此，实在活动是由推导出的机制所限定的，但对于自我自身而言尚且不是受限定的。按照理论哲学的方法，那（对于观察者而言）被设定在实在自我之内的东西，也必须对观念自我而言被演绎出来，所以，整个研究转向这样一个问题：实在自我如何能够对观念自我而言也成为受限定的？而当前的任务就是去解释：自我何以会

直观到自己是受限定的？

a. 实在的、如今受限定的活动应当被设定为自我的活动，也就是说，我们必须揭示出这个活动和自我之间的**同一性的根据**。但由于这个活动既应当属于自我，同时又应当区别于自我，所以我们也必须揭示出二者的**区分根据**。 III, 402

我们在这里称作"自我"的东西，仅仅是观念活动。因此，我们必须在两个活动之一里面寻找关联根据和区分根据。鉴于关联根据和区分根据始终包含在被关联者之内，而观念活动在这里同时在进行关联，因此我们必须在实在活动里面寻找那两个根据。

两个活动的区分根据是被设定在实在活动之内的界限，因为观念活动是绝对不受限定的，而实在活动现在是受限定的。同理，我们必须在实在活动里面寻找二者的关联根据，也就是说，实在活动本身必定包含着某种观念东西。问题在于，怎么设想这种情况。二者只有通过界限才是可区分的，因为相互对立的方向同样只有通过界限才是可区分的。如果不设定界限，那么自我之内只有同一性，不能区分出任何东西。一旦设定界限，自我之内就有两个活动，即做出限定的活动和受限定的活动，主观的活动和客观的活动。因此，两个活动至少有一个共同点，即**二者**原初地看来都是绝对非客观的（因为我们尚未认识到观念活动的任何其他特征），二者都是观念活动。

b. 以此为前提，我们可以按照以下方式继续进行推论。

迄今不受限定的观念活动是自我的一个无限倾向，即力图在实在活动里转变为自己的客体。借助于实在活动里的观念东西（它使实在活动成为**自我**的一个活动），实在活动能够与观念活动相关联，于是自我能够在实在活动里直观自身（自我的第一次自身客体化）。

　　但自我不可能直观到实在活动和它是同一的，除非自我同时发现，实在活动里的**否定因素**（这个因素使实在活动成为一个非观念活动）是某种陌生的东西。二者共同具有的肯定因素使二者都成为自我的活动，但否定因素却仅仅属于实在活动；当进行直观的自我认识到客观东西里面的肯定因素，直观者和被直观者就是合为一体的，反之当这个自我觉察到客观东西里面的否定因素，觉察者和被觉察者就不再是合为一体的。觉察者是绝对不受限定的、无界限的东西，被觉察者是受限定的东西。

III, 403

　　界限本身显现为某种能够被抽离的东西，亦即偶然的东西，既能够被设定，也能够不被设定；而实在活动里的肯定者则是显现为一种不能够被抽离的东西。正因如此，界限只能显现为一个被察觉的东西，也就是说，这个东西对自我而言是陌生的，与自我的本性相对立。

　　自我是全部设定活动的绝对根据。所谓"自我与某东西相对立"，意思就是：某东西被设定下来，但不是由自我设定的。因此，直观者必定在被直观者里察觉到某种**不是由自我**（直观者）所设定的东西（受限状态）。

　　（这里第一次非常清楚地展现出哲学家的立场与他的客体的立场之间的区别。我们这些哲学家知道，客观东西的受限状态仅仅是由直观者或主观东西造成的。但现在很显然，**直观着的自我自身**并不知道，也不可能知道这一点。"直观"和"做出限定"原初地是一回事。但自我不可能既进行直观，同时又直观到自己在进行直观，因此也不可能直观到自己在做出限定。正因如此，当直观者在客观东西里仅仅寻找自己，就必然会察觉到客观东西里的否定者不是由它自己所设定的。虽然哲学家和独断论一样都主张事情就是如此，但这是因为哲学家始终与他的客体嵌合在一起，与这个客体处于同一个立场。）

否定者被察觉到不是由自我所设定的，正因如此，它在根本上是一种只能够被察觉的东西（这种东西后来转化为单纯的经验因素）。

所谓"自我察觉到受限状态不是由它自己所设定的"，意思是：自我察觉到受限状态是由一个与自我相对立的东西亦即**非我**所设定的。因此，**自我不可能直观到自己是受限定的，除非它同时直观到这个受限状态是一个非我带来的刺激**（Affektion）。

如果哲学家止步于这个立场，就只能把感受（Empfinden）解 III, 404释为一个自在之物带来的刺激（不言而喻，受限状态里的自身直观，正如迄今推导的那样，无非就是日常语言里叫作"**感受**"的那种东西）。既然通过感受，只有**规定性**出现在表象里，那么哲学家也只能用那种刺激来解释这种规定性。换言之，单是因为表象包含着自发性，哲学家就不能宣称自我在表象那里仅仅**进行感受**，仅仅是接受性，更何况事物自身（就其被表象而言）也呈现出自我的一种活动的显而易见的痕迹。因此，那个刺激作用的源头也不是我们表象的事物，而是一些独立于表象的事物。因此在表象那里，自发性被看作属于自我，而接受性则是被看作属于自在之物。同样，在客观东西那里，肯定者被看作自我的产物，而否定者（偶性）则是被看作非我的产物。

从感受本身的机制已经推导出，**自我察觉到自己**受到某种与它相对立的东西的限制。诚然，这带来一个后果，即在我们看来，全部偶性（全部属于受限状态的东西）都必然是某种不可建构、不能通过自我加以解释的东西，反之事物那里的肯定者却可以被理解为自我本身的建构。但"自我（我们哲学家的客体）察觉到自己是由一个对立面所限定的"这一命题也有一个限制，即自我毕竟只是**在自身之内**察觉到这个对立面。

我们并没有说，自我之内**存在着**某种与它绝对对立的东西，而是说，自我**察觉到**自身之内有某种与它绝对对立的东西。"自我之内**存在着**对立面"，意味着这个对立面是与自我绝对对立的；"自我**察觉到**某种东西与它相对立"，则是意味着这个东西仅仅在与自我的察觉相关联时才与自我相对立，并且是这个察觉的方式；也只有在这个意义上，它才存在着。

III, 405　察觉者是一个想要直观自身的无限倾向，在这个倾向中，自我是纯粹观念的和绝对不可限定的。这里的被察觉者，不是纯粹自我，而是被刺激的自我。因此察觉者和被察觉者是相互对立的。被察觉者所包含的东西，对于察觉者而言（但也仅仅就它是察觉者而言）是某种陌生的东西。

更清楚地说：自我作为一个想要直观自身的无限倾向在作为被直观者的自身之内察觉到某种对它而言陌生的东西，换句话说（因为被直观者和直观者在这个活动里是未加区分的），自我在自身之内察觉到某种对它而言陌生的东西。但在这个察觉里，被察觉者（或者说被感受者）究竟是什么呢？无论如何，被感受者仍然只是自我自身。"感受"这一概念已经意味着，全部被感受者都是一个直接当下的、绝对无中介的东西。诚然，自我察觉到某个对立面，但这个对立面毕竟只是在自我自身之内。自我之内无非是活动，因此与自我相对立的只能是活动的否定。因此，所谓"自我在自身之内觉察到某个对立面"，意思就是：自我在自身之内觉察到已扬弃的活动。——当我们有所感受时，我们感受到的绝不是客体；任何感受都不会提供给我们一个关于客体的概念，因为感受是概念（或行动）的绝对对立面，亦即活动的否定。至于从这个否定推出一个客体作为其原因，则是一个晚近得多的推论，而自我自身之内将会再一次揭示出这个推论的各种根据。

现在，既然自我感受到的始终只是它的已扬弃的活动，那么被感受者就不是什么有别于自我的东西。自我仅仅感受到它自己；当通常的哲学用语把被感受者称作某种纯主观的东西，就已经表达出了这一点。

附释

1. 按照上述演绎，感受的**可能性**是以下面两个情况为基础：

a）两种活动的平衡已经被破坏。——因此在感受里，自我也不可能已经把自己直观为主体-客体，而是只能把自己直观为**单纯的**、受限定的客体，因此感受仅仅是这种处于受限状态的自身直观；

b）观念自我有一个想要在实在自我里直观自身的无限倾向。如 III, 406 果这是可能的，就必须借助于观念活动（自我现在除此之外不是任何别的东西）和实在活动共同具有的某东西，亦即借助于观念活动之内的肯定者；但这样一来，相反的情况就是借助于观念活动之内的否定者而发生的。因此，自我在自身之内也只能**觉察到**，亦即只能**感受到**那个否定者。

2. 感受的**实在性**以"自我直观到被感受者不是由它自己所设定的"为基础。只有当自我直观到某东西不是由它自己所设定的，这个东西才是**被感受者**。因此基于很自然的理由，虽然我们哲学家能够看到否定者是由自我所设定的，但我们的客体，自我，却**不能看到这一点**；自我的"被直观"和"被限定"是同一回事。自我之所以转变为受限定的（客观的），是因为它直观自身（转变为主观的）；但自我不可能一方面客观地直观自身，同时又直观到自己在进行直观，因此也不可能直观到自己在做出限定。全部感受的实在性都是基于这一点，即在自我意识的原初活动里，自我不可能既转变为自己的客体，同时又直观到自己转变为自己的客体。

很多人有一个错觉，仿佛限定状态是某种对自我而言绝对陌生的东西，并且只有通过一个非我带来的刺激才能够加以解释。之所以出现这个错觉，只不过是因为那个使自我**转变为**受限者的活动，不同于那个使自我**直观到**自己是受限者的活动。前者虽然不是就时间而言（因为我们设想为前后相继的一切东西在自我之内都是同时的），但却是就种类而言不同于后者。

那个**使自我自己限定自己**的活动，无非是自我意识的活动。我们必须在这里驻足，把这个活动当作全部受限状态的解释根据，因为，某一个外来的刺激如何能够转化为一种表象活动或知识，单是这一点就已经是完全不可理喻的了。假设一个客体作用于自我就如同作用于一个客体，那么这样的刺激始终只能制造出某种同类的东西，也就是说，始终只能再度制造出一个客观的已规定的存在。因为因果律仅仅适用于同类事物（同一个世界里的事物），不能从一个世界延伸到另一个世界。因此，如果要理解一个原初的存在如何转化

III, 407

为一种知识，似乎唯一的办法就是揭示出表象本身也是存在的一个类型，而唯物主义确实就是这样解释的。假若唯物主义真的做到了它所承诺的事情，那么它必定是哲学家所企盼的一个体系。但直到现在为止，唯物主义都是一个完全不可理解的东西，而它一旦成为可以理解的，实际上和先验唯心论就没有任何不同。——把思维解释为一个物质现象，这只有在一种情况下才是可能的，即人们把物质本身当作一个幽灵，当作理智的单纯变形，而思维和物质是这个理智的共同功能。因此，唯物主义本身就回归理智，把理智当作原初的东西。当然，这番话的意思也不是要用知识去解释存在，仿佛存在是知识的作用似的，因为二者之间根本不可能有任何**因果**关系，而且如果它们在自我之内不是原初地**合为一体**，那么它们绝不可能汇合。当存在（物质）被看作具有生产力，就是一种知识，当知识被看作产物，就是一种存在。如果知识一般地具有生产力，那么它必须不是仅仅部分地，而是完全而彻底地具有生产力。没有任何东西能够从外面进入知识，因为一切存在着的东西都是与知识同一的，知识之外没有任何东西。如果表象的其中一个因素就包含在自我之内，那么另一个因素也必须如此，因为二者在客体里是不可分割的。比如，假若人们认为只有质料属于物，那么这个质料在达到自我之前，至少在从物过渡到表象时，必须是无形式的，而这无疑是不可想象的。

但是，如果原初的受限状态是由自我自己所设定的，自我为什么会感受到这个受限状态，亦即把它看作某种与自我相对立的东西呢？认识的全部实在性都依附于感受，而一种哲学如果不能解释感受，就已经因此是一种失败的哲学。因为，全部认识的真理都是基于一种伴随着认识的强制感，这是毫无疑问的。存在（客观性）始终只

III, 408

是表达出直观活动或生产活动的一个受限状态。所谓"在空间的这个部分里有一个立方体"，无非是说：在空间的这个部分里，我的直观只能在立方体的形式下展开活动。因此，认识的全部实在性的根据就是受限状态的独立于直观的根据。假若一个体系推翻了这个根据，它就成为一种独断的超验唯心论（transzendenter Idealismus）。有些时候，人们用一些只有针对超验唯心论才具有证明效力的理由去反对先验唯心论，但在我们看来，超验唯心论根本就是不值一驳的，更何况它也从未出现在哪个人的脑海里。当一种唯心论主张，不能用外来的印象去解释感受，表象里的任何东西（包括偶性）都不属于一个自在之物，甚至对于这样一种施加在自我身上的印象根本不能思考任何合理的东西，如果这样的唯心论是独断的唯心论，那么我们的唯心论确实就是如此。但只有当一种唯心论自由地和自觉地制造出原初的受限状态，它才会推翻知识的实在性，与此相反，我们的先验唯心论根本不是像一个实在论者始终要求的那样，自由地制造出原初的受限状态。先验唯心论仅仅主张，自我绝不会感受到物本身（因为物在当前的环节尚且不存在），或者说也不会感受到某种从物过渡到自我之内的东西，而是直接地仅仅感受到自我自身，感受到自我自己的已扬弃的活动。哪怕不考虑上述情况，先验唯心论也不用去解释，为什么我们必然把那个仅仅由观念活动所设定的受限状态直观为某种对自我而言完全陌生的东西。

上述解释所依据的是这样一个命题，即那个使自我**客观地**遭受限定的活动，不同于那个使自我**对它自身而言**遭受限定的活动。自我意识的活动仅仅解释了客观活动为什么遭受限定。但就自我是观念的自我而言，是一种无限的自身生产力量或再生力量（vis sui reproductiva in infinitum）；观念活动在遭遇到原初界限时，并不知道什么受限状态；因此通过观念活动，自我仅仅**觉察到**自己是受限定的。至于自我为什么在这个行动里觉察到自己是受限定的，其根据不可能位于当前的行动，而是位于一个**过去的**行动之内。因此在当前的行动里，自我在**无作为**的情况下是受限定的，但一切包含在感受里面，并且是知识的全部客观性的条件的东西，也在无作为的情况下察觉到自己是受限定的。受限状态之所以在我们看来是某种独立于我们，并非由我们制造出来的东西，这是由感受的机制造成的，而这又是因为，那个设定了全部受限状态的活动，作为全部意识的条件，其本身并未出现在意识里。

3. **对我们而言，全部受限状态都仅仅是通过自我意识的活动而产生出来的**。我们仍然有必要驻足于这个命题，因为无疑是这个命题在当前的学说里制造出最多的困难。

意识到自己的原初必然性，并且返回自身，这已经是受限状态，但这是完全和完整意义上的受限状态。

并非对于每一个个别表象都产生出一个新的受限状态；通过包含在自我意识里的综合，受限状态一劳永逸地被设定下来；自我始终位于这个唯一的、原初的受限状态之内，永远走不出来，而这个受限状态在个别表象里仅仅以不同的方式展开自身。

人们在当前的学说里遭遇到的困难，绝大多数情况下都是因为没有区分原初的受限状态和派生的受限状态。

我们和全部理性存在者（Vernunftwesen）共同具有的原初受限状态，在于我们全都是有限的。通过这个受限状态，我们不是与别的理性存在者区分开，而是与无限性区分开。但全部受限状态都必然

是一个**已规定的**受限状态；我们根本不能设想，只有一个一般的受
限状态产生出来，同时却没有一个已规定的受限状态产生出来；因
此，已规定的受限状态必定是通过同一个活动和一般的受限状态一
起产生出来。自我意识的活动是唯一的、绝对的综合，而意识的全部
条件都是通过这个唯一的活动才同时产生出来的，因此已规定的受
限状态和一般的受限状态一样，也是意识的条件。

从自我想要成为自己的客体这一无限倾向可以直接得出，我一
般地是受限定的。因此一般的受限状态是可解释的，但一般的受限
状态对于已规定的受限状态完全是不置可否的，尽管二者确实是通
过同一个活动而产生出来。首先，已规定的受限状态不可能是由一
般的受限状态所规定的；其次，前者和后者毕竟是通过同一个活动
而**同时**产生出来，这两点合在一起，**使已规定的受限状态成为哲学的
一件不可理解和不可解释的事情**。诚然，我既是一般地受限定的，
也必须以已规定的方式存在着，这是确凿无疑的；这个规定性必须
走向无限，而这个走向无限的规定性构成了我的整个个体性；换言
之，不可解释的，并不是我以已规定的方式**存在着**，而是这个受限状
态的**方式**本身。比如，我们确实可以一般地推导出我属于理智的一
个已规定的秩序，但不能推导出我恰恰属于这一个秩序，我们可以推
导出我在这个秩序里占据一个已规定的位置，但不能推导出我恰恰
占据这一个位置。同理，我们可以推导出我们的表象一般地必然有
一个体系，但不能推导出我们必然被限制在表象的这个已规定的层
面。当然，如果已经预设了一个已规定的受限状态，那么我们也可以
由此推导出个别表象的受限状态，而这样一来，已规定的受限状态
就仅仅是我们借以统摄全部个别表象的受限状态的东西，因此我们

III, 410

也能够反过来从个别表象里推导出这个东西；又比如，如果我们一般地预设，宇宙的这个已规定的部分以及其中的这个已规定的天体是我们的外在直观的直接层面，那么我们也确实可以推导出，在这个已规定的受限状态里，这些已规定的直观是必然的。因为，假若我们能够对比一番我们的整个行星体系，我们无疑就能够推导出，为什么我们的地球恰恰是由这些而非别的物质组成的，为什么地球恰恰展现出这些而非别的现象，以及为什么一旦预设了这个直观层面，在我们的一系列直观里就恰恰是这些而非别的现象出现。一旦我们已经通过我们的意识的整个综合而置身于这个层面，那么其中就不可能出现任何与之相矛盾的和偶然的东西。以上情况都是基于我们的精神的原初连贯性，这种连贯性是如此强大，以至于每一个现在恰恰出现在我们眼前的现象都以这个已规定的受限状态为前提，并且必然会出现，也就是说，假若它不出现，那么我们的整个表象体系都将是自相矛盾的。

III, 411

B.

任务：解释自我如何直观到自己是感受者

解释

当自我直观到自己是原初地受限定的，就在进行感受。这个直观是一个活动，但自我不可能既进行直观，同时又直观到自己在进行直观。因此自我在这个行动里根本没有意识到任何活动；就此而言，在任何感受那里，我们所思考的都不是"行动"这一概念，毋宁仅仅是"被动"这一概念。在当前的环节里，自我**对它自身而言**仅仅是**被感受者**。因为一般而言，唯一被感受到的是自我的实在的受限制的活动，后者确实已经成为自我的客体。自我也是感受者，但这仅仅是对我们哲学家而言，而不是对它自身而言。正因如此，那个和感受一起同时被设定的对立（自我和自在之物之间的对立）也不是对自我而言，而是仅仅对我们而言被设定在自我之内。

III, 412　　　自我意识的这个环节未来应当叫作"原初感受"。正是在这个环节里，自我在原初的受限状态下直观自身，同时没有意识到这个直观，或者说这个直观本身并没有又成为自我的客体。在这个环节里，自我被完全固定在被感受者里，仿佛消失在其中。

因此更确切地说，现在的任务就是要解释：迄今为止仅仅是被感受者的自我，如何**同时**成为**感受者**和**被感受者**。

从自我意识的原初活动里只能演绎出受限状态本身。假若自我要做到对自身而言是受限定的，它就必须直观到自己是这样的东西；这个直观，作为不受限定的自我和受限定的自我的中介者，就是感受活动，但从前面已经指出的根据来看，关于这个活动，意识里面只剩下一种被动性的单纯痕迹。因此感受活动必须重新把自己当作客体，而且我们必须表明这个活动是如何进入意识。不难看出，我们只有通过一个新的活动才能够解决这个任务。

这个做法完全符合综合方法的进程。——相互对立的a和b（主体和客体）通过行动x联合在一起，但x里有一个新的对立，即c和d（感受者和被感受者）的对立，因此行动x重新成为自己的客体；行动x本身只有通过一个新的行动z才是可解释的，后者或许又包含着一个对立，如此等等。

解决

I.

因为自我仅仅是活动，所以当自我在自身之内察觉到某种与它相对立的东西，就**感受到**活动的一个实在的否定，**感受到**一个被刺激的存在。但为了对它自身而言成为感受者，自我（观念自我）必须把那个迄今为止仅仅位于实在自我之内的被动性设定在**自身之内**，而这件事情无疑只能通过**活动**而发生。

III, 413

正是在这里，我们处于经验论长久以来围绕着打转，却不能加以澄清的那个点。对我而言，外来印象仅仅解释了感受的被动性，充其量只是解释了对于一个作用客体的反作用，好比一个被撞击的弹性物体反过来撞击另一个物体，或一面镜子把投射在它上面的光反射回去；但外来印象并没有解释反作用，即自我**向着自身**的回归，也没有解释，外来印象如何能够与作为直观者的自我相关联。客体绝不会回归自身，并且不会与任何印象相关联；正因如此，客体没有感受。

因此，除非自我在根本上是**活动着的**，否则它不可能对自身而言是感受者。这里活动着的自我不可能是受限定的自我，毋宁只能是不可限定的自我。但这个观念自我只有在与客观的、现在受限定的活动相对立的时候才是**不受限定的**，也就是说，只有**在超越界限的时候**才是不受限定的。只要人们去想想每一个感受里发生了什么，他们就会发现，任何感受都必定包含着某个东西，这个东西**知道**有印象，但又不依赖于印象，而是超越了印象；因为，哪怕"印象是来自于一个客体"这个判断都预先设定了一个活动，这个活动不是依附于印象，而是指向某个**凌驾于印象之上**的东西。因此，除非自我之内有一个**超越界限**的活动，否则自我就不是感受者。凭借这个活动，自我为了对自身而言是感受者，就应当把异类东西纳入自身（纳入观念自我）；但这个异类东西本身又是在自我之内，它是自我的已扬弃的活动。现在，这两个活动的关系必须依次获得更明确的规定。不受限定的活动和自我的任何活动一样，**原初地**是观念活动，但也是实

III, 414　在活动，只有当它**超越**界限的时候，才与实在活动**相对立**。只有当我们考虑到**受限定的**活动是受限定的，它才是实在活动，而当我们考虑到它就本原而言是等同于观念活动，它就是观念活动；也就是说，它究竟是实在活动还是观念活动，这取决于我们如何看待它。此外很显然，一般而言，观念活动只有在与实在活动的对立中才可以被区分为观念活动，反过来，我们通过一些最简单的实验就能够证实一些事情，比如一个虚构客体只有在与一个实在客体的对立中才可以被区分为虚构的，而每一个实在客体也只有在与一个被判定为虚构的客体的对立中才可以被区分为实在的。以此为前提，就得出如下推论。

　　1）所谓"自我应当对自身而言是感受者"，意思是：自我应当主动把对立面纳入自身。但这个对立面无非是界限或阻碍，这个阻碍仅仅位于实在活动之内，而实在活动只有通过界限才区别于观念活动。因此，所谓"自我应当占有对立面"，意思是：自我应当把对立面纳入它的观念活动。但这是不可能的，除非**界限落入观念活动**，而且这件事情必须是借助于自我本身的一个活动而发生。（现在已经愈来愈明显，整个理论哲学唯一需要解决的是这样一个问题，即限制是如何成为观念的，或者说观念活动或直观活动是如何遭受限

定的？我们预先已经看到，既然自我确实是自我，那么就必须重建
A. 2.所说的观念活动和实在活动之间已经被破坏的平衡。至于**如何**
重建，这是我们接下来的唯一任务。）——但界限仅仅落入**实在**活动
的边线，反过来，自我的观念活动恰恰是那个包含着界限的实在活
动。此外，一旦抽离了界限，那么观念活动和实在活动原初地就是不
可区分的，而界限仅仅制造出二者之间的分裂点。也就是说，活动只
有在凌驾于界限之上的时候才被区分为观念活动，或者说只有在超
越界限的时候才被区分为观念活动。

　　因此，所谓"界限应当落入观念活动"，意思是：界限应当位于 　III, 415
界限的彼岸，而这显然是一个矛盾。这个矛盾必须被解决。

　　2）一种可能方案是：观念自我致力于**扬弃**界限，而当它扬弃界
限，界限就必然也落入观念活动的边线。但界限不应当被扬弃，界
限应当**作为**界限（亦即在不被扬弃的情况下）被纳入观念活动。

　　另一种可能方案是：观念自我自己限定自己，从而**产生出**一个界
限。——但这个说法根本没有解释本应加以解释的事情。因为在这
种情况下，那个被设定到观念自我之内的界限就不再是那个在实在
自我之内被设定的界限，而它们本来应当是同一个界限。哪怕我们
假设，一直以来的纯粹观念自我成为自己的客体，随之遭受限定，我
们也没有因此取得任何进展，而是退回到研究的起点，在那里，一直
以来的纯粹观念自我首先分裂为一个主观东西和一个客观东西，就
好像瓦解了似的。

　　因此，仅剩的方案就是找到"扬弃活动"和"制造活动"之间的
一个居间者。这样的居间者就是**"规定活动"**（Bestimmen）。我应
当规定的东西，必须是不依赖于我而存在着。但是，当我规定它的时

候,它通过规定活动本身又成为一个依赖于我的东西。进而言之,当我规定一个无规定的东西时,我把它作为无规定的东西加以扬弃,并且把它作为已规定的东西制造出来。

也就是说,观念活动必须**规定**界限。

这里立即出现两个问题:

a. 所谓 "界限是由观念活动所规定的",究竟是什么**意思**?

关于界限,现在的意识里面只剩下一种绝对被动性的痕迹。因为自我在进行感受时并未意识到**活动**,仅仅面对一个结果。迄今为止,这种被动性是完全无规定的。但**一般意义上的**被动性和一般意义上的受限状态一样,都是不可设想的。任何被动性都是一个**已规定的被动性**,正如它只有通过活动的否定才是可能的。因此,当被动性遭受规定,界限也就遭受规定。

III, 416　　那种单纯的被动性是感受的单纯材料,是纯粹的被感受者。当自我给予被动性一个已规定的层面,或者说给予被动性一个已规定的作用范围(如果人们在这里容许这个不太贴切的术语),被动性就遭受规定。这样一来,自我就只有在这个层面之内是被动的,而在这个层面之外则是主动的。

因此,那个规定活动就是一个 "生产活动"(produzieren),而这个生产活动的材料就是原初的被动性。

这就出现了第二个命题:

b. 如何能够设想这个生产活动本身?

除非自我是活动着的,否则它不可能生产出这个层面,但是,除非自我本身恰恰因此遭受限定,否则它也不可能把这个层面作为受限状态的层面生产出来。——当自我是限定者,它是活动着的,但当它是受限状态的限定者，它本身就是一个被限定者。

就此而言，那个生产活动是主动性和被动性的绝对统一体。自我在这个活动中是被动的，因为它只有预先设定了受限状态，才能够规定这个状态。但反过来，只有当（观念）自我致力于去规定受限状态，它才在这里遭受限定。因此，生产活动包含着一种以被动性为前提的主动性，反过来也包含着一种以主动性为前提的被动性。

在重新反思被动性和主动性的这个包含在一个行动本身之内的统一体之前，我们不妨看看，假若自我自身之内真的能够揭示出这样一个行动，我们将通过它赢得什么东西。

在之前的"意识"环节里，自我**对它自身而言仅仅是被感受者**，不是感受者。在当前的行动里，自我对它自身而言成为**感受者**。一般而言，自我正是因为遭受限定才成为自己的客体。但因为自我只有在进行限定时才遭受限定，所以它是主动地（作为感受者）成为自己的客体。

因此，（观念）自我是在**主动地遭受限定**时成为自己的客体。

自我在这里只有作为**活动着的**东西才遭受限定。经验论可以 III, 417
轻易地解释印象，因为它完全忽视了一点，即自我为了被限定为自我（亦即为了成为感受者），必定已经是活动着的。——反过来，自我在这里只有在已经遭受限定的情况下才是活动着的，而当感受与意识相结合，我们在感受那里所思考的，就恰恰是主动性和被动性的这个互为条件的存在。

但是，或许**正因为**自我在这里对它自身而言成为感受者，所以它不再是**被感受者**，正如在之前的行动里，当自我还是被感受者的时候，不可能对它自身而言是感受者。这样一来，自我作为被感受者就被驱赶到意识之外, 取而代之的是另外某种与自我相对立的东西。

事实也是如此。推导出的行动是一个**生产活动**。在这个生产活动里, 观念自我是完全自由的。至于自我为什么在生产出这个层面的时候遭受限定, 其根据不可能位于自我自身之内, 而是必定位于自我**之外**。这个层面是自我生产出来的, 但自我在进行生产时, 并没有生产出层面的界限, 而由于自我在当前的 "意识" 环节**仅仅**是生产者, 所以界限根本不是自我的产物。也就是说, 界限仅仅是自我和自我的对立面(亦即**自在之物**)之间的界限, 既不是在自我**之内**, 也不是在自我**之外**, 毋宁说, 它仅仅是一个让自我及其对立面在其中彼此接触的共同者。

正因如此, 只要这个行动本身就其可能性而言是可理解的, 我们就可以通过它而演绎出自我和自在之物之间的那个对立, 一言以蔽之, 把一切在前面仅仅对哲学家而言被设定的东西, 也对自我自身而言演绎出来。

II.

诚然, 经过以上全部评论, 我们发现为问题给出的解决方案无疑是正确的, 但这个解决方案本身仍然是不可理解的, 而这大概是因为我们漏掉了一些中间环节。

III, 418

也就是说, 通过这个解决方案确实可以看出, 观念自我除非已经是活动着的, 否则不可能成为被动的, 因此单凭一个施加于观念自我(直观着的自我)的印象根本解释不了感受。但也可以看出, 观念自我除非已经是被动的, 否则也不可能以特定的方式活动着。简言之, 我们看到的是, 在那个行动里, 主动性和被动性是**互为**

前提的。

诚然，**最终的**行动——它把感受完全设定在自我之内——大概就是这样的一个行动，但在它和原初感受之间必定还有一些中间环节，因为通过这个行动，我们发现自己陷入了一个走不出去的怪圈，一个长久以来就困扰着哲学家的怪圈，而如果我们希望坚持迄今的进程，就必须首先让这个怪圈在我们的眼前产生出来，以便对它做出完整的理解把握。通过之前所述，确实推导出了一个**事实**，即我们必定会陷入那个怪圈，但没有推导出我们**如何**陷入怪圈。就此而言，我们的整个任务并没有真正得到解决，因为这个任务就是要解释原初界限如何过渡到观念自我之内。但很显然，迄今所述的一切都没有解释这样一个**最初的**过渡。过去我们是用观念自我对于受限状态的限定去解释那个过渡。——问题仅仅在于，自我究竟为什么要去限定被动性呢？——我们已经承认，这个活动已经以观念自我之内的一种被动性为前提，而反过来，这种被动性当然也以那个活动为前提。我们必须从根本上探究这个怪圈是如何产生出来的，并且只能这样才有希望完整地解决我们的任务。

我们回到最初提出的那个矛盾。自我仅仅对它自身而言是它所是的一切东西。因此自我也仅仅对它自身而言是观念自我，只有在把自己设定为观念自我或承认自己是观念自我时，才是观念自我。如果我们所理解的"观念活动"仅仅是自我的一般意义上的活动，即一个仅仅从自我出发，并且仅仅以自我为根据的活动，那么自我原初地无非就是观念活动。如果界限落入自我，那么它确实是落入自我的观念活动。但这个观念活动，作为遭受限定的活动，并没有被承认为观念活动，而这恰恰是因为，它是遭受限定的活动。只有一个超越

III, 419

界限的活动才被承认为观念活动。这个超越界限的活动应当遭受限定——这个矛盾已经包含在"自我应当作为感受者（亦即作为主体）成为客体"这一要求之中，而这个矛盾的唯一解决办法是，**"超越界限"和"遭受限定"对观念自我而言是同一回事**，换言之，自我恰恰是在观念自我时就成为实在自我。

假若上述情况是成立的，假若自我在超越界限时就遭受限定，那么它在超越界限时就仍然是观念自我，换言之，它作为观念自我或在它的观念性中就成为实在自我，并且遭受限定。

问题在于，如何设想这类情况。

再者，只有当我们把那个想要直观自身的倾向设定为**无限的**，我们才能够解决这个任务。——在自我之内，关于原初感受，只剩下单纯的界限本身。对我们而言，自我不是观念自我，除非它在进行感受时超越了界限。但自我不可能承认自己是观念自我（亦即感受者），除非它的超越界限的活动是与那个被阻挡在界限之内的活动或实在活动相对立。这两个活动只有在相互对立和相互关联中才是可区分的。但这种对立和关联又只有通过同时位于界限之内和之外的第三个活动才是可能的。

毫无疑问，这个**同时**是观念活动和实在活动的**第三个活动**就是（1.)已经推导出的生产活动，在其中，主动性和被动性应当是互为前提的。

III, 420　　因此我们现在可以提出这个生产活动的中间环节，将它们完整地推导出来。——这就是如下几个环节：

1)自我，作为一个想要直观自身的无限倾向，在之前的环节里已经是感受者，亦即直观到自己是受限定的。但界限只能位于对立双方之间，因此自我为了**能够**直观到自己是受限定的，就必须指向某种位于界限**彼岸**的东西，亦即必须超越界限。这样一个超越界限的活动曾经和感受一起对我们哲学家而言被设定下来，但它也应当对自我自身而言被设定下来，因为只有在这种情况下，自我作为**感受者**才成为自己的客体。

2）在自我之内，不仅迄今的**客观东西**，而且主观东西也必须成为客体。这件事情之所以发生，是因为那个超越界限的活动成为自我的客体。但自我不可能直观到任何超越界限的活动，除非这个活动是与另一个未超越界限的活动相对立和相关联。这种自身直观，即把自己直观为观念活动（一个超越界限的进行感受的活动）和实在活动（一个被阻挡在界限之内的被感受的活动），是不可能的，除非是通过第三个活动（它被阻挡在界限之内，**同时**超越了界限，是观念活动，**同时**是实在活动），而正是在**这个**活动之内，自我作为感受者成为自己的客体。当自我是**感受者**，就是观念自我，而当自我是**客体**，就是实在自我，因此那个使自我作为感受者成为自己的客体的活动，必须同时是观念活动和实在活动。

因此，我们需要解释的问题，"自我如何直观到自己是感受者"，也可以这样表达："自我如何在**同一个活动**里成为观念自我和实在自我。"这个同时是观念活动和实在活动的活动就是我们此前作为公设而提出的生产活动，在其中，主动性和被动性是互为前提的。这样一来，第三个活动的谱系同时也解释了我们伴随着自我而陷入的那个怪圈的起源（I.）。

这个活动的谱系是这样的：在第一个活动（自我意识的活动） III, 421
里，自我**一般地**被直观，并且因为被直观而遭受限定。在第二个活动里，自我不是**一般地**，而是以已规定的方式被直观为**受限定的**，但它不可能被直观为受限定的，除非观念活动逾越了界限。这样一来，自我之内就出现了两个活动的对立，这两个活动作为同一个自我的活动，不由自主地被统一在第三个活动里，在其中，"被刺激的存在"和"活动"必然是互为前提的，或者说自我只有同时作为实在自我才是观念自我，反之亦然，而在这种情况下，自我作为感受者就成为自己的客体。

3）在这第三个活动里，自我在已经超越了界限的活动和被阻碍的活动之间摆动（schweben）。通过自我的这个摆动，两个活动相互关联，并且被固定为对立双方。

现在的问题是：

a. **观念**活动被固定为什么东西？一般而言，当它固定下来，就不再是纯粹的活动。它在同一个活动里与那个被阻挡在界限之内的活动相对立，因此被理解为一个固定的，但与实在自我相对立的活动。当这个活动是固定下来的东西，就获得了一个观念基体，而当它与实在自我相对立，它本身——但仅仅在这个对立中——就成为实在活动，成为某种实实在在地与实在自我相对立的东西的活动，而这个实实在在地与实在自我相对立的东西无非是**自在之物**。

也就是说，从现在起，那个已经超越界限并已成为客体的观念活动本身已经从意识里消失了，并且转化为自在之物。

以下情况是很容易指出的。按照之前所述，原初受限状态的唯一根据是自我的直观活动或观念活动，但恰恰这个活动在这里作为受限状态的根据折返回自我自身，仅仅不再表现为自我的活动（因为自我现在仅仅是实在自我），而是表现为一个与自我相对立的活动。

III, 422

因此自在之物无非是已经超越界限的观念活动的阴影，这个阴影通过直观而被抛回给自我，从而本身是自我的一个产物。当独断论者把自在之物看作实在的东西，就和当前环节的自我处于同一个立场。对自我而言，自在之物是通过一个行动而产生的，现在留下的是产生出来的东西，不是那个使之产生出来的活动。因此自我原初地并不知道那个对立面是它的产物，而只要它仍然被封闭在自我意识围绕自我而划定的魔圈之内，就必定会始终处于这种无知状态；只有那些打破了这个魔圈的哲学家才能够消除那个幻觉。

　　到目前为止，演绎已经推进到这个地步，即首先有某种外在于自我的东西对自我而言存在着。在当前的行动里，自我首先指向某种位于界限彼岸的东西，而界限木身无非是自我与其对立面的共同接触点。在原初感受里，界限仅仅浮现出来，但这里却有某种位于界限彼岸的东西，而自我就是用这个东西来解释界限。现在可以期待，界限也会获得另一种马上就要展现出来的意义。自我在原初感受里仅仅是被感受者，而原初感受则转化为一种直观，在其中，自我首先对自身而言成为感受者，但恰恰因此不再是被感受者。对于**直观到**自己是感受者的自我而言，被感受者是已经超越界限的观念活动（此前是感受活动），但这个活动如今不再被直观为自我的活动。观念活动的原初进行限定者是自我本身，但它除非是把自己转化为自在之物，否则不可能作为进行限定者而进入意识。正是在这里演绎出的第三个活动里，被限定者和进行限定者发生分裂，同时又被统摄在一起。

　　余下来需要考察的是：　　　　　　　　　　　　　　　III, 423

　　b. 在这个行动里，实在活动或被阻挡的活动转变为什么东西？

　　既然观念活动已经转化为自在之物，那么实在活动就通过同一个行动而转化为自在之物的对立面, 亦即**自在之我**。迄今为止, 自我始终同时是主体和客体, 现在第一次成为某种**自在的**东西; 自我的原初主观东西已经被转移到界限那边, 并且在那里被直观为自在之物; 留在界限之内的, 就是自我的纯粹客观东西。

也就是说, 演绎现在所处的位置, 就是自我与其对立面不仅对哲学家而言, 而且对自我自身而言发生分裂的地方。自我意识的原初二重性如今仿佛被分派给自我和自在之物。因此通过自我当前的行动, 留下的就不是一种单纯的被动性, 而是两个以实在的方式相互对立的东西, 是它们奠定了感受的规定性。这样一来, 才完整地解决了 "自我如何对它自身而言成为感受者" 这一任务。这是迄今为止任何哲学都未能解决的一个任务, 而经验论最没有能力解决这个任务。尽管如此, 当经验论徒劳地去解释印象如何从单纯被动的自我过渡到思维着的、主动的自我, 唯心论者也面临着一个同样困难的任务。因为, 无论被动性是哪里来的, 无论是来自于我们之外的事物施加的印象, 还是来自于精神本身的原初机制, 它都始终是被动性, 而那个应当得到解释的过渡也始终是同一个过渡。生产性直观的奇迹克服了这个困难, 而假若没有这种直观, 那么这个困难是根本不能克服的。因为很显然, 自我不可能直观到自己是感受者, 除非它把自己**当作**自己的对立面, 同时在进行限定的活动和被限定的活动中, 在主动性和被动性的那个通过上述方式而产生出来的交互规定中, 直观自身。当然, 只有哲学家才看到了这个位于自我自身之内的对

III, 424

立, 而在哲学家的客体亦即自我看来, 这个对立却是自我本身和某种外在于自我的东西之间的对立。

4) 实在活动和观念活动之间的摆动的产物, 一方面是自在之

我，另一方面是自在之物，二者都是现在这个有待推导的生产性直观的因素。但首先需要追问的是，这两个东西如何是由那个已经推导出的行动所规定的。

a. 刚才已经证明，自我是通过这个行动而被规定为纯粹客观的东西。但它只有在和自在之物的交互关系中才是如此。因为，假若它仍然包含着进行限定者，它在这种情况下就仅仅**显现为**客观东西，而不是像现在这样**自在地**是客观东西，并且仿佛独立于它自己，而一位仅仅提升到这个立场的独断论者所要求的恰恰是后面这个情况。

（这里所谈论的不是那个在这个行动中**活动着的**自我，因为它在它的受限状态中是观念自我，反过来在它的观念性中是受限定的，既非单纯的主体，也非单纯的客体，而是在自身之内包揽着整个自我或完整的自我，只不过那属于主体的东西，显现为自在之物，而那属于客体的东西，则显现为自在之我。）

b. 起初而言，**物**完全被规定为一种与自我绝对对立的东西。但如今自我被规定为活动，因此物也仅仅被规定为一个与自我的活动相对立的活动。全部对立都是一个已规定的对立；因此，除非物同时是受限定的，否则它不可能与自我相对立。这里也解释了，所谓"自我必须又对被动性进行限定"（I.），究竟是什么意思。当被动性的条件亦即物遭受限定，被动性也就遭受限定。起初我们看到，受限状态里的受限状态是和一般的受限状态同时产生出来的，但前者只有伴随着自我和自在之物之间的对立才进入意识。物被规定为一个与自我相对立的活动，进而被规定为一般的受限状态的根据，而当物本身被规定为一个受限定的活动，就进而被规定为已规定的受限状态的根据。那么物是通过什么东西而遭受限定呢？就是通过那个也限定着自我的界限。自我之内有多大程度的主动性，物之内就有多大程度的被动性，反之亦然。只有通过共同的限定，自我和物才处于交互作用中。只有哲学家才看到，自我的界限和物的界限是同一个界限，也就是说，只有当自我遭受限定时，物才遭受限定，同样只有当客体遭受限定时，自我才遭受限定，简言之，只有哲学家才看到，在当前的行动里，自我之内的主动性和被动性是**交互规定的**。在随后的行动里，自我也会看到这个交互规定，当然，正如我们可以期待的，这个交互规定会具有完全不同的形式。界限始终是同一个界限，它原初地是通过自我自身而设定的，只不过如今不再仅仅显现为自我的界限，而是也显现为物的界限。物具有多少实在性，仅仅取决于它在自我自身之内在多大程度上通过自我的原初行动而被扬弃。但是，正如自我是在无作为的情况下发现自己遭受限定，在它看来，物也不是通过它的行动而遭受限定，而为了将这个结果与我们的出发点重新衔接起来，那么这里的情况就是，当观念活动超越界限并且被直观为观念活动，就直接遭受限定。

由此很容易推出，通过那个行动，

c. **界限**如何被规定。因为它同时对于自我和物而言是界限，所以它的根据既不能位于自我之内，也不能位于物之内。假若根据是位于自我之内，那么自我的主动性就不是以被动性为条件；假若根据是位于物之内，那么自我的被动性就不是以主动性为条件，简言之，行动就不再是行动。既然界限的根据既不是在自我之内，也不是在物之内，那么就不在任何地方，而界限就是作为绝对的界限而存在着，它之所以是如此，因为它就是如此。这样一来，相对于自我而言，界限既显现为物，也显现为绝对偶然的东西。也就是说，在直观里，那对于自我和物而言都纯属偶然的东西，就是界限；至于一个更详细的规定或讨论，这里暂时是不可能的，只能后面再说。

5）通过那个摆动，留下了相互对立的自我和自在之物，但这个摆动不可能延续下去，因为通过这个对象，自我自身（那个在二者之间摆动的东西）之内设定了一个矛盾。但自我是绝对同一性。既然自我=自我，那么同样确定的是，第三个活动不由自主地和必然地产生出来，在其中，对立双方被设定为一种相对的等同。 III, 426

自我的**全部**活动都发源于自我自身之内的一个矛盾。因为，既然自我是绝对同一性，那么除了它之内的一种二重性之外，它不需要任何别的规定根据就能够活动，而全部精神性活动的延续都是依赖于那个矛盾的延续，亦即依赖于那个矛盾的持续不断的重新产生。

在这里，矛盾虽然显现为自我和某种外在于自我的东西之间的对立，但作为推导出来的东西，就是观念活动和实在活动之间的矛盾。如果自我应当在原初的局限性中直观自身（感受自身），那么它必须同时努力突破局限性。诸如局限性、必然性、强制性等等，所有这些都只有在与一个不受限制的活动相对立的时候才被感觉到。而且任何现实的东西都离不开想象的东西。——因此伴随着感受本身，已经有一个矛盾被设定在自我之内。自我限制自身，同时努力突破限制。

这个矛盾不可能被推翻，但也不可能延续下去。因此它只能通过第三个活动而被统一。

一般而言，这第三个活动是一种**直观**活动，因为是**观念**自我在这里被思考为遭受限定。

但这种直观活动是一种对于直观活动的直观，因为它是对于感受活动的直观。——感受活动本身已经是一种直观活动，只不过是**第一**潜能阶次里的直观活动（就此而言，一切感受都是单纯的，不可能被定义，因为任何定义都是综合的）。如今推导出的直观活动是**第二**潜能阶次里的直观活动，或者换个说法也一样，是一种**生产性直观活动**。

C.

III, 427

生产性直观理论

提要

笛卡尔曾经以物理学家的身份说道："给我物质和运动，我将为你们搭建起宇宙。"而先验哲学家则说："给我一个包含着两个相互对立的活动的自然界（其中一个活动走向无限，另一个活动在这个无限性里努力想要直观自身），我将让理智及其整个表象体系在你们面前产生出来。"所有别的科学都是把一个现成已有的理智当作前提，而哲学家则是考察处于转变中的理智，仿佛理智是在他的眼前产生出来的。

自我仅仅是一个承载着理智及其全部规定的根据。自我意识的原初活动仅仅给我们解释了自我在它的客观活动中（在原初努力中）如何遭到限制，但并没有解释自我在它的主观活动或知识中如何遭到限制。只有生产性直观才把原初界限转移到观念活动之内，而这是自我向着理智迈出的第一个步伐。

生产性直观在这里是从自我的整个机制里系统地演绎出来的，

而它的必然性，作为全部知识的普遍条件，必须从"知识"概念中直接推导出来；因为，如果全部知识都是通过一种直接认识而获得其实在性，那么这种直接认识只能出现在直观里，与此相反，概念仅仅是实在性的阴影，是通过一种再生的能力亦即知性才提炼出来的，而知性本身又是以一个更高的东西为前提，这个东西不具有任何外在于自身的原型，而是基于一种原初力量从自身出发进行生产。因此，非真实的唯心论（亦即一个把全部知识转化为假象的体系）必定是那样一种唯心论，它断定表象有着外在于我们的独立原型，从而推翻了我们的认识里的全部直接性；反之，我们的体系是在精神 III, 428
的一个活动里（这个活动同时是观念活动和实在活动）寻找事物的起源，而正因为这是最完满的唯心论，所以同时必定也是最完满的实在论。也就是说，如果最完满的实在论是一种自在地直接认识事物的实在论，那么它只有在那样一个自然界里才是可能的，这个自然界在事物里仅仅看到它自己的通过自己的活动而遭受限制的实在性。换言之，这样一个自然界作为寓居在事物之内的灵魂，将渗透事物及其直接的有机体，并且以原初的方式洞察事物的内在机制，就像一位大师以最完满的方式认识自己的作品那样。

　　与此相反，人们也可以假定我们的直观里有某种通过激励或印象而添加进来的东西，以此解释感性直观的明晰性。首先，通过对于表象者的激励，并非对象本身，而是对象的作用过渡到表象者之内。但在直观里，直接在场的不是对象的单纯作用，而是**对象本身**。至于对象如何添加到印象上面，或许人们可以通过推论来加以解释，然而直观**之内**绝不会出现任何与推论有关的东西，也绝不会出现一种通过概念（比如"原因"和"作用"）而进行的中介活动，而且我们在直观里面对的，不是三段论的一个单纯产物，而是对象本身。又或许人们可以用一种通过外在刺激而发动的生产能力去解释对象为什么添加到感受上面，但这也根本没有解释外在对象（作为印象的来源）为什么直接过渡到自我之内，因为在这之前，人们必须从一种完全占据灵魂并且仿佛渗透灵魂的力量那里推导出印象或激励。因此人们终究会采用独断论的最为前后一贯的做法，即要么以故弄玄虚的方式谈论外在事物的表象的起源，把这当作一个不可

III, 429　能再做任何进一步解释的启示，要么借助于一种力量让异质的东西（比如从一个外在客体的印象得出的表象）的不可理喻的产生变得可以理喻，好比对于神性（按照那个体系，这是我们唯一直接认识的客体）而言，不可能的东西也是可能的。

　　独断论者看起来根本没有注意到，像哲学这样的科学绝不会容忍任何前提，毋宁说，在这样的科学里，恰恰是那些最普通和最流行的概念应当先于所有别的概念而被演绎出来。比如，当我们区分外来的东西和来自于内部的东西时，这个区分无疑需要辩护和解释。但我在解释这个区分时，恰恰设定了意识的一个区域，在那里，这种**分裂尚且不存在**，毋宁说内在世界和外在世界仍然交织在一起。因此可以确定的是，当一种哲学在根本上仅仅把自己当作法则，不接受任何未经证明和未经推导的东西，它就仿佛在无欲无求的情况下通过它的单纯的前后一贯就成为唯心论。

　　迄今为止还没有一位独断论者去描述和展示那个外在作用的样式和方式，而这些做法作为一种承载着知识的整个实在性的理论的必然要求，本来应当是顺理成章的。也就是说，人们在这里必须注意到物质如何逐渐升华为精神性，在这个升华过程中，只有一件事

情被忘却了，即精神是一座永恒的孤岛，而人们从物质出发经历了如此之多的弯路之后，终究需要一个飞跃才能够登上这座孤岛。

针对这样一些要求，人们不可能永远以"完全不可理喻"为托辞，因为想要理解那个机制的冲动一再地回归。当一种自诩不接受任何未经证明的东西的哲学宣称自己实际上已经揭示出那个机制，人们必定会在它的各种解释里面发现某种不可理喻的东西。但在这种哲学里，一切不可理喻的东西都是基于普通人的立场，而远离这 III, 430个立场乃是哲学里的全部理解的首要条件。比如，当一个人认为精神的全部活动里面没有任何无意识的东西，并且除了意识的区域之外没有任何别的区域，那么他就不会理解理智如何在其产物里忘却了自己，也不会理解艺术家如何能够迷失在自己的作品里。对他而言，存在着的无非是一种日常生计的制造活动，任何地方都没有一种在自身之内统一了必然性和自由的生产活动。

一切生产性直观都是起源于一个永恒的矛盾，这个矛盾不断地强制着理智去活动（因为理智唯一追求的就是回到自己的同一性），并且在理智的生产中束缚和制约着理智，就像自然界在其生产中看起来受到束缚那样。这些情况一方面是从迄今所述中推导出来的，另一方面通过直观理论将会得到进一步澄清。

针对"直观"这个词语，需要指出的是，切不可把任何感性东西掺杂到这个概念里面，仿佛只有"观看"才是直观活动似的，尽管日常语言已经让观看独占了直观的名头。关于这件事情，我们可以给出一个极为深刻的理由。不动脑筋的庸人用光线去解释观看，但光线究竟是什么东西呢？光线本身已经是一种观看，而且是原初的观看，亦即直观活动本身。

　　整个生产性直观理论的出发点，是这样一个已经推导出来并得到证明的命题："当那个超越界限的活动和那个被阻挡在界限之内的活动彼此相关联，就固定为对立双方，前者作为自在之物，后者作为自在之我。"

　　这里可能立即浮现出一个问题：那个已经被设定为绝对不可限定的观念活动，究竟如何能够固定下来，随之遭受限定？答案是：这个活动作为进行直观的活动或自我的活动，不会遭受限定，因为当它遭受限定，就不再是自我的活动，并且转化为自在之物。现在，这**III, 431**个进行直观的活动本身是一个被直观的东西，因此不再是一个进行直观的活动。但本身说来，只有进行直观的活动才是不可限定的。

　　当进行直观的活动取代了观念活动，就是一个处于生产中的活动，因此恰恰同时是实在活动。这个被挟裹在生产中的观念活动，作为进行直观的活动，仍然始终是不可限定的。因为，尽管它在生产性直观里也遭受了限定，但毕竟只是在这个环节遭受限定，而不是像实在活动那样一直遭受限定。现在，如果我们表明，理智的一切生产活动都是基于不可限定的观念活动和被阻碍的实在活动之间的矛盾，那么生产活动将和那个矛盾本身一样是无限的，与此同时，伴随着这个被挟裹在生产中的观念活动，生产活动里面也设定了一个推进本原。一切生产活动对于一个环节而言都是有限的，但这个生产活动所确立的东西将为一个新的矛盾提供条件，而这个矛盾将过渡到一个新的生产活动，如此一来显然是无穷无尽的。

　　假若自我之内没有一个超越界限的活动，那么自我就绝不会走出它的最初的生产活动，而在这种情况下，自我虽然也进行生产，但在它的生产活动中却是对一个外在于它的直观者而言，而不是对它自身而言遭受限定。自我为了对它自身而言成为感受者，必须努力超越原初的被感受者，同理，自我为了对它自身而言成为生产者，也必须努力超越每一个产物。因此无论是在感受那里还是在生产性直观这里，我们都是纠缠于同一个矛盾。通过这个矛盾，正如单纯直观在感受里上升到更高的潜能阶次（sich potenzieren），生产性直观在我们面前也将再次上升到更高的潜能阶次。

这个矛盾必定是无限的，对此可以最简短地加以证明：

自我之内有一个不可限定的活动，但除非是自我将其设定为它的活动，否则这个活动并不是真正位于自我之内。但是，除非自我把自己作为那个无限活动的主体或基体与这个活动本身区分开，否则 III, 432 它也不可能直观到这个活动是它的活动。但恰恰通过这个方式，产生出一个新的二重性，即有限性和无限性之间的一个矛盾。自我作为那个无限活动的主体，在动力学的意义上（潜在地）是无限的，是**活动本身**，而当这个活动被设定为自我的活动，就成为有限的；但是，当它成为有限的，就重新延伸到界限之外，而当它延伸，就重新遭受限定。——这样一来，这个更替就无限地持续下去。

因此，当自我通过这个方式提升为理智，就置身于一个持续的扩张和收缩的状态，而这个状态恰恰是塑造活动和生产活动的状态。所以，当活动奔忙于那个更替，就必定显现为生产活动。

I.

生产性直观的演绎

1）我们曾经在对立双方之间的摆动状态下离开了我们所考察的客体。对立双方**自在地**是绝不可能联合起来的，而如果它们是可以联合的, 那么这只能是通过自我为了统一它们而付出的努力, 而唯有这个努力才赋予对立双方以持存, 并且让它们交互关联。

对立双方仅仅是由自我的行动造成的, 并在这个意义上是自我的一个产物, 既是自在之物, 也是自我, 而且后者在这里首先是作为一个自行生产出的东西而出现。—— 二者都是**自我的**产物, 正因如此, 自我就提升为理智。如果人们认为自在之物位于自我**之外**, 也就是说, 认为这两个相互对立的东西处于不同的层面, 那么它们之间就不可能有任何统一, 因为它们**自在地**是不能联合起来的; 因此, 为了统一它们, 需要一个更高的、将它们统摄起来的东西。但这个更高的东西就是处于更高潜能阶次的自我自身, 或者说那个已经提升为理智的自我, 而接下来讨论的都是这种意义上的自我。也就是说, 位于自在之物**之外**的自我仅仅是客观自我或实在自我, 而那个包含着自在之物的自我却同时是观念自我和实在自我, 而这就是那个理智化了的自我。

III, 433

2）对立双方仅仅通过自我的行动才被整合。但自我在这个行动中没有进行自身直观, 因此行动仿佛在意识中沉寂了, 只有对立**作为**对立残留在意识里面。但对立作为对立恰恰不可能残留在意识里面（否则对立双方早就已经同归于尽）, 除非有第三个活动已经将它们区分开（让它们相互对立）, 并恰恰通过这个方式将它们统一起来。

对立**作为**对立, 或者说, 对立双方作为绝对地（而非仅仅相对地）相互对立的东西出现在意识里, **这件事情**是生产性直观的条件。困难恰恰在于如何解释这件事情。因为, 一切东西都只有通过自我的行动才进入自我, 因此那个对立也不例外。但如果那个对立是通过自我的行动而被设定的，它就恰恰不再是**绝对的**对立。这个困难只能通过如下方式加以解决。那个行动本身必须在意识里消失，因为这样一来，就会只留下对立的两端（自我和自在之物），作为**自在地**（通过它们自己）不可能联合起来的东西。换言之，在那个原初行动里，它们仅仅通过自我的行动（因此不是通过它们自己）而被整合，而这个行动的唯一用途就是把它们带入意识，并且在完成这个任务之后，本身消失在意识里。

那个对立作为对立残留在意识里面——**这件事情**为意识赢得了一片广阔天地。因为，现在通过这个对立，不仅对于观察者而言，而且对于自我自身而言，意识的同一性都被完全扬弃了，于是自我所来到的观察点，就是我们哲学家原初所置身的观察点，只不过在这个地方，自我所看到的东西必定完全不同于我们所看到的东西。**我们哲学家**早就看到自我原初地处于两个相互对立的活动的冲突之中。但自我对那个冲突一无所知，它必须不由自主地、仿佛盲目地通过一个共同的建构而去化解那个冲突。自我的不可限定的观念活动本身已经被卷入这个建构，因此关于这个建构，只有实在活动作为遭受限定的活动**能够**残留下来。在当前这个环节，当那个冲突成为自我自身的客体，它对于那个直观着自身的自我而言就转化为自我（作为客观活动）和自在之物之间的对立。换言之，既然**进行直观**的活动现在位于冲突**之外**（而这恰恰是因为自我已经提升为理智，或者说是因为那个冲突本身重新成为自我的客体），所以那个对立现在**对于自我自身而言**能够在一个共同的建构里扬弃自身。这也清楚地解释了，为什么对于自我自身而言（而绝非对我们哲学家而言），最原初的对立是自我和自在之物之间的对立。

III, 434

3）两个自在地不可能联合起来的东西的对立只有在这种情况下才被设定在自我之内，即自我**直观**到对立是对立，而我们虽然已经推导出这个**直观活动**，但迄今为止仅仅考察了它的其中一个部分。因为，凭借其本质上的原初同一性，自我不可能直观到那个对立，除非自我在对立中重新制造出同一性，随之制造出自我和物以及物和自我的交互关联。在那个对立里，物仅仅作为活动而出现，尽管这是一个与自我相对立的活动。这个活动虽然通过自我的行动而被固定下来，但仅仅作为活动而被固定下来。因此，目前为止推导出的物仍然始终是一个主动的、活动着的物，还不是现象中的那种被动的、非活动着的物。如果我们没有把一个对立面，随之把一种平衡重新输入到客体自身之内，那么我们绝不会触及那种被动的或非活动着的物。自在之物是纯粹的观念活动，在它那里，我们只能认识到它是自我的实在活动的对立面。和物一样，自我也仅仅是活动。

III, 435　　这两个相互对立的活动不可能脱离彼此，因为它们已经通过一个作为接触点的共同界限而统一起来。与此同时，除非它们直接还原到一个共同的第三者，否则它们也不可能共存。只有当这件事情发生了，它们**作为**活动才彼此扬弃。现在，这个从它们那里产生出来的第三者既不可能是自我，也不可能是自在之物，毋宁只能是一个介于它们之间的产物。正因如此，这个产物在直观里不可能作为自在之物或活动着的物而出现，而是只能作为那个物的现象而出现。因此，就物是主动的，并且是我们之内的被动性的原因而言，它已经超出了直观的环节，或者说已经通过生产性直观而被驱逐到意识之外，而生产性直观就是在物和自我之间摆动，制造出某个介于二者之间的东西，当这个东西把物和自我隔开，就是二者的一个共同表现。

同样，只有我们哲学家看到这个第三者是感性直观的客体，而自我自身并不知道这一点。而且哪怕对于我们而言，这件事情也尚未得到证明，而是必须首先得到证明。

这个证明只能是如下所述。产物仅仅包含着生产性直观所包含着的东西，而那些通过综合而被放置进去的东西，必须也能够通过分析而重新从中发展出来。也就是说，产物里面必须揭示出那两个活动（自我的活动和物的活动）的痕迹。

要想知道如何在产物里辨认出那两个活动，我们必须首先知道，一般而言，我们是通过什么来区分那两个活动。

那两个活动里面，其中一个是自我的活动，它原初地，亦即在限定活动之前（这个限定活动应当在这里首先对自我自身而言加以解释），是无限的。但现在没有任何理由把那个与自我相对立的活动设定为有限的，毋宁说，正如自我的活动是无限的，物的那个与自我相对立的活动也必须是无限的。

但是，如果两个相互对立并且彼此外在的活动都具有肯定的本性，那么它们就绝不可能被认为是无限的。因为在两个同样肯定的活动之间，只可能有一个**相对的**对立，亦即一个单纯就方向而言的对立。 III, 436

（比如，当两个同样的力A和A沿着相反的方向作用于同一个物体，那么首先，二者都是肯定的，以至于如果二者结合在一起，就产生出双倍的力；因此二者也不是原初地或绝对地相互对立，而是仅仅通过它们与物体的关系而相互对立；当它们脱离这个关系，二者就都重新成为肯定的。至于究竟其中哪一个力被设定为肯定的或否定的，这是完全无关紧要的。最终说来，二者只有通过它们的相反方向才是可区分的。）

因此，假若自我的活动和物的活动都是肯定的，随之仅仅相对地相互对立，那么二者就只能通过它们的方向而加以区分了。但现在由于两个活动都被设定为无限的，而无限者里面根本没有任何方向，所以为了区分这两个活动，必须通过一个比单纯相对的对立更高的对立。也就是说，这两个活动里面，其中一方不能仅仅是另一方的相对否定者，毋宁必须是另一方的绝对否定者。至于这是**如何**可能的，尚未被指明；这里仅仅主张，事情必须是如此。

（人们不妨用A和−A这两个力去替换刚才提到的那两个单纯相对对立的力。这样一来，−A原初地就是否定的，并且与A是绝对对立的；当我把二者结合在一起，就不会像刚才那样产生出双倍的力，而这个结合的表达式是：$A + (−A) = A − A$。这里顺便可以看出，为什么数学不需要关注绝对对立和相对对立之间的区别，因为对于运算而言，相对对立的表达式$a − a$和绝对对立的表达式$a + (−a)$这两个公式是完全同义的。与此同时，正如后面将会清楚表明的，这个区别对于哲学和物理学而言却非常重要。A和−A也不是只有通过它们的相反方向才能够区分开，因为其中一方并非仅仅在这个关系中是否定的，而是绝对地并且就其本性而言就是否定的。）

III, 437

把以上所述应用于当前的情况，那么自我的活动自在地就是肯定的，并且是全部肯定性的根据。因为这个活动已经被刻画为一种想要无限地扩张自身的努力。相应地，自在之物的活动必定绝对地并且就其本性而言就是否定的。如果说前者是一种想要填满无限者的努力，那么后者就必须被看作对于前者的限制。后者自在且自为地看来并不是实在的，并且只有在与前者的对立中，通过持续不断地限制前者的作用，才能够证明自己的实在性。

　　事情诚然是如此。那对当前立场上的我们而言显现为自在之物的活动的东西，无非是自我的回归自身的观念活动，而这个活动**只有**作为另一个活动的否定者才是可设想的。哪怕没有直观活动，客观活动或实在活动也是独自持存的，并且**存在着**；反之，假若没有可以被直观或被限制的东西，那么直观活动或进行限制的活动就是无。

　　反过来，从"两个活动是**绝对地**相互对立的"可以推出，它们必定是在**同一个主体**里被设定的。因为，只有当两个相互对立的活动是同一个主体的活动，其中一个活动才能够是另一个活动的绝对对立面。

　　（比如人们可以设想一个物体，它被一个来自于地上的力A推向空中，在这种情况下，由于重力持续地发挥作用，物体就会通过不断偏离直线而掉回地上。现在，如果人们设想重力是通过撞击而发挥作用，那么A和沿着相反方向而来的重力B的冲力就都是肯定的力，二者仅仅是相对对立的，以至于究竟把A和B中的哪一个看作否定的力，这是完全任意的。反之，如果人们断定，重力的原因绝不是位于力A的出发点之外，那么A和B这两个力就将具有一个共同的源泉，于是立即可以看出，其中一方必定原初地就是否定的，除此之外，如果肯定的力A是一个通过接触而发挥作用的力，那么否定的力就必定是一个远程发挥作用的力。前一种情况是单纯相对对立的例子，后一种情况是绝对对立的例子。至于应当采纳哪一种情况，这对于运算而言当然是无关紧要的，但对于自然学说而言却不是无关紧要的。）

III, 438

　　因此，如果两个活动具有同一个主体（自我），那么不言而喻，它们必定是绝对对立的；反过来，如果二者是绝对对立的，那么它们都是同一个主体的活动。

假若两个活动被分配给不同的主体，就像这里看起来可能发生的那样（因为我们已经把其中一个设定为自我的活动，把另一个设定为物的活动），那么自我的走向无限的倾向就可能遭到一个相反方向的倾向（自在之物的倾向）的限制了。只不过这样一来，自在之物就必定是位于自我之外。但自在之物仅仅位于**实在的**（实践的）自我之外；通过直观的魔法，**二者**被统一起来，当它们被设定在同一个同一性主体（理智）之内，就不是相对对立的活动，而是绝对对立的活动。

4）两个相互对立的活动，作为直观的条件，现在得到了更明确的规定，而我们已经为二者找到了与它们的方向无关的特性。其中一个活动，自我的活动，是通过其肯定的本性而被识别的，另一个活动则是通过这一点被识别，即它总的说来只能被看作一个限制着肯定活动的活动。现在我们就应用这些规定去回答前面提出的问题。

在那个产生于两个活动的对立的共同者里，必须揭示出两个活动的痕迹，而我们既然认清了二者的本性，就必须根据这一点去刻画产物的特性。

III, 439　　既然产物是两个相互对立的活动的产物，单凭这一点，它就必定是一个有限的产物。

进而言之，产物是两个相互对立的活动的共同产物，因此无论哪一个活动都不能扬弃另一个活动。二者必须一起出现在产物里，但不是表现为同一的活动，而是按照它们本来的样子，**表现为**两个**相互对立的**、势均力敌的活动。

　　二者在势均力敌的情况下, 虽然并未停止作为活动而存在, 却没有**显现为**活动。——人们不妨再次回想一下杠杆的例子。为了让杠杆保持平衡状态, 必须在与支点等距的两端放置同等的重量。两端的重量都在拉扯, 但并没有造成任何效应(显现为非活动着的东西), 而是相互限制在一个共同的效应上。直观那里也是如此。两个势均力敌的活动并没有因此就停止作为活动而存在, 因为只有当两个活动作为活动是相互对立的, 才存在着平衡, 只有产物才是一个静止的东西。

　　除此之外, 既然产物应当是一个共同的产物, 那么它那里也必须体现出两个活动的痕迹。也就是说, 产物里面可以区分出两个相互对立的活动, 一个是绝对肯定的活动, 倾向于无限地扩张自身, 另一个作为前者的绝对对立面, 指向绝对的有限性, 且正因如此只能被识别为一个限制着肯定活动的活动。

　　只因为两个活动是绝对对立的, 它们也才能够是无限的。二者仅仅在相反的意义上是无限的。(这一点可以借助相反方向的无限数列加以说明。一个一般的定量1尽可以无限增加, 而我们总是可以为它找到一个分母, 但如果人们假定它的增加超越了任何限制, 那么它就是 $\frac{1}{0}$, 亦即无穷大。这个定量1也可以通过无限分割而无限减少, 而如果人们假定分母的增长超越了任何限制, 那么它就是 $\frac{1}{\infty}$, 亦即无穷小。)　　　　III, 440

　　因此, 在那两个活动里, 假若其中一个活动是不受限制的, 就会生产出肯定的无限者, 而另一个活动在同样的条件下则会生产出否定的无限者。

也就是说，共同的产物里面必定会体现出两个活动的痕迹，其中一个活动在不受限制的情况下会生产出肯定的无限者，另一个会生产出否定的无限者。

此外，除非这两个活动是**同一个同一的主体**的活动，否则它们不可能是绝对对立的。因此，除非有第三个活动作为二者的**综合**活动，否则它们也不可能统一在同一个产物之内。也就是说，在产物里面，除了那两个活动之外，还必须体现出第三个活动（即两个相互对立的活动的综合活动）的痕迹。

在完整地推导出产物的各种特性之后，就只需要再证明，这些特性全都聚集在我们称为之"物质"的那个东西之内。

II.

物质的演绎

1）那两个在产物里面势均力敌的活动只能显现为固定下来的、静止的活动，亦即显现为**力**。

其中一个力就其本性而言是肯定的力，因此假若它没有受到相反的力的限制，就会无限地扩张自身。——关于物质应当具有这样一个无限的扩张力，对此只能做出先验的证明。产物是由两个活动建构起来的，既然其中一个活动努力要走向无限，那么同样可以确定，产物的其中一个因素必定是一个无限的扩张力。

III, 441　这个聚焦在产物里的无限扩张力必定放任自己无限地延展自身。因此，这个扩张力被抑制在一个有限的产物之内，这只有借助一个相反的、否定的阻力才是可以理解的，而这个阻力作为与自我的限定活动相对应的东西，同样必须在共同的产物里体现出来。

因此，假若自我能够在当前的环节反思它的建构，它就会发现这个建构是由两个势均力敌的力形成的共同者，其中一个力本身就会生产出无穷大的东西，而另一个力在不受限制的情况下则会把产物还原为无穷小的东西。——然而自我在当前的环节尚且不能进行反思。

2）迄今为止，我们仅仅考察了两个活动及与之相对应的两个力的相反本性，而它们的相反方向就是依赖于它们的相反本性。因此我们可以提出这样一个问题："如何通过两个力的单纯方向就把它们区分开？"这个问题将促使我们针对产物提出更详细的规定，并且开辟一条新的研究之路，因为这里无疑有一个极为重要的问题："当两个力被看作从同一个点出发去发挥作用时，它们又如何能够沿着相反的方向发挥作用？"

两个活动中的一个活动被认为原初地就指向肯定的无限者。但无限者里面没有任何方向。因为方向就是规定，而规定就是否定。因此，肯定的活动在产物里必定显现为一个自在地没有方向，但恰恰因此指向全部方向的活动。但需要再次指出的是，也只有站在反思的立场上，才可以区分出那个指向全部方向的活动，因为在生产活动的环节里，活动和活动的方向是根本不加区分的。至于自我本身如何造成了这个区分，这将是一个特殊课题的对象。现在的问题是：那个在产物里与肯定的活动相对立的活动通过哪一个方向而把自己区分出来？可以预期的是，我们能够严格地证明，如果肯定的活动在自身之内统一了**全部**方向，那么与之对立的活动就将具有唯一的方向。——在"方向"（Richtung）概念里，也能想到"扩张性"（Expansivität）概念。凡是没有扩张性的地方，也没有方向。现在，

III, 442

既然否定的力是与扩张力绝对对立的,那么前者就必定显现为一个与全部方向相对抗的力,因此,假若这个力是不受限制的,就会在产物里成为对于全部方向的绝对否定。但全部方向的否定就是绝对的界限,就是单纯的**点**。也就是说,那个否定的活动将显现为一个致力于把全部扩张带回到单纯的点上面的活动。这个点将预示着它的方向,因此它将具有针对这个点的唯一方向。人们不妨设想,扩张力从共同的中心点C出发,作为CA, CB等沿着全部方向发挥作用,而否定的力或吸引力将反过来沿着全部方向针对唯一的点C发挥反作用。——此前关于肯定的力的各个方向所提到的情况,也适用于否定的力的这个方向。活动和方向在这里也是绝对合一的,自我本身并没有把它们区分开。

正如肯定活动和否定活动的各个方向没有与活动本身区分开,那些方向彼此之间也没有区分开。至于自我如何做到这个区分,随之第一次把**空间**作为空间,把**时间**作为时间区分开,这是以后的研究对象。

3)关于那两个力的关系,现在给我们留下来的最重要的问题是:"在同一个主体里,两个方向相反的活动究竟**如何**能够统一起来?"两个从**不同的**点出发的力能够在相反的方向发挥作用,这是可以理解的;但两个从同一个点出发的力如何能够在相反的方向发挥作用,这却不那么容易理解。如果肯定的力沿着CA, CB等直线发挥作用,那么否定的力反过来必定会沿着相反的方向,亦即沿着AC, BC等方向发挥作用。现在,如果肯定的力在A那里遭受限定,而否定的力为了作用于点A,就必须首先通过C和A之间的全部居间点,于是与扩张力没有任何区别,因为它将完全沿着同一个方向和扩张力一起发挥作用。现在，既然否定的力和肯定的力是沿着相反的方向发挥作用，那么相反的情况也适用于它，也就是说，它不需要通过C和A之间的各个点，就将**直接**作用于点A，对直线A做出限定。

因此，如果说扩张力仅仅通过延续性而发挥作用，那么吸引力或缓冲力则是**直接地**或**远程**发挥作用。

两个力的关系基本上就是服从上述规定。——由于否定的力是直接地作用于限定点，所以在限定点的**内部**，除了扩张力之外就没有别的东西，但在这个点的外部，那个沿着扩张力的相反方向发挥作用的吸引力（尽管是从同一个点出发）就必然无限地拓展自己的效力。

这是因为，既然吸引力是一个**直接地**发挥作用的力，而且对它而言不存在什么远距，那么它必须被看作一个向着全部广度，进而无限地发挥作用的力。

因此现在看来，两个力的关系就是位于生产活动彼岸的客观活动和主观活动的关系。——因此，正如被阻挡在界限之内的活动和超越界限并走向无限的活动仅仅是生产性直观的因素，同样，通过共同的（对二者而言纯属偶然的）界限而区分开的排斥力和吸引力——前者被阻挡在界限点的内部，后者则是走向无限，因为只有当吸引力**与排斥力相关联**，它们共有的界限对于吸引力而言也才是界限——仅仅是物质的建构的因素，但不是建构者本身。

建构者只能是第三个力，它作为那两个力的综合力，对应于自我 III, 444
在直观中的综合活动。在这之前，只有借助于这第三个综合活动，才可以理解两个活动作为彼此绝对对立的东西如何能够被设定在同一个同一性主体之内。因此，只有借助于那个与客体里的第三个活动相对应的力，那两个彼此绝对对立的力才被设定在同一个同一性主体之内。

（康德在他的《自然科学的形而上学基础》里把吸引力称作贯穿力，而这个说法的唯一依据在于，因为他已经把吸引力看作重力[因而不是看作纯粹的力]，所以他在建构物质时也只需要两个力，而我们则是演绎出三个必要的力。当吸引力被看作纯粹的力，亦即被看作建构的单纯因素时，它虽然是一个直接地远程发挥作用的力，但不是贯穿力，因为在绝对虚空的地方，没有什么东西可以去贯穿。只有当它被纳入重力，才获得贯穿的属性。重力本身并不等同于吸引力，尽管后者必然包含在前者之内。重力也不像吸引力那样是一个单纯的力，而是如演绎所揭示出的，是一个复合的力。）

只有通过重力这个真正进行生产和创造的力，物质的建构才得以完成。现在我们还需要去做的，无非就是从这个建构中引申出一些最重要的绎理。

绎理

针对一个先验的研究，人们完全有理由要求去解释，为什么物质必然被直观为向着三个维度延伸。关于这个问题，就我们所知，迄今为止还没有任何人尝试做出解释。就此而言，我们认为这里必须增补一个工作，即从物质的建构所需要的三个基本力里面演绎出**物质的三个维度**。

III, 445　　按照迄今的研究，物质的建构里必须区分出三个环节。

a. 第一个环节是这样的，在那里，两个相互对立的力被看作结合在同一个点之内。从这个点出发，扩张力能够沿着全部方向发挥作用，但只有借助于一个相反的力，这些方向才被区分开，而唯有这个相反的力才提供分界点以及方向点。但我们切不可把这些方向与维度混为一谈，因为一条直线无论沿着哪个方向延伸，都只具有一个维度，亦即"长"的维度。否定的力给自在地无方向的扩张力提供了一个特定的方向。但我们已经证明，否定的力不是间接地，而是直接地作用于分界点。因此，如果人们假定，否定的力从点C（作为两个力的共同基地）出发而直接地作用于直线的那个起初仍然不确定的分界点，那么由于它的远程作用，直到距离C的某个位置，都绝不会遭遇任何否定的力，毋宁只有肯定的力占据着主导地位，但这样一来，直线上就会出现某一个点A，在那里，两个力（肯定的力和来自于相反方向的否定的力）处于势均力敌的状态，因此这个点既非肯定的也非否定的，而是完全无差别的。从这个点开始，否定的力的主导作用不断增长，直到在一个特定的点B那里取得优势地位，也就是说，这里只有否定的力占据着主导地位，而正因如此，直线在这里完全遭受限定。A将是两个力的共同分界点，而B将是整条直线的分界点。

刚才建构出的直线上有三个点：C，A，B。从C一直到A，只有肯定的力占据着主导地位；A是两个力的单纯平衡点；最后，在B那里，只有否定的力占据着主导地位。在**磁体**那里，同样可以区分出这三个点。

也就是说，我们演绎出物质的第一个维度亦即"**长**"时，无意中　III, 446
也演绎出了**磁性**。由此可以引申出一系列重要结论，但当前这部著作不可能详尽展开这些结论。比如，这个演绎表明，首先，我们在磁的现象里看到的，是仍然处于第一个建构环节的物质，在那里，两个相互对立的力结合在同一个点之内；其次，磁性不是个别物质的机能，而是全部物质的机能，因此是一个真正的物理学范畴；再者，自然界在磁体那里给我们展示出来，但在别的物体那里却模糊不清的那三个点，无非是三个先天地推导出来的点，而这是"长"的实在建构所需要的；最后，一般而言，磁性就是"长"的普遍建构者，如此等等。我还要指出，关于磁性的物理性质，这个演绎也为我们提供了人们通过实验或许永远不能发现的一个启迪，即正极（上面说的点C）是两个力的基地。也就是说，因为否定的力只能远程发挥作用，所以我们必然会觉得负磁力仅仅出现在相反的点B上面。以此为前提，这三个点就必然存在于磁力线里面。反过来，这三个点在磁体里的存在证明了否定的力是一个远程发挥作用的力，而我们先天地建构出的线与磁力线的完全一致也证明了我们的整个演绎的正确性。

b. 在刚才所建构的直线里，B是整条直线的分界点，而A是两个力的共同分界点。总的说来，界限是通过否定的力而设定的；现在，如果否定的力被限定为受限状态本身的根据，就会产生出受限状态的一个受限状态，而这个受限状态就落到两个力的**共同界限**（点A）里面。

由于否定的力和肯定的力一样都是无限的，所以A那里的界限对于两个力而言都是**偶然的**。

III, 447 但是，如果A对于两个力而言都是**偶然的**，那么CAB这条直线也可以被看作分为两条直线，即CA和AB，而它们是通过界限A区分开的。

这个环节——它让两个相互对立的力表现为彼此完全外在的，

并且通过界限而区分开——是物质的建构的第二个环节，而这个环节在自然界里是以**电性**为代表。因为，如果ABC代表着一个磁体，其正极是A，负极是C，零点是B，那么当我设想那个唯一的物体分为AB和BC两个物体，其中每一个都仅仅代表着两个力之一，我在这种情况下就直接看到了电性的范型。对于这个主张，下面是严格的证明。

只要两个相互对立的力被认为是结合在同一个点之内，就只能产生出刚才所建构出的直线，因为肯定的力的方向是由否定的力所规定的，以至于它完全只能向着界限所在的那个点前进。因此，只要两个力是彼此外在的，就会发生相反的情况。恰恰是在点C之内，两个力结合在一起。如果人们设想这个点是静止的，那么这个点的周围就会有无数个点，而假若它仅仅以机械的方式被推动，就**能够**向着那些点移动。但这个点包含着一个能够**同时**走向全部方向的力，亦即那个原初地没有任何方向，因而能够具有全部方向的扩张力。也就是说，这个力能够同时遵循所有这些方向，但只要它没有和否定的力分开，就只能在它所标示出的每一条直线上一成不变地遵循这个唯一的方向；换言之，哪怕遵循全部方向，它也只能在"长"这个纯粹的维度里发挥作用。只要两个力是完全彼此外在的，就会发生相反的情况。也就是说，当点C发生移动（比如沿着CA的方向移动），它在它到达的下一个位置就会重新被无数个点包围，而且它能够向着所有那些点移动。因此，当扩张力现在完全服从于自己的趋势，沿着全部方向拓展自身，它就从直线CA上的每一个点出发，重新沿着全部方向投射出无数直线，这些直线和CA这条直线形成角度，从而为"长"的维度增添了"**宽**"的维度。同样的情况也适用于那个被假定为静止的点C沿着其余方向放射出的全部直线,因此没有任何直线现在仍然代表着单纯的"长"。

至于建构的这个环节在自然界里以**电性**为代表,这是因为,电性不像磁性那样仅仅按照长度发挥作用,仅仅寻求长度并且通过长度而传导,而是给磁性的纯粹的"长"增添了"宽"的维度,因为在一个通电的物体那里,电性扩散到了整个表面;与此同时,电性和磁性一样不是按照深度发挥作用,而是如我们知道的,仅仅寻求长度和宽度。

c. 既然两个现在完全分离的力原初地是同一个点的力,那么同样确定的是,通过分裂,二者那里必定会产生出一个以重新统一为目标的努力。但这件事情只能依靠第三个力,这个力能够介入两个相互对立的力,让它们在它那里相互贯穿。只有借助于第三个力,两个力的这种交互贯穿才赋予产物以不可入性,并且通过这个属性而为前两个维度增添第三个维度,即"**厚**"的维度,而这样一来,物质的建构才得以完成。

在建构的第一个环节里,两个力尽管结合在同一个主体之内,但却是分离的,正如在刚才所建构的直线CAB里,从C到A仅仅是肯定的力,从A到B仅仅是否定的力;在第二个环节里,它们甚至被分配给不同的主体;而在第三个环节里,二者结合在一个共同的产物之内,以至于整个产物里的每一个点上面都同时有两个力,于是现在**整个产物**都是无差别的。

III, 449　　　建构的这第三个环节在自然界里面是通过**化学过程**标示出来的。化学过程里的两个物体之所以仅仅代表着两个力的原初对立,显然是因为,它们是交互贯穿的,而我们只能这样去思考那两个力。但是,在每一个物体里,除非其中一个力获得了绝对的优势地位,否则也不能想象两个物体代表着原初对立。

两个对立面在第三个力里面交互贯穿，以至于整个产物在每一个点上面都同时是吸引力和排斥力。正如只有通过第三个力，第三个维度才增添到前两个维度上面，化学过程也是前两个过程的补充。第一个过程仅仅寻求"长"，第二个过程仅仅寻求"长"和"宽"，直到化学过程最终沿着所有三个维度同时发挥作用。正因如此，唯有化学过程里面才可能有一种真正的交互贯穿。

如果物质的建构经历了这三个环节，我们就可以先天地期待，在个别的自然物体那里也或多或少地识别出这三个环节；我们甚至可以先天地规定每一个环节在序列里面必定会专门出现或消失的位置，比如第一个坏节只有在那些最僵化的物体那里才是可识别的，反之在那些流动的物体那里则是绝对难以识别的，而这甚至给我们提供了一个先天的本原，以便区分哪些自然物体是流动的或固定的，以及它们相互之间遵循什么秩序。

一般而言，人们所理解的化学过程是指任何一个转化为**产物**的过程。如果人们企图用一个普遍的表述去取代"化学过程"这个专门的表述，那么他们首先必须注意，按照迄今推导出的各个原理，全部实在的产物都以力的三重性为条件，因此人们必须先天地在自然界里寻找一个过程，在其中比在别的过程里面更能够识别出力的这种三重性。这样的过程就是**流电学**（Galvanimus）[1]，它不是一个单独的过程，而是泛指全部转化为产物的过程。

III, 450

———————

[1] 流电学是意大利物理学家和生理学家伽伐尼（Luigi Galvani, 1737—1798）提出的理论，他首次发现两种不同的金属在潮湿的环境中接触会产生电流。——译者注

第一个时期的综述

大概没有任何读者在研究的进程中不会做出如下评论。

在自我意识的第一个时期,可以区分出三个活动,这三个活动看起来又体现在物质的三个力和物质的建构的三个环节里。这三个建构环节给我们提供了物质的三个维度,而这三个维度又给我们提供了动力学过程的三个层次。人们很自然地会想到,在这些不同的形式里面,永远只有同一种三重性反复出现。为了展开这个思想,并且看清楚那个目前只是揣测到的联系,对自我的那三个活动和物质的建构的三个环节做一番比较将是不无益处的。

先验哲学无非是自我的潜能阶次的持续提升,其整个方法在于,把自我从自身直观的一个层次带到另一个层次,最终借助自我意识的自由而自觉的活动所包含着的全部规定,将自我设定下来。

理智的整个历史由之出发的第一个活动,作为非自由的、仍然不自觉的活动,是自我意识的活动。哲学家从一开始就要求的那个活动,当其被看作无意识的,就提供了我们的客体亦即自我的第一个活动。

在这个活动里,自我虽然对我们哲学家而言同时是主体和客体,但对于自我自身而言却不是如此。自我仿佛代表着那个在物质的建构里指出的点,在那里,两个活动(原初地不受限定的活动和做出限定的活动)仍然结合在一起。

III, 451　除此之外,只有对我们哲学家而言,而非对于自我自身而言,这个活动的结果才是客观活动遭受主观活动的限定。但做出限定的活动作为一个远程发挥作用的、本身不可限定的活动,必定被看作一个力图超越限定点的活动。

因此，恰恰是这第一个活动所包含的那些规定，也标示出物质的建构的第一个环节。

在这个活动里，真正产生出作为客体的自我和作为主体的自我的一个共同建构，但这个建构对于自我自身而言并不存在。这样一来，我们被迫来到第二个活动，亦即自我在那种受限状态下的自身直观活动。由于自我不可能通过它自身就意识到受限状态已经被设定下来，所以那个直观活动仅仅是一种察觉，或者说是一种感受。既然自我在这个活动里没有意识到它的自己限定自己的活动，那么伴随着感受，同时就直接设定了自我和自在之物之间的对立。当然，这不是对自我自身而言，而是对我们哲学家而言是如此。

换言之，上述情况无非是说：在这第二个活动里，虽然对自我而言不是如此，但对我们哲学家而言，两个原初地结合在一起的活动已经分裂为两个完全不同的、彼此外在的活动，也就是说，一方面是自我的活动，另一方面是物的活动。那些原初地属于同一个主体的活动，被分配给不同的主体。

由此可见，我们在物质的建构里假定的第二个环节（亦即两个力成为不同的主体的力）对于物理学而言，和理智的那第二个活动对于先验哲学而言，完全是同一个东西。现在同样明显的是，第一个活动和第二个活动已经为物质的建构奠定了基础，换言之，自我仿佛不知不觉地从第一个活动开始已经以物质的建构为目标。

接下来的另一个评述将为我们更具体地揭示出动力学因素和先验因素的同一性，并且让我们看清楚那个从当前的位置出发而进一步延伸的联系。那第二个活动是感受活动。那么，究竟是什么东西通

III, 452

过感受而成为我们的客体呢？无非是质。所有的质都仅仅是电性，这是一个已经在自然哲学里得到证明的命题。但电性恰恰是那个在自然界里标示着第二个建构环节的东西。因此人们可以说，那在理智里是感受的东西，在自然界里是电性。

第三个活动和物质的第三个建构环节的同一性真的不需要任何证明。因此很显然，自我在建构物质的时候，其实是在建构它自己。通过第三个活动，自我作为感受者成为自己的客体。但是，除非那两个之前完全分裂的活动在同一个产物里呈现出来，否则我们不可能推导出这个结论。因此，这个产物，亦即物质，是自我的一个完整建构，只不过那个仍然等同于物质的自我自身并不知道这一点。如果说自我在第一个活动里仅仅被直观为客体，在第二个活动里仅仅被直观为主体，那么它在第二个活动里同时作为二者而成为客体这件事情，虽然对于哲学家而言是自明的，但对于自我自身而言却不是如此。对自我自身而言，它在第二个活动里仅仅作为主体而成为客体。自我仅仅显现为物质，这是必然的，因为它在这个活动里虽然**是**主体-客体，却没有把自己直观为主体-客体。哲学家由之出发的"自我"概念，是指一个意识到自己是主体-客体的主体-客体。物质不是这样的东西，因此自我通过物质也不会作为自我而成为自己的客体。只有当自我就像成为哲学家的客体那样成为自己的客体，先验哲学才得以完成。也就是说，这门科学的圆圈不可能在当前的这个时期就闭合。

III, 453 通过迄今的比较，结论就是，物质的建构的三个环节实际上对应于理智里的三个活动。因此，如果自然界的那三个环节真的是自我意识的历史里的三个环节，这就足够清楚地表明，宇宙的全部力量最终真的是归结为表象力——这个命题是莱布尼茨唯心论的基础，而这种唯心论如果得到恰当的理解，实际上与先验唯心论并没有什么区别。当莱布尼茨把物质称作单子的沉睡状态，或者当赫姆斯特胡伊斯[①]把精神称作凝固的精神时，这些表述所包含的意义是很容易从我们现在宣讲的原理里看出来的。实际上，物质无非是被直观为处于自己的活动的平衡状态下的精神。这里毋庸多言就可以看出，如何通过扬弃精神和物质之间的全部二元论或全部实在对立（因为物质本身仅仅是黯淡的精神，或反过来说，精神仅仅被看作处于转变过程中的物质），就终结了大量围绕着精神-物质关系而进行的混乱研究。

同样，关于物质的本质和尊贵地位，这里不需要进一步的讨论就足以表明，这个观点相比所有别的观点（比如原子论），已经达到了一些高级得多的概念。原子论认为物质是由原子复合而成的，却不知道我们在这种情况下丝毫没有接近物质的真正本质，因为原子本身也只不过是物质而已。

物质的先天推导出的建构为一种研究自然现象的普遍理论提供了基础，通过这种理论，我们有希望摆脱原子论物理学永远在追求着的全部猜想和虚构。只要原子论物理学家还不能真正解释一个自然现象，他就不得不做出大量假设，比如他在没有经过任何证明的情况下就极为随意地把许多属性指派给物质，而这仅仅是因为他只需要这些属性而非别的属性去进行解释。既然大家都承认，绝不能借助于经验去探究自然现象的终极原因，那么剩下来的办法就无非

III, 454

---

① 赫姆斯特胡伊斯（Franz Hemsterhuis, 1721—1790），荷兰哲学家，启蒙运动主义者。——译者注

是要么彻底放弃认识这些原因, 要么像原子论物理学那样去虚构它们, 要么先天地发现它们, 而最后这个办法是经验之外给我们留下的唯一的**知识源泉**。

第二个时期
从生产性直观到反思

提要

第一个时期结束于自我提升为理智。那两个完全分离的, 并且处于完全不同层面的活动是通过第三个介入它们的活动而重新被设定在同一个产物之内。由于第三个活动介入前两个活动, 物的活动也再次成为自我的活动, 而自我本身恰恰因此被提升为理智。

但自我在进行直观时, 也被完全束缚和制约在生产活动之内, 不可能同时是直观者和被直观者。唯其如此, 生产活动才是一个完全盲目的和无意识的活动。因此, 按照大家早已熟知的先验哲学的方法, 这里出现了一个问题: "那个迄今为止仅仅对我们哲学家而言是直观者和理智的自我, 如何对它自身而言也是这样的东西, 或者说如何直观到自己也是这样的东西?" 但我们根本不能设想有什么根据去规定自我把自己直观为生产者, 除非生产活动本身就包含着一个根据, 它把自我的参与生产的观念活动驱赶回自身之内, 并且通过这个方式促使这个活动超越产物。就此而言, "自我如何认识到自己是生产者" 这一问题就等同于这个问题: "自我如何做到让自己摆脱并超越它的生产活动?"

在我们着手回答这个问题本身之前，下面的评述可以帮助我们
对这个时期的内容获得一个初步概念。

我们的研究的整个对象，仅仅是去解释自我意识。我们迄今为
止已经推导出和将要推导出的自我的全部行动，都仅仅是我们的客
体为了达到自我意识而必须经历的一些中间环节。自我意识本身是
一个已规定的行动，因此所有那些环节也必须是一些已规定的行
动。但通过每一个已规定的行动，自我面前都产生出一个已规定的
产物。对自我而言，关键不在于产物，而在于它自己。它不想直观产
物，而是想要在产物里面直观到它自己。但我们很快就将发现，可能
会，甚至可以说必然会出现一个情况，也就是说，正因为自我努力要
在生产活动中直观到它自己，所以一个新的产物的条件在自我面前
产生出来，如此以至无限。在这种情况下，假若没有一个迄今为止未
知的新的受限状态补充进来，我们就根本不能看出，自我在陷入生
产活动之后如何能够重新从中脱身而出，因为全部生产活动的条件
以及这个生产活动的机制一直都被重新制造出来。

也就是说，我们在试图解释自我如何摆脱生产活动时，反而让
我们的客体纠缠于整个一系列生产活动。因此我们只能以一种非常
迂回曲折的方式解决这个时期的主要任务，而且，无论是对我们的
客体还是对我们而言，直到我们通过一个基于绝对的自发性而发生
的反思而摆脱这个怪圈为止，只要产生出某种完全不同的东西，那
就不是我们所寻求的东西。在绝对的反思和当前的意识这两个点之
间，作为居间环节而存在着的，是客观世界及其产物和现象的整个
杂多性。

由于我们的整个哲学是基于直观的立场，而不是基于康德及其

III, 456 哲学所坚持的那种反思的立场，我们会把理智的现在开始的一系列
行动**当作**行动，而不是当作行动的概念或范畴而加以推导。至于那
些行动如何达到反思，这是自我意识下一个时期的任务。

D.

任务：解释自我如何直观到自己是生产者

解决

I.

一旦自我已经成为生产者，我们就必须放弃"自我直观到自己是
单纯的活动"这一想法。但是，除非直接通过生产活动，对自我而言
重新产生出一个观念活动，让自我借助这个活动而在生产活动中直
观自身，否则也不能设想自我直观到自己是**生产者**。

因此，我们仅仅把"自我在它的生产活动中具有一种自身直观"
当作猜想，以便寻找这样一种直观的条件。如果这些条件真的出现
在意识里面，我们就可以得出这样一种直观确实存在的结论，然后
去尝试寻找这种直观的后果。

自我为了直观到自己是生产者，就必须——这是我们在这件事
情上能够确定的首要之点——同时把它自己与作为**非**生产者的它自
己区分开。因为当它直观到自己是生产者时，无疑直观到自己是一个
已规定的东西，但是，除非它让自己与另外某个东西（而且它同样可
能成为这个东西）相对立，否则它不可能直观到自己是一个已规定的
东西。

为了降低研究难度，我们开门见山地提出问题："自我之内那个

必定与生产者相对立的非生产者，究竟是什么东西？"这里至少已经 　III, 457
可以看出，自我作为生产者而言不是一个单纯的活动，而是一个复
合的活动（"复合"这个词语的意义相当于人们谈到力学里的"复合
运动"时所指的意义）。因此在自我之内，非生产者必定是作为**单纯
的**活动而与生产者相对立。

除此之外，生产性活动和这个单纯的活动为了形成对立，必须
同时又在一个更高的概念里协调一致。相对于这个概念而言，两个
活动必须显现为同一个活动，而它们的差异性必须显现为某种单纯
偶然的东西。现在必须表明，当某个东西被设定下来，两个活动就是
不同的，而当某个东西没有被设定下来，两个活动就是同一的。

进而言之，自我之内必定又有三个活动：除了单纯的活动和复合
的活动之外，还有第三个让它们相互区分和相互关联的活动。第三
个活动本身必定是一个单纯的活动，因为如若不然，它就不可能把
复合的活动当作复合的活动区分开。因此那个与复合的活动相关联
的活动同时是一个进行关联的活动，而我们一旦刻画出进行关联的
活动，也就刻画出了被关联的活动。

但进行关联的活动不是别的，只能是我们此前所要求的那个直
接通过生产活动而重新产生出来的观念活动。正因为这个活动是观
念活动，所以它仅仅指向自我本身，并且无非就是我们从一开始就已
经设定在自我之内的那个单纯的直观活动。

既然如此，两个活动的关联根据就在于它们都是**直观**活动，而
它们的区分根据则是在于，其中一个活动是单纯的直观活动，另一
个活动是复合的直观活动。

假若两个活动都应当被设定为直观活动，那么它们必定是起源

于同一个本原。因此，二者的区分条件相对于本原而言必定显现为一个偶然的东西。这个偶然的东西是二者共有的；换言之，对于生产活动来说是偶然的东西，对于单纯的活动来说也是偶然的。现在的问题是，生产活动里面有什么偶然的东西能够同时构成两个活动的共同界限吗？

III, 458

为了经验到这一点，我们不妨反过来提出问题。也就是说，究竟什么东西在生产活动里面是本质性的和必然的？如果某个东西是生产活动本身的条件，那么它就是必然的，相应地，与之对立的东西（亦即那个对生产活动进行限制或限定的东西）就是偶然的或偶性的。

对生产活动进行限制的东西就是自在之物与自我相对立的活动。但这个活动对于生产活动而言不可能是偶然的，因为它是生产活动的必要条件。因此限制者本身并不是偶然的，毋宁说，那个限制着限制者的东西才是偶然的。

更清楚的说法是：自在之物的活动仅仅一般地给我解释了现在的生产活动所遭受的一个限制，却没有解释这个限制的偶然因素，或者说没有解释为什么限制是这个特定的限制。自在且自为地看来，自在之物的活动和自我的活动一样都是不受限定的。

自在之物的活动限定着自我，对此可以用这个活动与自我的对立加以解释；但是，除非这个活动同样是遭受限定的，否则它不可能以特定的方式去限定自我，这一点却不再能够从那个对立里推导出来。这个活动终究是与自我相对立的，但未必是以这个特定的方式与之相对立。

因此，生产活动的必然因素在于一般意义上的对立，而其偶然因素则是在于对立的界限。但这个界限无非是那个处于自我和物之间的**共同**界限。所谓共同的界限，意思是说，它对于物和自我而言都是界限。

把我们的结论加以综合，就可以得出如下结果：那两个在本原里同一的直观活动是通过自我和自在之物的偶然界限而区分开的，换言之，自我和物的界限也是那两个直观活动的界限。

单纯的直观活动仅仅把自我本身当作客体，而复合的直观活动 III, 459
则是同时把自我和物当作客体。正因如此，后者在某些方面超越了界限，换言之，它既在界限之内，同时也在界限之外。但自我只有在界限之内才是自我，因为当它超越界限，本身就已经转化为自在之物。因此，那个超越了界限的直观同时也超越了自我本身，并且在这种情况下显现为**外在的**直观。单纯的直观活动始终位于自我之内，并且在这种情况下可以叫作**内在的**直观。

由此看来，两个直观活动之间的关系就是下面所说的关系。内在直观和外在直观的唯一界限是自我和自在之物的界限。一旦取消这个界限，内在直观和外在直观就交融在一起。内感官终止的地方，就是外感官开始的地方。那在我们看来仅仅是外感官的客体的东西，仅仅是内感官的一个限定点，因此外感官和内感官原初地也是同一的，因为外感官仅仅是受到限定的内感官。外感官必然也是内感官，反之内感官却并非必然也是外感官。全部直观就其本原而言都是理智直观，因此客观世界仅仅是出现在限制中的理智世界。

整个研究的结果在于如下情况。如果自我应当直观到自己是生产者，那么，**首先**，自我之内的内在直观和外在直观必须是分离的，**其次**，二者必须是相互关联的。因此接下来的问题就是，究竟是什么东西把两个直观关联在一起?

这个关联者必定是二者共有的某东西。但内在直观与外在直观本身没有任何共同之处,反之外在直观却与内在直观有某种共同之处,因为外感官也是内感官。既然如此,把外感官和内感官关联在一起的,就仍然是内感官。

III, 460　　　这里我们开始明白,自我如何能够做到既让外在直观和内在直观相互对立,也让它们相互关联。也就是说,假若关联者(亦即内感官)本身没有作为真正活动着的建构本原介入外在直观,那么这件事情是绝不会发生的。因为,如果外感官是受到限定的内感官,我们反过来就必须把内感官本身设定为原初地不可限定的东西。因此内感官无非就是自我的原初地不可限定的想要直观自身的倾向,而这个倾向从一开始就被设定在自我之内。这个倾向在这里首先仅仅作为内感官而被区分开,因此它就是那个在之前的活动里面通过超越界限而直接遭受限定的活动。

假若自我应当在外在直观里认识到自己是直观者,那么它必须让外在直观和现在重新制造出来的观念直观关联在一起,而观念直观现在则是显现为内在直观。但自我本身仅仅是这个观念直观,因为那个同时是观念直观和实在直观的直观是某种完全不同的东西;这样一来,关联者和被关联者在这个行动里面就是同一个东西。诚然,外在直观能够与内在直观相关联(因为二者是有差异的),同时又是二者之间的同一性的根据。但自我不可能让外在直观与内在直观本身相关联,因为它不可能在同一个行动里与外在直观关联在一起,不可能在进行关联的时候又作为关联根据反映回自身。也就是说,它不可能让外在直观与作为内在直观的内在直观关联在一起,因为按照我们的前提，它本身无非是内在直观；假若它要认识到内在直观是内在直观，那么它必须是某种不同于内在直观的东西。

在之前的行动里，自我是生产者，但生产者和产物是合为一体的，因此自我和它的客体是同一个东西。我们现在寻找一个行动，让自我在其中认识到自己是生产者。假若这件事情是可能的，意识里面就绝不会出现任何与被直观者有关的东西。但是，假若生产性直观能够被认识，那么它只有在与内在直观的对立中才被认识到是生产性直观。但内在直观本身并不会被认识到是内在直观，原因在于，自我在这个行动里无非是内在直观，而这样一来，外在直观也不会被认识到是外在直观，但由于它只有作为**外在**直观才是可认识的，所以它根本就不会被认识到是直观。既然如此，在意识里面，关于这整个行动就只能留下两个东西：一方面是**被直观者**（已经脱离了直观），另一方面是作为观念活动的自我，但这个活动现在是**内感官**。

经验意识里面绝不会出现什么作为活动的外在直观，而且也不应当出现这样的东西，但是，关于客体和那个始终不受限定的，并且（比如在勾勒范型的时候）完全自由的内感官为什么能够在经验意识里面并列存在，这却是一个非常重要的研究。——自在之物和作为活动的外在直观一样，也不会出现在意识里面，因为它已经通过感性客体而被排斥在意识之外，仅仅是一个用于解释意识的观念根据，并且和理智本身的行动一样，在理智看来位于意识的彼岸。只有一种比经验意识高出几个层次的哲学，才需要把自在之物当作解释的根据。经验论永远不会提升到这个高度。康德通过把自在之物引入哲学，至少首次提供了一个激励，去推动哲学超越普通意识，而且他至少暗示出，就客体出现在意识里面而言，它的根据本身不

III, 461

可能又是位于意识之内。只不过康德从未想清楚一件事情（更不要说去解释这件事情），即那个位于意识彼岸的解释根据最终说来仅仅是我们自己的观念活动，只不过这个活动已经实体化为自在之物罢了。

II.

从那个假设的关联得出的结果，一方面是**感性客体**（已经脱离作为活动的直观），另一方面是**内感官**。二者合在一起使自我成为有意识的感受者。因为，我们所说的"内感官"无非是自我之内的有意识的感受者。此前在原初的感受活动里，自我虽然是感受者，却不知道自己是感受者，也就是说，此前它是无意识的感受者。通过刚才推导出的活动（基于已经指出的理由，自我之内留下的无非是两个东西，一方面是感性客体，另一方面是内感官），可以看出，自我是通过生产性直观而**转变为有意识的感受者**。

因此，按照大家早已熟知的先验哲学的进程，现在我们必须这样规定"自我如何认识到自己是生产者"这一任务，即"**自我如何作为有意识的感受者而成为自己的客体**"，换言之，既然有意识的感受和内感官是同一个东西，那么自我是如何作为内感官而成为自己的客体？

也就是说，研究的整个后续工作将把刚才（I.）推导出的关联行动当作客体，并且必须力求使这个行动得到理解。

我们很容易看清如下情况。只有当自我把客体当作单纯被直观的东西，随之当作无意识的东西，和作为有意识的东西（有意识的感受者）的它自己对立起来，它才能够把自己作为有意识的感受者区分出来。

　　但从先验哲学的角度来看，客体无非是外在的直观或生产性直观本身。只不过自我不可能意识到这个直观本来是什么东西。因此客体既然是和外感官相对立的，就必须也是和内感官相对立的。但唯有内在直观和外在直观的对立才构成了两个直观之间的界限。因此，只有当客体通过那个把内感官和外感官划分开的界限而受到限定，它才是客体，于是那个界限现在就不再是内感官和外感官的界限，而是有意识地感受着的自我和完全无意识的客体的界限。

III, 463

　　也就是说，除非自我认识到界限是界限，否则它不可能让客体和它自己对立起来。那么界限是怎样被规定的呢？——被全方位规定为偶然的，无论对物而言还是对自我而言都是如此。但一般而言，它在什么意义上对自我而言是界限呢？它不是自我之内的活动的界限，而是自我之内的被动性的界限，而被动性在这里所指的是**实在的和客观的**自我之内的被动性。自我的被动性之所以受到限定，是因为被动性的根据被设定在一个自在之物之内，而自在之物本身必然是一个受到限定的东西。但那个对于自在之物（观念活动）来说是界限的东西，就是实在自我的被动性的界限，而不是实在自我的主动性的界限，因为这种主动性已经受到自在之物本身的限制。

　　至于什么东西是**物**的界限，这是不言而喻的。自我和物相互对立，因此一方之内的被动性就是另一方之内的主动性。也就是说，如果界限是自我的被动性的界限，那么它必定是物的主动性的界限，并且只有在这种情况下才是二者**共同的**界限。

　　换言之，只有当界限被认识到是物的主动性的界限，它才被认识到是界限。现在的问题是，如何设想这件事情。

物的主动性应当通过界限而受到限制，而界限应当不仅对于自我而言，而且对于物而言也是偶然的。如果它对于物而言是偶然的，那么物必定是一个原初地并且自在且自为地不受限定的活动。既然如此，就必然不能用物本身，而是只能用物之外的一个根据去解释物的主动性受到限制这件事情。

我们应当到哪里寻找这个根据呢？在自我之内吗？然而从当前的立场来看，这个解释根本是行不通的。自我在无意识的情况下又成为物（观念活动）之受到限定的原因，随之成为它自己的被动性的III, 464 原因，也就是说，如马上就要表明的那样成为它的特殊的受限状态的原因，这些事情是自我本身不可能知道的。因此，关于物的主动性受到限定，随之自我的被动性也直接受到限定之类事情，自我本身只能在某种完全位于意识之外，但又参与到意识的当前环节之内的东西那里去寻找根据。也就是说，自我既然必须认识到界限是界限，它就必须也超越界限，并且在某种如今不再位于意识之内的东西那里寻找界限的根据。因此这个未知的东西（我们希望用A来标示它）必定是位于当前的客体（我们可以用B去标示它）的生产活动的彼岸。也就是说，当自我生产出B的时候，A必定已经**存在着**。因此，在意识的当前环节，A不可能再有什么改变，仿佛已经脱离了自我的掌握，因为它位于自我的当前行动的彼岸，并且对自我而言被恒定地规定下来。A一旦被设定，那么B也必须被设定为它现在所是的样子。因为A包含着B的已规定的受限状态的根据。

但自我现在不再意识到这个根据A。因此，虽然B的已规定的受限状态对于自我而言是偶然的（因为自我没有意识到这个受限状态的根据），但对于我们这些知道这个根据的哲学家而言却是一个必然的受限状态。

　　为了澄清这一点，再做如下说明！——B之所以是这个已规定的B，是以A为根据，但这件事情现在完全位于意识之外。但这个A之所以是这个已规定的A，或许又是以更遥远的另一个东西为根据，如此以至无限，除非我们找到一个规定着整个序列的普遍根据。但这个普遍的根据不是别的，只能是我们从一开始就称作"受限状态中的受限状态"的那个东西，这个东西虽然现在尚未被完全地推导出来，但它的根据（就我们这里已经看到的而言）只能是立足于观念活动和实在活动的那个共同界限。

　　如果自我应当认识到它和客体之间的界限是偶然的，那么它必 III, 465须认识到这个界限是以某种完全位于当前环节之外的东西为条件。因此自我就感觉到自己被驱赶着返回它不可能意识到的一个环节。**它感觉到**自己被驱赶回去，因为它不可能真正回到那里。因此自我之内有一个无能为力的状态或一个强制状态。那个包含着B的已规定的受限状态的根据的东西，已经实实在在地独立于自我而存在着。就此而言，自我之内相对于A而言只能出现一个观念上的生产活动，或者说一个再生活动（Reproducieren）。但全部再生活动都是自由的，因为它是一个完全观念上的活动。诚然，A恰恰必须被规定为一个包含着B的已规定的受限状态的根据的东西，因此在A的再生活动中，自我虽然在质料上不是自由的，但在形式上却是自由的。反之在B的生产活动中，自我无论在质料上还是在形式上都不是自由的，因为一旦有了A，自我就必须把B当作一个如此规定的东西生产出来，并且不能在B的位置生产别的东西。也就是说，从形式上看，这里的自我在同一个行动中既是自由的，同时也是被强制的。一种情形以另一种情形为条件。自我在涉及B的时候有可能并没有感觉到自己是被强制的，除非它能够返回到一个更早的环节，那时B尚且不存在，而自我在涉及B的时候感觉到自己是自由的。但反过来，假若自我在当前的环节并没有感觉到自己是被强制的，它就不会感觉到自己被驱赶回去。

简言之，自我在当前环节的状态就是这样。它感觉到自己被驱赶着返回意识的一个环节，却不能真正回到那里。自我和物的共同界限，作为第二个受限状态的根据，构成了当前环节和过去环节的界限。自我感觉到自己被驱赶着返回它不能真正回去的一个环节，而这就是对于"**现在**"的感觉。就此而言，自我在其意识的第一个环节就察觉到自己已经置身于"现在"。因为，除非自我感觉到自己被限制在一个点上面，并且仿佛被吸附在上面，否则它不可

III, 466 能把自己和客体对立起来。这个感觉无非就是人们用"自身感觉"（Selbstgefühl）来标记的那个东西。全部意识都是开始于自身感觉，而通过自身感觉，自我第一次把自己设定为客体的对立面。

在自身感觉里，内感官（亦即那个与意识结合在一起的感受）成为自己的客体。正因如此，自身感觉完全不同于感受，因为感受里面必然会出现某种不同于自我的东西。在此前的行动里，自我已经是内感官，但本身并不知道这一点。

但自我究竟是**怎样**作为内感官而成为自己的客体呢？唯一的途径是，**时间**（这不是指那种已经外在地被直观的时间，而是指作为单纯的点或作为单纯界限的时间）对它而言产生出来。当自我把自己与客体对立起来，对它而言就产生出自身感觉，也就是说，自我**作为纯粹的内涵**，作为一个只能沿着一个维度扩张，但现在收缩在一个点

上面的活动，成为自己的客体，而当这个只能沿着一个维度扩张的活动成为自己的客体，恰恰就是时间。时间不是某种独立于自我而流逝的东西，毋宁说，自我**自身**就是被当作活动来思考的时间。

现在，既然自我在这个行动中把自己与客体对立起来，那么客体在它看来就必然是全部内涵的否定，也就是说，客体对自我而言必然显现为**纯粹的外延**。

因此，除非自我之内的内在直观和外在直观不但是分离的，而且作为分离的直观成为客体，否则自我不可能把自己与客体对立起来。

但那个使内感官成为自己的客体的直观，是**时间**（这里所讨论的是纯粹的时间，亦即那种完全不依赖于空间的时间），而那个使外感官成为自己的客体的直观，则是**空间**。因此，对自我而言，除非一方面内感官通过时间而成为客体，另一方面外感官通过空间而成为客体，否则自我不可能把自己与客体对立起来。

III.

III, 467

客体的最初建构已经同时包含着内感官和外感官。只有当外感官成为自我的客体，客体才显现为纯粹的外延，因为自我就是内感官本身，并且把外感官当作客体，于是二者不再能够结合在一起，而这件事情在原初的建构里并未发生。也就是说，客体既不是单纯的内感官，也不是单纯的外感官，毋宁同时是内感官和外感官，而在这种情况下，二者就交互受到对方的限制。

因此，为了比以前更加明确地把客体规定为两个类型的直观的**结合**，我们必须比以前更加严格地区分综合的两个对立环节。

也就是说, 就其不受限制的状态而言, 究竟什么是内感官, 以及究竟什么是外感官?

内感官无非是自我的那个被驱赶着返回自身的活动。如果我们认为内感官是完全不受外感官限制的, 那么在感觉的最高状态里, 自我就是它的那个仿佛集中在唯一的一个点上面的完全不可限定的活动。反之, 如果我们认为外感官是不受内感官限制的, 那么外感官就是全部内涵的绝对否定, 而自我则是完全消融了, 其中没有任何抵抗。

也就是说, 当内感官被看作不受限制的, 就以**点**或绝对界限为代表, 或者说以那种不依赖于空间的**时间**为代表。因为自在且自为地看来, 时间仅仅是绝对界限, 因此时间与空间的综合——但这个综合直到现在都还没有被推导出来——只能通过线或延伸的点表现出来。

点的对立面或绝对外延是全部内涵的否定, 亦即无限的**空间**, 仿佛是已经消融的自我。

III, 468　因此, 在客体自身之内, 亦即在**生产活动**里, 空间和时间只能是同时和形影不离地产生出来的。二者是相互对立的, 因为它们交互限制着对方。二者本身看来都同样是无限的, 仅仅具有相反的意义。时间只有通过空间才成为有限的, 空间也只有通过时间才成为有限的。所谓一方通过另一方而成为有限的, 意思是说, 一方受到另一方的规定和衡量。因此, 时间的最原初的尺度就是一个匀速运动的物体在时间之内所经历的空间, 而空间的最原初的尺度则是一个匀速运动的物体为了穿越空间所需要的时间。这就表明空间和时间是绝对不可分离的。

但空间无非是那个转变为客体的外感官, 而时间则无非是那个转变为客体的内感官, 因此凡是适用于空间和时间的说法, 也适用于外感官和内感官。客体是外感官, 受到内感官的规定。因此客体里的外延不是单纯的空间量, 而是一种由内涵所规定的外延, 简言之, 就是我们所说的"**力**"。因为一个力的内涵或强度只能通过空间来衡量, 在这种情况下, 力扩散到空间里, 但并没有变成0。反过来, 对于内感官而言, 这个空间又是由那个力的量所规定的。因此, 客体里面与内感官相对应的东西, 是内涵, 而与外感官相对应的东西, 则是外延。但内涵和外延是交互规定的。客体无非是固定下来的、单纯现在的时间, 但时间只有通过充实的空间才固定下来, 而充实的空间仅仅是由那种本身不在空间之内, 而是extensione prior [先于外延的]时间的量所规定的。因此, 那种**规定着**充实空间的东西, 仅仅存在于**时间**之内, 反之那种把**时间**固定下来的东西, 则是仅仅存在于**空间**之内。但是, 恰恰通过客体里面的那种仅仅存在于时间之内的东西, 客体才隶属于内感官, 而对于内感官而言, 客体的量仅仅是由内感官和外感官的共同界限所规定的, 而且这个界限显现为某种绝对偶然的东西。也就是说, 客体里面对应于内感官的东西, 或者说那种仅仅在时间之内具有一个量的东西, 将显现为某种绝对偶然的或偶性的东西, 反过来, 客体里面对应于外感官的东西, 或者说那种在空间之内具有一个量的东西, 将显现为必然的或实体性的东西。

III, 469

因此, 正如客体同时是外延和内涵, 它也**同时是实体和偶性**, 二者在客体里面是不可分离的, 只有当它们合在一起, 客体才得以完成。

那个在客体那里是实体的东西, 仅仅在空间之内具有一个量,而那个在客体那里是偶性的东西,仅仅在时间之内具有一个量。通过充实的空间,时间被固定下来,而通过时间之内的量,空间按照特定的方式得到充实。

现在,当我们带着这个结论回到这个研究由之出发的问题,就得出如下情况。——首先,自我为了认识到客体是客体,必须把自己与客体对立起来。但在这个对立里,对自我而言,外感官和内感官成为客体,也就是说,对我们哲学家而言,可以在自我之内区分出空间和时间,在客体之内区分出实体和偶性。——其次,实体和偶性之所以是可区分的,只不过是因为前者仅仅存在于时间之内,后者却仅仅存在于空间之内。一般而言,只有通过直观里的偶性东西,自我才被限制到时间上面;因为实体既然仅仅存在于空间之内,也就具有一种完全不依赖于时间的存在,并且使得理智就时间而言是完全不受限制的。

按照上述方式,并且通过此前已经演绎出的自我的那个行动,对哲学家而言,**自我**之内可以区分出空间和时间,**客体**之内可以区分出实体和偶性。既然如此,按照那个众所周知的方法,现在的问题就是,如何对**自我自身**而言也可以区分出空间和时间,随之区分出实体和偶性?

III, 470　　时间仅仅是那个成为自己的客体的内感官,空间仅仅是那个成为自己的客体的外感官。因此,如果二者应当重新成为客体,那么这件事情就只能依靠一种处于更高潜能阶次的直观,亦即依靠一种生产性直观。二者都是自我的直观,但只有当它们**来到**自我**之外**,它们才能够重新成为自我的客体。那么,"自我之外"是什么意思呢?——自我在当前的环节仅仅是内感官。就此而言,只有那种对于外感官而言存在着的东西才是位于自我之外。因此空间和时间只有通过生产活动才能够成为自我的客体，也就是说，因为自我已经不再进行生产（它现在仅仅是内感官），所以，只有当自我现在重新进行生产，空间和时间才能够成为自我的客体。——但在任何生产活动里，空间和时间以及内感官和外感官都是综合地统一起来的。因此，**除非这第二个生产活动是与第一个生产活动相对立的**，以至于前者通过与后者的对立而直接成为自我的客体，否则第二个生产活动也不能赢得任何东西，而我们将回到我们面对第一个生产活动时所处的位置。——但是，只有当第一个生产活动限制着第二个生产活动，我们才可以把它们看作相互对立的。——因此，自我本身能够继续进行生产活动，这件事情的根据无论如何不可能是位于**第一个**生产活动之内，因为第一个生产活动仅仅**限制着**第二个生产活动，并且预先设定了限制活动的限制者或质料。毋宁说，这件事情的根据必定是位于自我固有的无限性之内。

也就是说，第一个生产活动之内的根据并不能使自我本身从当前的生产活动过渡到随后的生产活动，而是只能使随后的客体伴随着这个已规定的受限状态被生产出来。一言以蔽之，只有第二个生产活动的偶性东西是由第一个生产活动所规定的。我们用B来标示第一个生产活动，用C来标示第二个生产活动。现在，如果B仅仅包含着C之内的偶性东西的根据，那么C之内的偶性东西就只能是由B之内的一个偶性东西所规定的。因为，只有当B本身按照特定的方式受到限定，也就是说，只有凭借B自身之内的一个偶性东西，C才按照这个特定的方式受到B的限定。

III, 471

为了降低研究的难度，并且让人们立即看到这个研究的目标，这里不妨指出，我们已经接近因果关系的演绎。正是从这个地方出发，相比于别的许多出发点，我们能够更轻松地探讨先验唯心论演绎范畴的方式。既然如此，请容许我们对我们采用的方法预先提出一个普遍的反思。

我们是把因果关系当作一个必然的条件而演绎出来的，唯有依据这个条件，自我才能够认识到当前的客体是客体。假若理智里面的表象是恒常不变的，时间也是固定下来的，那么理智里面就不仅没有表象的杂多性（这是不言而喻的），而且当前的客体也绝不会被认识到是当前的。

因果关系里面的相继性是一种必然的相继性。总的说来，我们根本不能设想表象里面的相继性原本就是随意的。比如，在理解一个作为有机产物或艺术作品的整体的个别部分时表现出来的随意性，最终仍然是基于一种因果关系。无论我打算从有机产物的哪一个部分出发，我都是会从一个部分回到另一个部分，又从这个部分回到那个部分，因为有机体里面的一切东西都互为因果。诚然，在艺术作品那里又另当别论，因为这里没有哪一个部分是另一个部分的原因，但在艺术家的生产性知性里，一个部分毕竟是以另一个部分为前提。因此，无论表象里的相继性看起来是多么随意的（比如在理解有机自然界的个别部分时），其中都有全部部分的一个普遍的交互作用。

全部范畴都是一些行动方式，通过这些行动方式，我们才看到客体本身产生出来。如果没有因果关系，理智也就没有客体，正因如此，因果关系和客体是不可分离的。当我们做出"A是B的原因"这一判断时，意思是说，二者之间的相继性不仅出现在我的思想里，而且

III, 472

出现在客体自身之内。假若二者不是处于这个因果关系之中，那么无论是A还是B都根本不可能**存在**。因此这并非仅仅是一般意义上的相继性，而且是一种作为客体本身的条件的相继性。既然如此，在唯心论里，我们是怎样理解单纯存在于思想里的东西和存在于客体自身之内的东西之间的那个对立呢? 从唯心论的角度来看，所谓"相继性是一种客观的相继性"，意思就是，这个相继性的根据不是位于我的自由而有意识的思维之内，而是位于我的无意识的生产活动之内。至于"这种相继性的根据不在我们之内"，意思则是，在这种相继性尚未出现时，我们不会意识到它，毋宁说，它的出现和对它的意识是合为一体的。在我们看来，相继性必定是和现象一起出现的，正如这些现象也必定是和那种相继性一起出现的。因此对于经验而言，究竟是相继性被束缚在物上面，还是物被束缚在相继性上面，结果都是一样的。普通知性只能判定一点，即二者是根本不可分离的。就此而言，一方面认为相继性是通过理智的行动而产生出来，另一方面却认为客体是不依赖于理智而产生出来，这个观点实际上是极为荒谬的。至少人们应当宣称，相继性和客体二者都是不依赖于表象。

　　我们再回到综述。我们现在有B和C这两个客体。B究竟是什么东西呢? 它曾经把实体和偶性结合为不可分离的东西。当它是实体时，无非就是固定下来的时间本身;因为对我们而言，当时间被固定下来，实体就产生出来，反之亦然。因此，如果时间里面也有一种前后相继，那么实体本身就必定是一个在时间里面常驻的东西。就此而言，实体既不可能产生，也不可能消灭。实体不可能产生:因为当人们把某个东西设定为正在产生，那么在这之前必定有一个环节，

III, 473 那时这个东西尚且不存在，但那个环节本身必须被固定下来，因此那个环节里面必定有某个常驻者。也就是说，正在产生的东西仅仅是常驻者的一个规定，不是常驻者本身，后者始终是同一个东西。实体同样不可能消灭：因为，当某个东西消灭，本身必定会留下某个常驻者，通过这个常驻者，"消灭"环节被固定下来。也就是说，那个消灭的东西不是常驻者本身，毋宁仅仅是常驻者的一个规定。

因此，如果就实体而言，没有任何客体能够产生出或消灭另一个客体，那么后续客体的偶性东西就只能是由先行客体所规定的，而反过来说就是，只有先行客体的偶性东西才能够规定着后续客体的偶性东西。

现在，由于B规定着C之内的一个偶性东西，所以客体里面的实体和偶性就分离了：实体常驻不变，而偶性则是不断更替——空间静止不动，而时间则是川流不息，于是二者分别成为自我的客体。正因如此，自我也发现自己处于一个新的状态，亦即表象的非随意的**相继性**状态，而这个状态就是反思必须面对的那个状态。

"B的偶性东西包含着C之内的一个偶性东西的根据。"——这仍然是只有我们这些注视着自我的哲学家才知道的一个情况。然而理智本身也必须认识到B的偶性东西是C之内的偶性东西的根据，但是，除非B和C在同一个行动里面相互对立，并且重新相互关联，否则那种认识是不可能的。B和C**相互对立**，这一点是很明显的，因为B已经被C排挤到意识之外，并且回到过去的环节，因此B是原因，C是结果，B是做出限制的东西，C是被限制的东西。至于二者如何能够相互**关联**，这却是不可理解的，因为自我现在无非是那些相互排

III, 474 挤的原初表象的一种相继性。（通过同一个根据，自我不仅从B那里

被驱赶到C, 而且从C那里被驱赶到D, 如此等等。) 诚然, 我们已经断定, 只有偶性而非实体才能够产生和消灭。但实体究竟是什么东西呢? 它本身仅仅是固定下来的时间。因此实体也不可能常驻不变 (这一点当然是针对自我而言, 因为 "实体就其自身而言如何能够常驻不变" 之类问题是毫无意义的); 因为时间现在根本没有固定下来, 而是不断流逝 (这同样不是就其自在的情况而言, 而是针对自我而言), 也就是说, 实体之所以不能被固定下来, 是因为自我本身没有固定下来, 而这又是因为自我现在无非是这个相继性本身。

除此之外, 理智的这个状态 (它在其中**仅仅**是表象的相继性) 是一个纯粹的居间状态, 一个只有哲学家在它那里设定的状态, 因为它必然会经过这个状态而达到下一个状态。

诚然, 如果B和C之间的对立应当是可能的, 实体就必须常驻不变。但是, 除非两个相反的方向出现在相继性之内, 否则相继性不可能被固定下来。相继性只有**一个**方向。只要抽离相继性的这个唯一方向, 就得到时间, 而时间按照一种外在的直观来看只有**一个**维度。

但是, 只有当自我从B那里被驱赶到C, 同时又[从C那里]反过来被驱赶到B, 相反的方向才能够出现在相继性之内。因为这样一来, 相反的方向就扬弃了彼此, 相继性被固定下来, 而实体恰恰因此也被固定下来。但是, 自我是怎样从B那里被驱赶到C的, 无疑也只能按照同样的方式反过来从C那里被驱赶到B。也就是说, 如果B包含着C之内的一个规定的根据, 那么C也必须按照同样的方式包含着B之内的一个规定的根据。但是, 除非C已经存在着, 否则B之内的这个规定不可能存在; 换言之, C的偶性东西应当包含着B之内的一个规定的根据，但对自我而言，C只有在当前的环节才作为这个已规定的东西产生出来。C作为实体或许早就已经存在着，但自我现在对此一无所知，因为一般而言，只有当C作为这个已规定的东西产生出来，才对自我而言产生出来，因此B的那个规定（C应当包含着这个规定的根据）也只有在这个环节才产生出来。因此，当B规定着C，在同一个不可分割的环节里，反过来C也必须规定着B。但现在B和C在意识里面已经是相互对立的，所以C之内的一个设定必定就是B之内的一个非设定，反过来，如果B对于C的规定被看作一个肯定的规定，那么C对于B的规定就必须被看作前一个规定所设定的一个否定的规定。

这里几乎不需要提醒，通过迄今所述，我们已经推导出了**交互作用**关系的全部规定。总的说来，假若没有交互作用，就不可能建构起因果关系，因为除非两个实体作为交互关系的基体而被固定下来，否则结果就不可能与原因相关联，也就是说，不可能有刚才所要求的那个对立。但是，假若因果关系不是一个交互关系，那么两个实体就不可能被固定下来。换言之，如果两个实体不是处于交互作用之中，那么虽然二者都被设定在意识里，但在这种情况下，只有当一个实体不被设定，另一个实体才被设定，反之亦然，于是二者并没有在同一个不可分的环节里被设定下来，但既然自我应当认识到二者是处于因果关系之中，那么这种设定就是一件必然的事情。因此，只有当两个实体是交互设定的，也就是说，只有当一个实体是另一个实体之内的规定的根据，这个规定又是与那个设定在它之内的规定相对应和相对立的，或者说，只有当二者处于交互作用之中，我们才可以设想这种情况，即不是先设定一个实体，再设定另一个实体，而是同时设定两个实体。

通过交互作用，相继性被固定下来，于是重新制造出"现在"，随之制造出实体和偶性在客体之内的那种"同时存在"（Zugleichseyn）。二者（B和C）同时是原因和后果。作为**原因**，B和 **III, 476** C都是**实体**，因为每一方都只有在被直观为常驻者的情况下才被认识到是原因，而作为**结果**，每一方都是**偶性**。因此，通过交互作用，实体和偶性又以综合的方式统一起来。也就是说，只有基于相继性和交互作用的必然性，自我才有可能认识到客体是客体，在这里，相继性扬弃了"现在"（这是为了让自我能够超越客体），而交互作用却把"现在"重新制造出来。

尽管如此，我们尚未推导出，B和C一方面在同一个环节里是彼此的规定的根据，另一方面又存在于这个环节之外。对于理智本身而言，那种同时存在仅仅是一个环节，因为理智虽然不停地进行生产，但迄今为止仍然没有得出一个能够重新限定生产活动本身的根据，所以理智始终被卷入到相继性的洪流中。因此，以上所述尚未解释，理智如何能够认识到世界里的**全部**实体的同时存在，亦即认识到一种普遍的交互作用。

伴随着交互作用，我们同时也推导出了"共存"（Coexistenz）概念。一切同时存在都是仅仅基于理智的行动，而共存仅仅是我们的表象的原初相继性的条件。实体并不是什么不同于共存的东西。所谓实体作为实体被固定下来，意思就是，这里设定了共存，反之亦然，因此共存无非是指各个实体通过交互作用而被固定下来。现在，如果理智的这个行动在观念上（亦即伴随着意识）被重新生产出来，那么在这种情况下，空间就作为"共存"或"同时存在"的单纯形式在自我面前产生出来。一般而言，只有通过"交互作用"范畴，空间才转变为"共存"形式，而在"实体"范畴里，空间仅仅作为"外延"形式而出现。因此空间无非是理智的一个行动。我们可以把空间称作停滞的时间，反过来把时间称作流动的空间。单就空间而

言，那里面的一切东西都仅仅是并列的，而在已经客观化的时间里，一切东西都是前后相继的。因此，空间和时间只有在严格而言的相继性里面才能够成为客体，因为在相继性里，空间是**静止的**，而时间是**流逝的**。在交互作用中，二者（空间和已经客观化的时间）表现为以综合的方式统一起来的。**同时存在**恰恰就是这种统一，当加入时间的规定，空间里的并列就转化为一种同时存在。同样，当加入空间的规定，时间里的前后相继也转为一种同时存在。——唯有时间才原初地包含着方向，尽管那些赋予其方向的点是无穷多的；但是，正因为时间原初地具有方向，所以其中只能区分出**一个**方向。空间里面原初地没有任何方向，因为全部方向都在其中相互扬弃，而空间作为全部相继性的观念基体本身是一种绝对的静止，是内涵的绝对匮乏，就此而言是无。——自古以来哲学家对于空间的质疑，就是空间具有无的全部谓词，却又不可能被看作无。——正因为空间里面原初地没有任何方向，所以一旦其中出现了方向，就包含着全部方向。但基于单纯的因果关系，只有**一个**方向，我只能从A来到B，却不能反过来从B来到A，因此只有借助于"交互作用"范畴，全部方向才同样成为可能的。

迄今的研究包含着关系范畴的完整演绎，而由于在原初的意义上，除了关系范畴之外没有别的范畴，所以全部范畴的演绎都不是为了理智（因为只有后一个时期才会解释理智如何认识到范畴是范

畴），而是为了哲学家而做出的。当人们考察康德那里的范畴表，就会发现，在每一个类别里，前两个范畴总是相互对立的，而第三个范畴则是前两者的统一。——比如，实体偶性关系仅仅规定着**一个**客体，而因果关系规定着多个客体，最后通过交互作用，这些客体又被统一为**一个**客体。——在第一个关系里，某些东西被设定为统一的，这些东西在第二个关系里被扬弃了，只有在第三个关系里才重新以综合的方式统一起来。除此之外，前两个范畴仅仅是观念因素，只有二者联合而成的第三个范畴才是实在的东西。因此在原初意识里，或者说在那个具有表象活动的机制的理智自身之内，既没有作为实体和偶性的个别客体，也没有一种纯粹的因果关系（亦即那种仿佛只具有**一个**方向的相继性），毋宁说，只有通过交互作用范畴，客体对自我而言才同时是实体和偶性，并且同时是原因和结果。客体作为内感官和外感官的综合，必然涉及一个过去的环节和一个随后的环节。这个综合在因果关系里被扬弃了，因为实体对于外感官而言是常驻的，反之偶性对于内感官而言却是转瞬即逝的。但是，除非包含在因果关系之内的两个实体重新被统一为**一个**实体，否则因果关系不可能被认识到是因果关系，而在这种情况下，这个综合就发展为自然界的理念，在其中，全部实体最终结合为**一个**实体，一个仅仅与自身处于交互作用中的实体。

伴随着这个绝对的综合，表象的全部非随意的相继性大概都会被固定下来。但由于到目前为止，我们仍然没有看出自我如何能够完全摆脱相继性，而且我们只理解相对的综合，不理解绝对的综合，所以我们预先发现，我们关于自然界的那个表象——自然界是绝对的总体性，其中的全部对立都被扬弃了，原因和结果的全部相继性也

III, 478

合并为一个绝对的有机体——之所以是可能的，并不是通过表象活动的原初机制（这个机制仅仅从客体推进到客体，而且其中的全部综合都仅仅是相对的），而是仅仅通过理智的一个**自由**活动，但我们直到现在都还没有理解这个活动。

为了尽可能不打断演绎的联系，我们在当前的研究进程里曾经故意留下一些具体问题未予讨论，但现在我们必须把注意力转向那些问题。比如直到目前为止，我们都仅仅假定理智自身之内包含着一个持续的生产活动的根据。因为，自我**本身**不断地进行生产，这件事情的根据不可能位于第一个生产活动之内，而是必定位于理智本身之内。这个根据必定已经包含在我们早先提出的那些原理里面。

自我原本并不是生产者，而且不会随意地进行生产。通过一个原初的对立，理智的本质和本性被建构出来。但自我原本是一种纯粹而绝对的同一性，它必须持续不断地试图回归这种同一性，而这个向着同一性的回归又被束缚在一种原初的二重性上面，并且把后者当作一个绝不会被完全扬弃的条件。现在，只要给出生产活动的条件（二重性），自我就必定进行生产，而且它作为原初的同 ·性，无疑是被强制着去生产。因此，如果自我之内有一种持续不断的生产活动，那么这件事情只有在一种情况下才是可能的，即全部生产活动的条件（两个相互对立的活动的原初冲突）在自我之内无穷无尽地被重新制造出来。如今这个冲突应当在生产性直观里终止。但如果它真的终止了，理智就会完完全全过渡到客体里面，只剩下客体，不再有理智。只有当那个冲突延续不断，理智才是理智；只要冲突终止了，理智就不再是理智，而是物质或客体。因此，正如一般而言全部知识都是基于理智和客体的对立，这个对立同样不可能在任何个别客体里面扬弃自身。除非每一个客体都仅仅看起来是个别的东西，并且只能作为一个无限整体的部分被生产出来，否则根本不能解释，它如何成为一个有限的客体。至于对立仅仅在一个无限的客体里面扬弃自身，这只有在一种情况下才是可设想的，即这个对立本身是一个无限的对立，以至于始终只有综合的中间环节能够存在着，但那个对立的两个处于最末端的因素却绝不可能相互转化。 III, 480

但是，既然两个活动所造成的对立必然是永恒的，我们实际上岂非已经能够表明，那个对立必然是无限的？理智绝不可能无限地扩张，因为它在这件事情上遭遇到的障碍是它的回归自身的努力。但理智同样不可能绝对地回归自身，因为它在这件事情上遭遇到的障碍是那个想要成为无限者的倾向。因此这里不可能有什么折衷，全部综合都仅仅是一个相对的综合。

但如果我们希望更确切地规定生产活动的机制，就只能以如下方式思考这个机制。一方面，绝对的对立不可能被扬弃，另一方面，这个对立必须被扬弃，正是在这种情况下，产生出一个产物，但在这个产物里，对立不可能被完全扬弃，而是只能被部分扬弃；在那个通过这个产物而被扬弃的对立之外，还存在着一个尚未被扬弃的对立，而这个对立能够在第二个产物里再次遭到扬弃。这样一来，每一个产生出来的产物因为仅仅部分地扬弃了无限对立，所以成为第二个产物的条件，而这个产物同样因为仅仅部分地扬弃了对立，所以成为第三个产物的条件。所有这些产物都处于从属关系之中，最终全部产物都是从属于第一个产物，因为每一个先行的产物都包含着一个对立，而这个对立是后续的产物的条件。当我们考虑到，那个与生产性直观相对应的力是自然界里面真正起综合作用的力，亦即重力，我们就会确信，这个从属关系无非就是宇宙里面天体之间的从属关系，在这种情况下，宇宙的体系化有机结构（其中每一个东西的存在都包含着另一个东西）无非就是理智本身的一个有机结构，因为理智通过所有这些产物所寻求的，始终只是一个绝对的自身平衡点，但这个点位于无穷远的地方。

III, 481

　　但是，这样去解释理智里的生产活动的机制，恰恰让我们立即陷入一个新的困难。一切经验意识都是开始于一个当前的客体，而伴随着最初的意识，理智发现自己已经置身于表象的一种已规定的相继性。个别客体只有作为宇宙的一个部分才是可能的，而按照因果关系，相继性不是以多个实体为前提，而是已经以全部实体的一种交互作用或一种动态的同时存在为前提。因此矛盾在于，一方面，理智在意识到自己时，只能依附于相继序列的一个已规定的点，另一方面，理智在意识到自己时，必定已经把一件不依赖于它的事情当作前提，这件事情就是，实体的总体性或实体的一种普遍的交互作用是一种可能的相继性的条件。

　　这个矛盾只有通过区分绝对理智和有限理智才能够得到根本解决，同时可以充当一个新的证明，即我们在不知不觉的情况下也已经把自我从生产活动转移到第二个受限状态，或者说转移到一个已规定的受限状态。下面是关于这个关系的更详细的讨论。

　　一般而言，如果自我是原初地就受到限制的，就必然有一个宇宙，亦即全部实体的一种普遍的交互作用。借助于这个原初的限制状态，或者换个同样意思的说法，借助于自我意识的原初冲突，对自我而言就产生出一个宇宙——不是逐渐产生，而是通过**一个**绝对的综合而产生的。这个原初的或最初的限制状态虽然可以用自我意识去解释，却没有给我解释那个不再能够用自我意识去解释，就此而言根本不能解释的特殊限制状态。恰恰是借助于特殊的限制状态（后面我们也会把它称作第二个限制状态），理智在经验意识的最 III, 482 初开端必定会显现为一个处于时间序列的特定环节亦即"现在"的东西。一切出现在第二个限制状态的这个序列里的东西都已经被第一个限制状态所设定，只不过区别在于，通过第一个限制状态，一切东西都是被同时设定的，而对自我而言，绝对的综合不是通过部分的复合，而是作为一个整体产生出来；这个综合也不是在时间里产生出来，因为只有通过这个综合，才设定了全部时间，反之在经验意识里，那个整体只有通过部分的逐渐综合，或者说只有通过前后相继的表象才能够产生出来。现在，就理智不在时间之内，而是永恒的而言，它无非是那个绝对的综合本身，并且在这个意义上既不能开始生产，也不能停止生产；但就理智是受限定的而言，它也看起来只能在一个特定的点依附于相继序列。这里的意思并不是说，无限理智和有限理智是截然不同的，以至于有限理智之外还**存在着**一个无限理智。因为，当我拿走有限理智的特殊限制状态，它就是绝对理智本身，而当我设定这个限制状态，绝对理智就恰恰因此被扬弃了绝对性，现在仅仅是一个有限理智。我们也不能这样设想这个关系，仿佛"绝对的综合"和"依附于其进化过程的一个特定的点"是两个不同的行动似的。毋宁说，在同一个原初行动里，对理智而言同时产生出宇宙和理智的经验意识所依附的进化过程的那个特定的点，简言之，通过同一个活动，对理智而言同时产生出第一个限制状态和第二个限制状态，后者之所以看来是不可理解的，只不过是因为它和前者是同时被设定的，但就其规定性而言却仿佛不可能从前者那里推导出来。因此这个规定性显现为一种从任何角度来看都绝对偶然的东西，而对于这个情况，唯心论者只能从理智的一个绝对行动出发加以解释，反之实在论者只能从他们所称的厄运或命运出发加以解释。这里很容易看出，为什么在理智看来，它的意识由之出发的那个点必定是在它完全无所作为的情况下被规定的；也就是说，正因为意识和与之相伴的自由只有在这个点才产生出来，所以那个位于这个点彼岸的东西必定看起来完全不依赖于自由。

III, 483

在理智的历史里，我们现在推进到的位置，就是我们已经把理智限制在一个已规定的相继性序列上面，而理智的意识只能在一个已规定的点那里依附于这个序列。我们此前做出的研究仅仅涉及"理智如何能够进入这种相继性"这一问题；现在，既然我们已经发现，对理智而言，第二个限制状态必定是和第一个限制状态同时产生出来的，所以我们随后发现，在意识的最初开端那里，理智确实只能是我们看到的那个样子，亦即被包揽在一个已规定的相继性序列里面。通过这些研究，先验哲学的真正任务已经变得非常清楚。每一个人都可以把**他自己**看作这些研究的对象。但为了解释他自己，他必须首先扬弃自身之内的全部个体性，因为个体性恰恰是一个应当加以解释的东西。如果拿走个体性的全部限制，就只剩下绝对理智。同样，如果继续拿走理智的各种限制，就只剩下绝对自我。我们的任务恰恰在于，如何通过绝对自我的一个行动去解释绝对理智，进而如何通过绝对理智的一个行动去解释限制状态的整个体系，而我的个体性就是由这种限制状态建构起来的。但是，如果从理智那里拿走全部限制，还会剩下什么东西充当一个已规定的行动的解释根据呢？我想指出的是，哪怕我从自我那里拿走全部个体性，甚至拿

走那些使理智成为自我的限制，我还是不能够扬弃自我的那个基本
特性，即自我本身同时是主体和客体。因此，自在地看来，并且就其
本性而言，自我在以特殊的方式受到限制之前，仅仅因为它是自己的　III, 484
客体，就在它的行动中原初地受到限制。通过自我的行动的这种最
初的或原初的限制状态，对自我而言，就直接产生出那个无限冲突
（它是那个限制状态的根据）的绝对综合。假若理智始终和绝对综
合合为一体，那么虽然存在着一个宇宙，但理智却不可能存在。如
果理智应当存在，它就必须能够摆脱那个综合，以便伴随着意识而
重新制造出那个综合；但这仍然是不可能的，除非一个特殊的限制
状态或者说第二个限制状态进入那个最初的限制状态，而第二个限
制状态不再是指理智一般地直观宇宙，而是指理智恰恰从这个已规
定的点出发去直观宇宙。因此，那个乍看起来不可解决的困难——
也就是说，一切存在着的东西都应当通过自我的一个行动而加以解
释，但理智只能在一个已规定的点那里依附于一个已经预先规定的
相继性序列——就通过区分绝对理智和已规定的理智而得到解决。
当你是这个个体时，你的意识所依附的那个相继性序列并不是由你
来规定的，因为在这种情况下，你不是生产者，而是本身属于产物。
那个相继性序列仅仅是一个绝对综合的发展，而一切正在发生或将
要发生的东西都已经通过这个绝对综合而被设定下来。至于你恰恰
表象着这个已规定的相继性序列，乃是一件必然的事情，唯其如此，
你才是这个已规定的理智。在你看来，这个序列必然是一个不依赖
于你而预先规定的序列，一个你不能从头开始生产出来的序列。但
这个序列并非自在地流逝着；因为你的特殊限制状态恰恰在于，那个
位于你的意识彼岸的东西，在你看来是不依赖于你的。一旦拿走这

个限制状态，就没有"过去"，而一旦设定"过去"，它就恰恰是必然的，并且和这个限制具有同等的实在性，既不会更多，也不会更少。绝对理智的层面位于已规定的限制状态之外，对绝对理智而言，没有任何东西已经开始，也没有什么东西会生成，因为对它而言，一切东西都是同时的，或更确切地说，它本身就是一切东西。因此，只有时间才是绝对理智（它尚且不知道自己是理智）和有意识的理智之间的分界点。对于纯粹理性而言，时间并不存在，毋宁说对它而言，一切东西都**存在着**，一切东西都是同时的；对于经验理性而言，一切东西都是产生出来的，而一切产生出来的东西都仅仅是前后相继的。

III, 485

　　现在，在我们从这个点出发进一步探索理智的历史之前，我们必须把注意力继续投向那种相继性的某些更具体的规定，这些规定是和相继性的演绎一起同时被给予我们的，而值得期待的是，我们还能够从它们那里得出另外一些结论。

　　a. 如我们所知，相继性序列无非是原初的绝对综合的进化过程；因此凡是出现在那个序列中的东西，都已经是绝对综合预先所规定的。第一个受限状态所设定的是宇宙的全部规定，而第二个受限状态（它使我成为**这个**理智）所设定的则是这个客体进入我的意识时所遵循的全部规定。

　　b. 那个绝对综合是一个在全部时间之外发生的行动。时间仿佛是伴随着每一个经验意识而重新开始；与此同时，每一个经验意识都预设了一个已经流逝的时间，因为经验意识只能以进化过程的一个已规定的点为开端。正因如此，时间对于经验意识而言绝不可能已经开始，而对于经验理智而言，除了那个基于绝对自由的开端之外，时间里没有任何开端。在这个意义上，人们可以说，任何理智——只不过不是对它自身而言，而是客观地看来——都是时间里的一个绝对开端，都是一个绝对的点，它仿佛被抛入无时间的无限性中，并在其中被设定，而时间里的全部无限性都始于这个点。

针对唯心论，有一个堪称老生常谈的指责，即外在事物的表象完全非随意地涌现在我们面前，而我们对此无能为力，而且这些表象根本不是我们生产出来的，反而是它们怎样被给予我们，我们就必须怎样接受它们。殊不知唯心论本身就推导出，表象在我们看来必定就是这样。一般而言，自我为了能够直观到客体是客体，必须把一个过去的环节设定为"现在"的根据，因此"过去"始终只有通过理智的行动才产生出来，而既然自我的这个回归是必然的，"过去"就也是必然的。至于对我而言，当前的环节里除了现在产生出来的东西之外没有别的东西能够产生出来，对此我们只能在精神的无限连贯性里面寻找根据。对我而言，现在之所以只能产生出一个具有这些规定而非另外一些规定的客体，是因为我在过去的环节里已经生产出这个客体，而这个客体恰恰包含着这些规定而非另外一些规定的根据。至于理智如何能够发现自己通过**一个**生产活动就立即陷入事物的整个体系，这只能通过其他无数的情况而以类推的方式加以证明，在那些情况下，理性发现自己仅仅由于它的连贯性就通过**一个**前提而陷入最复杂的体系，哪怕那个前提是完全随意的。比如，再没有比重力体系更为复杂的体系了，为了展开这个体系，人类精神已经付出最为艰辛的努力，但在这种情况下，却有一个极为简单的规律带领天文学家进入运动的迷宫，然后又带领他们走出这个迷宫。我们的十进位制体系无疑是一个完全随意的体系，尽管如此，数学家却发现自己通过**这一个**前提就纠缠于连贯性，哪怕尚未有任何一位

III, 486

数学家已经完整地展开这种连贯性（比如十进位小数的那些值得注意的属性）。

也就是说，在当前的环节里，理智绝不是自由的，因为它已经在之前的环节里进行生产。通过第一个生产活动，生产活动的自由仿佛永远丧失了。但对于自我而言，恰恰不存在第一个生产活动，因为"理智觉得自己一般地开始进行表象活动"这件事情同样仅仅属于

III, 487　它的特殊限制状态。只要拿走这个限制状态，理智就是永恒的，并且从未开始进行生产。至于理智认为自己开始进行生产，这始终只是理智自己按照一个特定的规律做出的判断；因此，虽然通过以上所述可以得出，理智会觉得自己开始进行表象活动，但客观地看来或自在地看来绝非如此。

这里有唯心论者不能回避的一个问题，即他为什么能够假定有一个"过去"，或者说，他凭什么相信有一个"过去"？每一个人都是通过他的生产活动去解释"现在"；但他为什么能够假定，在他进行生产之前，曾经存在着某些东西呢？"是否已经存在着一个自在的过去"，这个问题和"是否存在着自在之物"一样，都是超验的。"过去"只有通过"现在"才**存在着**，因此对于每一个人本身而言都只有通过他的原初限制状态才存在着；只要拿走这个限制状态，那么一切已经发生和正在发生的东西都是**唯一的**理智的生产活动，这个理智从未开始存在，也不会停止存在。

绝对理智所具有的不是经验的永恒性，而是绝对的永恒性。如果人们希望用一般意义上的时间去规定这个绝对理智，那么它就是一切曾经存在、现在存在和将要存在的东西。但**经验**理智为了成为某东西（亦即成为一个已规定的理智），必须停止作为一切东西而存

在，并且不再存在于时间之外。在原初的意义上，对于经验理智而言，只有一个"现在"，通过它的无限努力，现在的瞬间为未来的瞬间提供了保障，但这种无限性如今不再是一种绝对的（亦即无时间的）无限性，而是一种经验的、通过表象的相继性而制造出来的无限性。诚然，理智致力于在每一个环节呈现出绝对综合，就像莱布尼茨说的那样：理智在每一个环节产生出宇宙的表象。但是，由于理智没有能力通过一个绝对的行动而呈现出宇宙，所以它就试图通过一种前后相继的、在时间里推进的行动来做到这一点。

　　c. 由于时间自在且自为地看来或在原初的意义上标示着单纯的界限，所以只能外在地被直观，也就是说，只能与空间结合在一起被直观为流动的点，亦即被直观为线。但线是对于运动的最原初的直观，一切运动只有在被看作线的时候才被看作运动。因此，当表象的原初相继性被外在地直观，就是运动。现在，理智通过整个相继性序列所寻求的仅仅是自己的同一性，而且只有当理智一再地试图制造出同一性，这种同一性才不会在每一个环节通过从表象到表象的过渡而遭到扬弃，既然如此，从表象到表象的过渡就必定是通过一种连续的量而发生的，也就是说，在这种量里，没有哪一个部分是绝对最小的部分。

III, 488

　　但这个过渡是在时间里发生的，因此时间就是这种连续的量。由于理智里的全部原初相继性外在地看来都是运动，所以连续性法则就是全部运动的一个基本法则。

　　在空间那里，也可以按照同样的方式证明这种连续性。

　　既然时间里的相继性和全部变化无非是绝对综合的进化过程，而且一切东西都是由绝对综合所预先规定的，那么我们就只能在那个综合自身的各种因素里面寻找一切运动的根据。然而这些因素无非是原初对立的因素，因此我们也只能在这个对立的各种因素里面寻找一切运动的根据。这个对立只有在一个无限综合里才能够被扬弃，而在一个有限的客体里只能暂时被扬弃。对立在每一个环节重新产生出来，并且在每一个环节重新被扬弃。对立在每一个环节的这种重新产生和重新被扬弃必定是一切运动的最终根据。这个定理是动态物理学的原理，并且和那些从属性科学的全部原理一样，在先验哲学里具有一席之地。

IV.

在刚才描述的相继性里，理智所关注的不是相继性本身（因为这是一种完全随意的相继性），而是它自己。理智寻找着自己，但恰恰在这种情况下逃离了自己。理智一旦陷入这种相继性，就只能直观到自己是在相继性之内展开活动。此前我们已经在这种相继性之内演绎出理智的一种自身直观，确切地说，是通过交互作用而演绎出这个结果。但到目前为止，我们只能指明交互作用是相对综合，却不能指明它是绝对综合，或者说不能指明它是一种对于表象的**整个**相继性的直观。现在，除非这种相继性受到限定，否则我们根本不能设想整个相继性如何能够成为客体。

III, 489

就此而言，这里我们发现自己被驱赶着来到第三个限定状态，它让理智陷入一个比迄今为止的全部范围都更为狭窄的范围。尽管如此，我们必须满足于仅仅要求有这个限定状态。在自我的第一个限制状态，自我一般地成为理智，而在第二个限制状态，自我必须从一个当前的环节出发，或者说只能依附于相继性的一个已规定的点。

但至少从这个点开始,序列能够无限推进。如果这种无限性没有进一步受到限定,那么我们就根本不能理解,理智如何能够摆脱它的生产活动,并且直观到自己是生产者。迄今为止,理智和相继性本身是合为一体的;如今理智必须把相继性与自己对立起来,以便在相继性之内直观到自己。但相继性仅仅是通过偶性的更替而推进的,只有当相继性之内的实体性东西被直观为常驻的,相继性本身才能够被直观到。然而那种无限相继性之内的实体性东西不是别的,仅仅是绝对综合本身,它不是产生出来的,而是永恒的。现在,除非绝对综合(亦即宇宙)对理智而言成为有限的,否则理智不会直观到这个东西。也就是说,除非对理智而言,宇宙在直观里受到限定,否则理智也不可能直观到相继性。

　　但理智既不可能停止生产,也不可能停止作为理智而存在。因此,除非表象的相继性在限定状态的内部重新成为无限的,否则理智不会认为这是一种受到限定的相继性。为了澄清这一点,我们不妨举一个例子:在外部世界里,变化是持续更替的,但这些变化不是消失到无限中,而是被限制在一个已规定的范围里面,并且不断地回归这个范围。就此而言,变化的这种更替同时是有限的和无限的,之所以是有限的,是因为这种更替绝不会逾越某一个界限,而之所以是无限的,是因为它不断地回归自身。圆圈是有限性和无限性的原初综合,甚至直线也必定消融在其中。相继性只有在直线里才是明显发生的,并且不断地回流到自身之内。

　　理智必定把相继性直观为一种回流到自身之内的东西;通过这个直观而产生出来的,对理智而言无疑是一个新的产物,于是理智不会又直观到相继性,因为对理智而言,如今产生出来的是某种完

III, 490

全不同于相继性的东西。问题在于, 这个新的产物属于什么类型?

人们可以说, 有机自然界为先验唯心论提供了最为明确的证明, 因为每一株植物都是理智的一个象征。如果对于植物而言, 它在特定的形式下占有或塑造的质料是自然环境中已经预先成形的, 那么理智作为绝对的和唯一的东西, 又是从哪里获得质料呢? 实际上, 正因为理智不但从自身生产出形式, 而且从自身生产出质料, 所以它是绝对的有机体。在我们看来, 理智在表象的原初相继性之内是一种活动, 这种活动本身永远同时是原因和结果; 它作为生产者而言是原因, 而作为产物而言则是结果。经验论认为一切东西都是从外面进入理智, 因此实际上仅仅是以机械的方式解释理智的本性。如果理智就像它实际上所是的那样完全是有机的, 那么它就是从自身内部塑造出一切对它而言是外在事物的东西, 而那个对它而言是宇宙

III, 491 的东西, 只不过是自我意识的一个更粗糙和更遥远的官能罢了, 正如个体的有机体是自我意识的一个更精致和更直接的官能。

从根本上看, 对于有机自然界的演绎必须回答四个问题。

1) 为什么有机自然界一般而言是必然的?

2) 为什么有机自然界里面的一种层级秩序 (Stufenfolge) 是必然的?

3) 为什么要区分有生命的有机体和无生命的有机体?

4) 什么是全部有机体的基本特性?

1. 有机自然界的必然性可以按照以下方式演绎出来。

理智必须在其从原因到结果的生产性过渡中直观到自己, 或者说, 就表象的相继性回流到自身之内而言, 必须在这种相继性之内直观到自己。但是, 除非把这种相继性改造为恒常的东西, 或在静止

状态下把相继性呈现出来，否则理智就做不到这一点。这种回归自身的、在静止状态下呈现出来的相继性恰恰是有机体。有机体的概念并不排斥任何相继性概念。有机体仅仅是封闭在界限之内，并且被认为固定下来的相继性。有机体的表现是"静止"，尽管静止形态的这种持续的再生只有通过一种不间断的内在更替才是可能的。因此，既然理智本身在表象的原初相继性之内同时是原因和结果，而且那种相继性是一种受到限定的相继性，所以相继性必定作为有机体而成为理智的客体，而这是我们针对"理智如何直观到自己是生产者"这一问题而提出的初步解决方案。

　　2. 但相继性在自己的界限内部又是无穷无尽的。因此理智是一种要将自己有机化的无限努力。相应地，理智的整个体系里的一切东西也努力成为有机体，而那种指向有机体的普遍冲动必定会笼罩着理智的外部世界。就此而言，有机体也必然有一种层次秩序。因为当理智作为经验理智时，始终致力于一件事情，即哪怕不能通过绝 III, 492
对综合而呈现出宇宙，至少也要在时间里按照前后相继的方式制造出宇宙。因此，理智的原初表象里的先后顺序无非是绝对综合的前后相继的呈现或发展，只不过基于第三个限制状态，这种发展只能达到某一个界限。也就是说，当这个进化过程受到限定并被直观为受到限定，就是有机体。

　　一般意义上的有机体无非是宇宙的一幅仿佛已经凝成一团的缩微图像。但相继性本身是渐进的，也就是说，它不可能在任何个别环节完全展开自身。因此，相继性愈是向前推进，宇宙就愈是展开自身。因此，随着相继性的推进，有机体相应地也赢得更大的拓展，并且在自身之内呈现出宇宙的更大的部分。这就导致出现一种层次秩序，与宇宙的展开齐头并进。这种层级秩序所遵循的法则是，当理智不断地扩张自己的范围，有机体也不断地扩张自己的范围。假若宇宙的这种扩张或进化过程是无限进展的，那么有机体也将是无限进展的，于是宇宙的扩张界限也是有机体的界限。

　　以下所述可以提供进一步的澄清。在有机自然界里，我们愈是下潜到深处，有机体在自身之内呈现出的世界就愈是狭隘，那个凝聚在有机体内部的宇宙部分也愈是微小。诚然，植物世界是最狭隘的世界，因为许多自然变化根本不会出现在这个层面。动物王国的那些最低级的类型已经在自身之内呈现出一个更开阔的，但仍然非常局促的变化范围，比如视觉器官和听觉器官等最高贵的感官仍然处于封闭状态，而且基本看不出有触觉器官（亦即对于直接的当前事物的接受性）。我们在动物那里称作"感官"的东西，其实并不是指一种通过外来印象而获得表象的能力，而是仅仅指它们与宇宙之间的一种或多或少受到限制的关系。关于**全部**动物，我们的观点可以通过这个情况得到说明，即它们在自然界里面标示着意识的一个环节，而我们的演绎现在就是处于这个环节。——如果人们沿着有机体的序列前进，就会发现，感官在展开自身时所遵循的秩序，就是有机体的世界通过感官而扩张自身时所遵循的秩序。[①]比如听觉器官早早地就开启自身，因为通过听觉器官，有机体的世界只能扩张到一个很近的距离。神性的视觉器官则是很晚才开启自身，因为通过视觉器官，世界拓展到甚至想象力都不能衡量的一个广阔范围。莱

III, 493

[①] 关于这个法则，我必须提到基尔迈耶尔先生关于有机力量的比例关系的言论，是他在那里提出并证明了这个法则。——谢林原注。译者按，基尔迈耶尔（Karl Friedrich Kielmeyer, 1765—1844），德国医学家和化学家。

布尼茨对光是如此之崇敬，以至于仅仅因为动物对光的印象是敏感的，他就判定动物具有更高级的表象。尽管如此，即使在视觉器官带着它的外在包裹物而显露出来的地方，我们也始终不能确定，这个感官本身能够延伸到多远，以及光是否只有对于最高的有机体而言才是光。

3. 一般而言，有机体就是那种在其进程中被阻滞的、仿佛僵化了的相继性。但理智不仅应当直观到它的全部表象的相继性，而且应当直观到它自己，确切地说，直观到自己在这种相继性之内进行活动。如果理智本身应当作为相继性之内的活动者而成为自己的客体（不言而喻，是外在地成为客体，因为理智现在仅仅外在地进行直观），那么它必须直观到相继性是由一个内在的活动本原维持着的。但内在的相继性以外在的方式被直观，就是运动。因此理智只能在一个本身具有运动的内在本原的客体那里直观到自己，而这样的客体叫作有生命的东西。因此理智必须不仅直观到自己是一般意义上的有机体，而且必须直观到自己是有生命的有机体。

对于生命的这个演绎恰恰表明，生命必定普遍存在于有机自然 III, 494
界里面，因此自然界自身之内不可能出现有生命的有机体和无生命的有机体之间的那个区别。既然理智应当通过整个有机自然界而直观到自己在相继性之内活动着，那么每一个有机体也必须在自身之内具有广义上的生命，也就是说，具有一个内在的运动本原。生命可能或多或少是受到限制的，因此"那个区别是从何而来的"这一问题就归结为此前的那个问题：有机自然界里面的层级秩序是从何而来的？

有机体的层级秩序仅仅标示着宇宙的进化过程的不同环节。

正如理智致力于通过相继性而不断地呈现出绝对综合, 同样, 有机自然界总是显现为一个追求着普遍有机体, 并且与无机自然界作斗争的东西。理智的表象里的相继性的界限也将是有机体的界限。现在, 理智的直观活动必定有一个绝对界限; 这个界限对于我们来说是**光**。因为, 尽管光把我们的直观层面几乎拓展到无法衡量的地步, 但光的界限终究不可能是宇宙的界限, 至于说在光的世界的彼岸, 有一个不再属于我们的直观层面的世界散发出一种不为我们所知的光, 这并不是一个单纯的猜想。——因此, 就其直观范围而言, 如果理智在一个有机体里直观到宇宙的进化过程, 它就会直观到这个有机体和它自己的同一性。因为恰恰是理智本身试图穿越有机自然界的全部迷宫和曲径而返照出（zurückzustrahlen）自己是生产者。但在任何一个低级有机体那里, 理智的世界都没有完整地呈现出来。只有当理智达到一个将它的整个世界都凝聚在其中的最完满的有机体, 它才会认识到这个有机体和它自己的同一性。正因如此, 理智不仅会一般地觉得自己是有机的, 而且会觉得自己屹立于有机体的顶峰。理智只能把其余的有机体看作中间环节, 通过这些环节, 最完满的有机体逐渐挣脱物质的桎梏, 换言之, 通过这些环节, 理智完整地成为自己的客体。正因如此, 理智也不会承认其余的有机体和它自己具有同等的尊贵地位。

III, 495

对于理智而言, 它的世界的界限, 或换个说法也一样, 它的表象的相继性的界限, 也是有机体的界限。因此, 我们所说的第三个限制状态就在于, 理智必然发现自己是一个有机的个体。通过这种必然性（即理智必然把自己直观为一个有机的个体）, 理智发现自己的世界是彻底受到限定的, 反过来, 由于理智的表象的相继性是一种受到限定的相继性，所以理智发现自己是一个有机的个体。

4. 有机体的基本特性在于，它仿佛摆脱了机械性，不是仅仅作为原因或结果而存在着，而是通过自身就存在着，因为它本身同时是二者。我们起初是把客体规定为实体和偶性，但除非客体也是原因和结果，否则它就不可能被直观为客体，反过来，除非实体被固定下来，否则客体也不可能被直观为原因和结果。那么，实体究竟在什么地方开始，在什么地方终止呢？全部实体由于同时存在而转化为唯一的实体，一个仅仅永恒地与自身进行交互作用的实体；这就是绝对的有机体。因此，有机体是"交互作用"范畴的一个更高的潜能阶次。一般而言，这个范畴可以得出"自然界"或"普遍有机体"的概念，而相对于普遍有机体而言，全部个别有机体本身又成为偶性。也就是说，有机体的基本特征在于，它与自身进行交互作用，同时是生产者和产物，而这个概念乃是全部有机自然学说的本原，从中可以先天地推导出有机体的全部进一步的规定。

现在，我们既然已经处于全部生产活动的顶峰，亦即达到了有 III, 496
机的生产活动，就可以回顾一下整个序列。现在我们可以在自然界里区分直观的三个潜能阶次：首先是单纯的直观（质料），它是通过感受而被设定在自然界之内；其次的第二个直观（物质）是通过生产性直观而被设定的；最后，第三个直观是以有机体为标志。

既然有机体仅仅是第二个潜能阶次的生产性直观，那么整个物质的建构（或者说普遍物理学）的范畴也将是有机自然学说的有机建构的范畴，只不过它们在自然学说里同样必须被认为提升到更高的潜能阶次。除此之外，正如物质的三个维度是由普遍物理学的那三个范畴所规定的，有机产物的三个维度也是由有机物理学的三个范畴所规定的。如果像此前所说的那样，流电学是那个转化为产物的过程的普遍表现，而且磁性、电性和化学力伴随着产物而提升的潜能阶次提供了有机物理学的三个范畴，那么我们就必须把流电学看作那些普遍的自然力量借以过渡到感受性、激动性和发育冲动的一座桥梁。

生命的基本特性尤其在于，它是一种回归自身的、固定下来的，并且由一个内在本原维系着的前后相继。正如理智生命（生命是它的形象）或意识的同一性仅仅是由表象的延续性维系着的，生命也仅仅是由内在表象的延续性维系着的，同样，正如理智在它的表象的相继性之内为了达到意识而不断斗争，生命也必须被看作与自然进程不断斗争，或者说致力于针对自然进程而坚持自己的同一性。

III, 497 在我们已经回答了关于有机自然界的演绎而可能提出的那些主要问题之后，我们再把注意力转向这个演绎的一个结果，即在有机体的层级秩序里，必然会出现一个有机体，迫使理智直观到这个有机体和它自己的同一性。现在，如果理智无非是原初表象的一个进化过程，而这个相继性应当在有机体之内呈现出来，那么理智必须认作与它自己同一的那个有机体在每一个环节都将是理智的内核的完满肖像。无论什么地方，只要缺失了有机体与表象相对应的变化，理智的那些表象就不可能成为客体。如果我们希望以超验的方式来表达，不妨看看这个例子：对于旁观者而言，一个天生的盲人虽然具有光的表象（因为这件事情只需要一种内在的直观能力），但这个表象并没有成为盲人的客体；诚然，自我之内没有什么东西不是在它自身之内直观到的，但先验地看来，那个表象在盲人那里实际上并不存在。唯有以有机体为条件，理智才能够把相继性的主体或实体与相继性本身区分开，换句话说，唯有以有机体为条件，这种相继性才能够成为某种不依赖于理智的东西。当我们觉得仿佛存在着一个从有机体到理智的过渡，亦即仿佛是有机体的刺激引发了理智之内的一个表象，这只不过是一个幻觉罢了，因为除非表象已经通过有机体而成为我们的客体，否则我们对于表象是一无所知的，因此在意识里面，有机体的刺激是先于表象，从而不是以表象为条件，毋宁必定显现为表象的条件。以有机体的刺激为条件的，并非表象本身，而是表象的意识，如果经验论把自己的主张限制在后面这种情况，这就是无可指责的。

　　总的说来，如果确实能够谈论一种过渡（其中根本没有两个相互对立的客体，毋宁实际上只有**一个**客体），那么它所指的只能是从 **III, 498**
理智出发到有机体的过渡，而不是相反的情况。因为，既然有机体本身仅仅是理智的一种直观方式，那么理智里面的一切东西就必然在有机体之内直接成为理智的客体。整个所谓的精神对于物质的依赖性都仅仅是依据于这样一种必然性，即我们之内的一切东西（不只表象的客体，而且包括表象本身）都必须被直观为外在于我们。比如，当有机体不再是我们的宇宙的完满反映，它就不再作为自身直观的官能而发挥作用，也就是说，它生病了；只有基于有机体与我们的那种绝对同一性，我们才感觉到**自己**生病了。但有机体本身之所以生病，仅仅是依据自然法则，也就是说，依据理智本身的法则。因为理智在进行生产活动时不是自由的，而是受到法则的限制和强制。因此，当我的有机体依据自然法则而必定生病时，我就被迫直观到它是一个生病的有机体。生病的感觉无非是通过扬弃理智与它的有机体之间的同一性而产生出来的，反过来，如果人们可以把一种完全空洞的感受也称作感觉，那么健康的感觉就是感觉到理智在有机体之内完全消失无踪，或者像一位优秀的作家所说的那样，感觉到有机体对于精神而言是清澈透明的。

上述依赖性——不是指理智本身依赖于物理事物，而是指理智的意识依赖于物理事物——也包括精神性力量与有机力量同步的增长和消退，甚至还包括那种觉得自己是"被生出"的必然性。我，作为这个已规定的个体，在直观到自己是这样的个体之前，根本就不存在，而当这个直观终止，我也将不再是这样的个体。按照自然法则，必然有一个时间点，在那里，有机体作为一个用自己的力量去逐渐摧毁自身的作品，必定会停止作为外部世界的反映而存在，既然如此，有机体和理智之间的同一性的绝对扬弃（这在疾病中仅仅是局部发生的），亦即死亡，就是一个自然事件，而这本身就属于理智的表象的原初序列。

III, 499

有机体是理智的稳定肖像，这一点不仅适用于理智的盲目活动，也必定适用于理智的自由活动——如果理智之内有这样一个活动的话，而我们迄今为止尚未推导出这个情况。因此，与理智里的表象的每一种自愿的相继性相对应，理智的有机体之内必定也有一个自由的运动，这个运动不仅包括狭义上所谓的随意运动，而且包括表情、语言等，简言之，一切表现出一个内在状态的东西。至于理智自由筹划的表象是怎样过渡到一个外在的运动，这是一个属于实践哲学的问题，而我们之所以在这里提到它，无非是因为只有依据刚才所说的那些原理才能够回答这个问题，而它比起那个相反的问题，即理智里的表象如何可能以有机体之内的一个变化为条件，需要一个完全不同的解决。因为，就理智无意识地进行生产而言，它的有机体与它是直接同一的，以至于它外在地直观到的东西不需要任何别的中介就通过有机体反映出来。比如，按照自然法则，当有机体处于这样那样一些局面（比如一些普遍的引起兴奋的原因）之下，就必定显现为生病的；一旦这些条件被给定，理智就再也不能够自由地看待有条件者，有机体**成为**生病的，因为理智必须完全如此看待有机体。但是，就理智自由地活动着而言，它与它的有机体是区分开的，因此从理智的表象活动里并不能直接得出有机体之内的一个存在。我们不能设想理智的自由活动和它的有机体的运动之间有一个因果关系（无论是把哪一个看作原因，把哪一个看作结果），因为二者绝不是现实地相互对立，而是仅仅在观念上相互对立。既然如此，除了在自由地活动着的理智和无意识地进行直观的埋智之间设定一种和谐，就别无他法了，而这必然是一种前定的和谐。无论如何，先验唯心论也需要一种前定和谐，但不是为了解释有机体之内的变化与非随意的表象的一致性，而是为了解释有机体的变化与随意的表象的一致性；先验唯心论所需要的也不是那种通常解释为直接出现在理智和有机体之间的莱布尼茨式前定和谐，而是一种出现在自由的生产活动和无意识的生产活动之间的前定和谐，因为它只需要通过后者去解释从理智出发到外部世界的过渡。

III, 500

但只要我们仍然置身于当前的领域，我们就既不能看清，也不需要看清这样一种前定和谐本身是如何可能的。

V.

从现在已经完整地推导出的理智与有机体的关系可以明显看出，理智在意识的当前环节迷失在它直观为和它自己完全同一的那个有机体里面,因此仍然没有达到对于它自身的直观。

但对于理智而言,随着理智的整个世界凝聚在有机体之内,生产活动的圆圈同时也就闭合了。因此,那个把完整的意识设定在理智之内的最终行动——我们的唯一任务就是要找到这个行动;无论对我们哲学家而言还是对理智自身而言,在解决这个任务的过程中,所有别的东西都仿佛仅仅是顺带产生出来的——必定是完全位于生产活动的层面之外,也就是说,如果意识应当产生出来,那么理智本身必须摆脱生产活动,而这件事情无疑只有通过一系列行动才能够发生。现在,我们在能够推导出这些行动本身之前,至少应当大致知悉那些与生产活动相互对立的行动所属的层面。因为,既然这些行动应当限定生产活动,那么单凭这一点就可以推出,它们必定是与生产活动相互对立的。

III, 501

因此我们要问的是,在迄今考察的范围里,是否已经有一个与生产活动相互对立的行动出现在我们面前?——当我们推导出一系列生产活动时(自我是通过它们而逐渐达到把自己直观为生产者),虽然没有发现什么活动能够让理智完全摆脱生产活动,但"每一个推导出的产物都被设定在理智自己的意识之内"这件事情却只有通过理智对于产物的一种持续反思才能够得到解释,只不过我们看到的是,每一个反思活动都产生出一个新的生产活动的条件。因此,为了解释生产活动里的进展,我们必须把一个活动设定在我们的客体之内,借助于这个活动,客体努力超越每一个单独的生产活动,但通过这种努力本身又总是陷入新的生产活动。就此而言,我们事先就可以知道,我们现在所预设的一系列行动属于一般意义上的反思层面。

但生产活动现在对于理智而言已经完结了，以至于理智不可能通过什么新的反思而返回到生产活动的层面。因此我们现在将要推导出的反思活动必定是完全不同于那种总是与生产活动齐头并进的反思活动，而且，假若它必然伴随着一个生产活动（这当然是可能的），那么这个生产活动作为那个生产活动的对立面，必定是一个自由的生产活动。反过来，如果那种伴随着无意识的生产活动的反思活动是一个必然的活动，那么我们现在寻求的反思活动就必定是一个自由的活动。通过这个活动，理智将不仅限定它的个别生产活动，而且完全而彻底地限定生产活动本身。

我们迄今为止从直观的立场出发看到的东西，将在反思的立场上以完全不同的样子出现在我们面前，而这就以最明显的方式体现出生产活动和反思活动之间的对立。

也就是说，我们现在至少已经大致知悉和预先了解那一系列行 III, 502
动总的说来所属的层面，通过这些行动，理智完全摆脱了生产活动，亦即进入自由反思的层面。如果说这个自由的反思应当与此前推导出的东西有联系，那么它的根据必定是直接位于第三个限定状态之内，这个限定状态将促使我们进入反思的时期，正如第二个限定状态已经促使我们进入生产活动的时期。但直到目前为止，我们还没有能力真正揭示出这个联系，而是只能主张有这样一个联系。

第二个时期的综述

只有当人们理解了我们所说的第一个限制状态（原初限制状态）和我们所说的第二个限制状态（特殊限制状态）之间的区别，才可以看清楚这一个时期里面推导出的一系列行动的整个联系。

也就是说，在自我意识的第一个活动里，观念活动（或者像自我后来认为的那样，通过自在之物）已经给自我设定了原初界限。但只有客观自我或实在自我才受到自在之物的限定。然而自我一旦成为生产者，即是说一旦处于整个第二个时期，就不再仅仅是实在的，毋宁同时是观念的和实在的。现在进行生产的自我作为这样的自我之所以能够感觉到自己没有受到原初界限的限定，也是因为这个界限现在已经过渡到客体那里，而客体恰恰是自我和自在之物的共同呈现，所以我们必须在客体之内寻找那个由自在之物所设定的原初限定状态，而且也确实在客体之内揭示出了这个原初限定状态。

因此，如果**自我**现在仍然感觉到自己是受限定的，那么它只能作为生产者而感觉到自己是受限定的。这件事情仍然只有借助于第二个界限才能够发生，而这个界限必定是物和自我的共同界限。

III, 503

诚然，这个界限应当是自我之内的被动性的界限，但只有对于实在自我或客观自我而言才是这样的界限，正因如此，它也是观念自我或主观自我的主动性的界限。所谓自在之物受到限定，意思就是：观念自我受到限定。因此很显然，通过生产活动，界限实际上已经过渡到观念自我那里。同一个界限，既要限定主动的观念自我，也要限定被动的实在自我。第一个限定状态是由观念活动和实在活动之间的一般对立所设定的，而第二个限定状态则是由尺度或者说这个对立的界限所设定的，这个界限一旦被认识到是界限（这件事情恰恰是在生产性直观里发生的），就必然是一个已规定的界限。

因此，当自我成为生产者，就在对此一无所知的情况下直接陷入第二个限定状态，也就是说，它的观念活动也受到限定。对于自在地不可限定的自我而言，这第二个限定状态必定是一个绝对偶然的东西。所谓"绝对偶然"，意思是说，这个限定状态的根据位于自我本身的一个绝对自由的行动之内。客观自我按照这个特定的方式受到限定，因为观念自我恰恰已经按照这个特定的方式展开行动。但"观念自我已经按照这个特定的方式展开行动"这件事情本身已经以观念自我之内的一个规定性为前提。因此在自我看来，那第二个界限必定既是依赖于它的活动，同时又不依赖于它的活动。这个矛盾只有在一种情况下能够被解决，即这第二个限定状态仅仅是一个**现在的**限定状态，因此它的根据必定是位于自我的一个**过去的**行动之内。当界限在反思中是一个现在的界限，就不是依赖于自我，而当界限在反思中一般地存在着，就是由自我本身的一个行动所设定的。因此，观念的活动的那个限定状态在自我看来只能是"现在"的一个"过去"；当自我成为有意识的感受者，对它而言，时间就作为绝对界限直接产生出来，通过这个界限，自我作为有意识的感受者，亦即作为内感官，成为自己的客体。但在此前的行动（生产活动的行动）里，自我并非仅仅是内感官，毋宁同时是内感官和外感官（当然，只有我们哲学家才看到这一点），因为它同时是观念活动和实在活动。也就是说，除非外感官同时成为自我的客体，否则自我不可能作为内感官而成为自己的客体，而且，如果内感官被直观为绝对界限，那么外感官就只能被直观为一个沿着全部方向无限扩张的活动。

III, 504

因此，当生产活动里的观念活动受到限定，内感官就通过那种不依赖于空间的时间而直接成为自我的客体，而外感官也通过那种不依赖于时间的空间而直接成为自我的客体。也就是说，二者不是作为自我不可能意识到的直观活动，而是仅仅作为被直观的东西出现在意识里。

但时间本身和空间本身必须再度成为自我的客体——这就是第二个时期的**第二个直观**,通过这个直观,一个新的规定,亦即**表象的相继性**,被设定在自我之内。基于这种相继性,对自我而言根本不存在第一个客体,因为它原初地只能意识到第二个客体通过与第一个客体相对立而成为一个限制着自我的东西,而这样一来,第二个限定状态就被完整地设定在自我之内。

现在因果关系本身必须再度成为自我的客体,而这件事情是通过**交互作用**(第二个时期的第三个直观)而实现的。

就此而言,第二个时期的三个直观无非是全部知识的基本范畴,即关系范畴。

除非相继性本身对自我而言再度成为一种受到限定的相继性,否则交互作用本身不可能存在,而这件事情是通过**有机体**才实现的。有机体既然标示着生产活动的顶点,并且是第三个限定状态的条件,就迫使自我过渡到新的一系列行动。

III, 505

第三个时期
从反思到绝对的意志活动

I.

在迄今推导出的一系列综合行动里,我们看不出哪一个行动能够让自我直接意识到它自己的活动。但是,由于综合行动的圆圈不但已经闭合,而且已经通过此前的演绎而被穷尽,所以,把对于那些推导出来的东西的意识设定在自我之内的那一个或那一系列行动就不可能是综合性的,毋宁只能是分析性的。就此而言,反思的立场等同于分析的立场,因此从分析的立场来看,自我之内的一切行动都已经以综合方式被设定在自我之内。至于自我本身如何达到反思的立场,这一点不但现在没有得到解释,而且在整个理论哲学里大概也不可能得到解释。当我们找到反思由之而被设定在自我之内的那个行动,综合的线索就会重新连接起来,并且无疑会无限延伸。

既然理智在进行直观时,和被直观者是合为一体的,与之毫无区别,那么它在把**它自己**与**产物**分离开之前,是不可能通过产物而达到自身直观的。而由于**理智本身**无非是一个**促使客体产生出来**的已规定的**行动方式**,所以,只有当它把它的行动本身与那些在这个行动中对它而言产生出来的东西分离开,或者换个同样意思的说法,与产物分离开,它才能够达到自身。

迄今为止,我们完全不可能知道,理智里的这样一种分离活动 III, 506究竟是否可能,或者是否已经发生。这里的问题是,假设有这样一种分离活动,理智里面是什么情况。

在日常语言里,行动与产物的分离叫作"抽象"或"抽离"。因此抽象表现为反思的第一个条件。只要理智仍然是一个与自己的行动毫无区别的东西,它就不可能意识到这个行动。通过抽象本身,理智成为一个与它的生产活动区分开的东西,但正因如此,它的生产活动就再也不能显现为一个行动,而是只能显现为一个产物。

但理智亦即那个行动和客体原初地是合为一体的。客体是这个已规定的客体,因为理智恰恰这样而非按照别的方式进行生产。一方面是客体,另一方面是理智的行动,二者由于相辅相成,就将在同一个意识里重新汇合。——当我们把行动本身和产生出来的东西分离开, 那种对我们而言产生出来的东西就叫作"概念"。从先验哲学的角度来看,"我们的概念如何与客体达成一致"这个问题没有任何意义, 因为它把二者的一种原初差异性当作前提。客体和它的概念, 或者反过来说, 概念和客体, 在位于意识的彼岸时是同一个东西, 二者的分离仅仅是与意识的产生同时发生的。正因如此, 一种从意识出发的哲学绝不可能解释那种一致性, 而且, 如果没有一种其本原必然位于意识彼岸的原初同一性, 那种一致性也根本不能得到解释。

在生产活动里, 客体根本没有作为客体而存在着, 而行动本身和产生出来的东西是同一的。自我的这个状态只能借助一些类似的状态得到澄清, 在那些状态里, 尽管自我从未停止生产或停止直观, 却没有什么真正意义上的外在客体进入意识。比如在睡眠状态里, 原初的生产活动并没有被扬弃, 与个体的意识同时被中断的是一种自由的反思。客体和直观完全消失在彼此之内, 正因如此, 在理智里, 对于理智自身而言, 无论客体还是直观都不存在。假若理智不是仅仅对它自身而言是一切东西, 那么在这个状态里, 理智在一个外在于它的理智看来就在进行直观, 但理智自身却对此一无所知, 因此根本不是在进行直观。这样的状态就是我们迄今推导出的客体的状态。

III, 507

只要生产活动的行动没有与产物分离并且纯粹地成为我们的客体, 那么一切东西就仅仅存在于我们之内, 而如果没有那种分离, 我们就会真的相信一切东西都是仅仅在我们自身之内直观到的。诚然, 我们必须在**空间**里直观客体, 但这件事情仍然没有解释, 为什么我们把客体直观为位于我们之外, 因为我们也可能是仅仅在我们自身之内直观空间，而我们原初地确实是仅仅在我们自身之内直观到空间。理智在哪里进行直观，就在哪里存在着；那么它是如何做到把客体直观为位于它**之外**呢？在我们的有机体里，无论我们在什么地方进行感受，都会相信自己是直接现在的，但我们不能理解，为什么整个外部世界没有像我们的有机体那样出现在我们面前。通常说来，哪怕外部事物已经与我们分离，我们也绝不会把我们的有机体直观为位于我们之外，除非它已经通过一种特殊的抽象而与我们区分开；同理，假若没有一种原初的抽象，我们也不可能发现客体是不同于我们的东西。因此总的说来，只有通过概念与产物或者说主观东西与客观东西的分离，客体才仿佛能够挣脱灵魂，并且进入位于我们之外的空间。

由于概念和客体原初地是一致的，以至于任何一方都没有比对方包含着更多或更少的东西，所以如果没有一个特殊的行动导致二者在意识里相互对立，那么二者的分离就是完全不可理解的。这样的行动就是人们通过"**判断**"（Urteil）一词而非常贴切地标示出来的那个行动，因为通过判断，那两个到目前为止不可分割地结合在一起的东西，概念和直观，第一次被分离。也就是说，在判断里，不是概念与概念相互比较，而是概念与直观相互比较。自在地看来，谓 III, 508
词不是什么不同于主词的东西，因为判断恰恰设定了二者的一种同一性。因此，总的说来，只有当主词代表着直观，谓词代表着概念，二者才有可能被分离。因此在判断里，概念和客体应当首先是相互对立的，然后再相互关联，并且被设定为彼此等同。现在这个关联只有通过直观才是可能的。只不过这个直观和生产性直观不可能是同一个直观，因为否则的话，我们就没有前进半步。毋宁说，它必须是一个迄今为止完全不为我们所知的直观类型，而这个直观现在应当被推导出来。

既然这个直观应当让客体和概念相互关联，那么它就必须一方面与概念对接，另一方面与客体对接。现在，既然概念是一个促使全部直观客体产生出来的行动方式，从而是一个指导着全部客体的建构的规则（反之客体不是规则，而是规则本身的表现），那么我们必须找到一个行动，在这个行动里，规则本身被直观为客体，或者反过来说，客体被直观为全部建构的规则。

这样的直观就是**范型化**（Schematismus）。每一个人都只能依靠自己的内在经验去了解这种范型化，而为了识别它并用它去指导经验，人们只能去描述它，并且把它与其他一切类似的东西区分开。

范型（Schema）不但应当和图像（Bild）区分开，而且应当和那种经常与它混淆在一起的象征（Symbol）区分开。图像始终是全方位被规定的，以至于图像和对象的完全同一性所缺失的仅仅是对象身处的特定空间部分。反之范型并不是一个全方位被规定的表象，毋宁仅仅是对于特定的对象之所以能够被制造出来而依据的那个规则的直观。范型是直观，因此不是概念，因为它是一个沟通概念与对象的东西。但范型也不是对于对象本身的直观，毋宁仅仅是对于对象之所以能够被制造出来而依据的那个规则的直观。

III, 509

关于什么是范型，可以通过机械性艺术家（工匠）的例子得到最清楚的解释，因为这种艺术家的任务就是遵循一个概念而制造出一个具有特定形式的对象。他对于对象的概念是略有所知的，但如果没有一个外在于他的原型，没有一个内在的、尽管是以感性的方式直观到的规则指导着他的制作，我们就根本不能理解，他的手中如何能够逐渐产生出一个与概念结合在一起的形式。这个规则是一个范型，后者绝对不包含任何个体因素，也不是一个普遍概念，而艺术家不可能凭借普遍概念而制造出任何东西。根据这个范型，艺术家首先只能制造出整体的大致轮廓，然后再去塑造个别部分，直到在他的内在直观里，范型逐渐接近于图像，而范型还会陪伴着艺术家，一直到图像的规定完整地出现，与此同时，艺术作品本身也就完成了。

在最普通的知性运用里，范型表现为一个普遍的中间环节，让我们认识到每一个对象都是一个已规定的对象。当我看到一个三角形（无论什么类型的三角形）并且在这个瞬间做出"这个形状是一个三角形"的判断时，已经以对于一般意义上的三角形（既非钝角，也非锐角和直角的三角形）的直观为前提，而这个判断无论是借助于三角形的单纯概念，还是借助于三角形的单纯图像，都是不可能的；因为，既然图像必然是一个已规定的东西，那么即便现实的三角形与单纯想象中的三角形是契合的，这也是一个纯粹偶然的契合，不足以形成一个判断。

从范型化的这种必然性恰恰可以推出，语言的整个机制也是立足于范型化。比如，哪怕一个完全不懂学科概念的人对于一个动物种类只知道某些样本或少数族群，但只要他看到了这个种类的一个未知族群的个体，他就会做出该个体属于这个种类的判断；他不可能是凭借一个普遍概念而做到这一点；因为，就连自然研究者都经常觉得，去辨析某一个种类的普遍概念乃是一件极为困难的事情，既然如此，那个人是从哪里获得一个普遍概念呢？

倘若我们把原初范型化学说应用于原初语言机制的研究，应用

III, 510

于那些最古老的自然观的研究（古代民族的神话为我们保留了这些自然观的残余部分），最后应用于科学语言的批判（科学语言的各种术语几乎全都透露出其起源于范型化），这就将最清楚地表明，那种范型化操作贯穿着人类精神的全部事业。

关于范型的本性，为了毫无保留地说出一切，必须再指出一点，即范型和概念的关系恰恰相当于象征和理念的关系。范型始终并且必然与一个经验对象相关联，这个对象要么是现实的，要么是有待制造出来的。举例来说，关于每一个有机形态（比如人的形态），都只可能有一个范型，反之关于美、永恒性等理念，却仅仅存在着象征。审美性艺术家一方面仅仅依据理念从事工作，但另一方面又需要一种机械性艺术（技艺），以便在经验条件下把艺术作品呈现出来，因此很显然，对于审美性艺术家而言，从理念到对象的层级秩序是机械性艺术家（工匠）所经历的层级秩序的双倍。

现在，在范型概念完全被规定下来之后（也就是说，范型是一个以感性的方式直观到的制造经验对象的规则），我们可以回到整个研究的联系。

此前应当解释的是，自我如何做到把自己直观为一个在生产活动中活动着的东西。这一点已经通过抽象而得到解释；客体由之产生出来的那个行动方式必须与已经产生的东西分离开。这件事情是通过判断而发生的。但判断本身不可能脱离范型化。因为在判断里，一个直观被设定为等同于一个概念；为了做到这一点，必须有某个东西构成二者的中介，而这个东西只能是范型。

III, 511

但通过那种抽离个别客体的能力，或者说，通过一种经验的抽象能力，理智绝不可能摆脱客体；因为，恰恰是通过范型化，概念和客体重新统一起来，因此理智自身之内的经验抽象能力是把一种更高级的抽象能力当作前提，这样一来，理智的结果才被设定在意识之内。一般而言，如果经验的抽象应当被固定下来，那么只有那样一种能力才能够做到这一点，借助这种能力，不仅那个促使特定的客体产生出来的行动方式与客体本身区分开，而且那个促使**全部**客体产生出来的行动方式也与客体本身区分开。

II.

现在，为了更详细地刻画这种更高级的抽象，需要提出以下问题。

a. 如果从直观活动里拿走**全部**概念——因为在客体里，直观和概念原初地是统一起来的，但现在应当抽离**全部**行动方式，亦即从客体那里拿走**全部**概念——，直观活动会变成什么东西？

每一个直观里都必须区分两样东西：一个是直观活动本身，或者说那种作为一般行动的直观活动，另一个是那个规定着直观的东西，它使直观成为对于一个客体的直观，而一言以蔽之，这个东西就是概念。

客体是这个已规定的客体，因为我已经按照这个特定的方式去行动，但这个特定的行动方式恰恰是概念，因此客体是由概念所规定的；相应地，概念原本就先于客体本身，虽然不是就时间而言，但就级别而言却是如此。概念是规定者，客体是被规定者。III, 512

也就是说，概念并非像人们通常宣称的那样是一个普遍者，毋宁是一个规则，一个限制着和规定着直观的东西，而如果概念可以叫作无规定的，这也只有在它不是被规定者，而是规定者的情况下才是如此。因此，普遍者是直观活动或生产活动，只有当一个概念进入这个自在地无规定的直观活动，后者才成为对于一个客体的直观。通常对于概念的起源的解释——按照这种解释，只要我在诸多个别直观那里消除已规定的东西，仅仅保留普遍者，概念就会在我面前产生出来——，如果不是仅仅解释概念的经验起源，就很容易暴露出自己的肤浅性。因为，为了进行这个操作，我无疑必须拿那些直观去相互比较；但如果我没有事先遵循一个概念的指导，我如何能够做到这一点呢？也就是说，当我们面对许多个别客体时，若非第一个客体对我们而言已经成为概念，我们究竟从哪里知道这些客体是属于同一个种类呢？因此，那种从许多个别事物里面提炼出普遍者的经验方法本身就已经以一个理解把握普遍者的规则亦即概念为前提，进而以一种比那种经验抽象能力更高级的抽象能力为前提。

也就是说，我们在直观里区分了直观活动本身和直观活动的概念或规定者。在原初直观里，二者是统一起来的。因此，只要通过一种更高级的抽象——我们希望把这种与经验抽象相对立的抽象称作先验抽象——从直观里拿走**全部**概念，直观就仿佛成为**自由的**了，因为一切限制状态都是仅仅通过概念才进入直观。也就是说，只要摆脱概念，直观活动就成为一种在任何方面都完全无规定的直观活动。

当直观成为完全无规定的、绝对无概念的东西，它那里唯一剩下的就是普遍的直观活动本身，而当这种直观活动重新被直观，就是**空间**。

III, 513　　空间是无概念的直观活动，因此根本不是一个仿佛从事物的关系里抽象出来的概念；因为，尽管对我而言，空间是通过抽象而

产生出来的，但它既不是范畴意义上的抽象概念，也不是经验概念
或种属概念意义上的抽象概念；因为假若空间有一个种属概念，那
就必定有许多空间，而不是只有**唯一的**无限空间，而空间里的每一
个限定状态，也就是说，每一个个别空间，都已经以这个无限空间
为前提。空间既然完全只是一个直观活动，就必然是一个无限的直
观活动，而在这种情况下，哪怕空间的最小部分本身也仍然是一个
直观活动，也就是说，不是空间的无限可分性唯一依赖的那种单纯
界限。最后，虽然几何学仅仅从直观出发做出一切证明，却和那些
从概念出发的证明具有同等的普遍性，而且几何学的存在完全并且
仅仅归功于空间的这个特性，这些都是得到普遍承认的，因此无需
赘言。

b. 如果从概念里拿走全部直观，概念会变成什么东西？

当原初范型化通过先验抽象扬弃了自己，如果在一端产生出无
概念的直观，那么在另一端就必定同时产生出无直观的概念。如果
范畴就像在前一个时期里被推导出的那样，是理智的特定的直观方
式，那么，只要从它们那里拿走直观，就必定只剩下**纯粹的规定性**。
这就是逻辑概念标示着的那种规定性。因此，如果一位哲学家原初
地仅仅立足于反思的立场或分析的立场，他也就只能把范畴当作单
纯形式化的概念演绎出来，亦即从逻辑里演绎出来。但是，且不说判
断的各种功能本身在逻辑里还需要一个推导，更何况，与其说先验
哲学是逻辑的一个抽象产物，不如说逻辑必然是先验哲学的一个抽
象产物，反正如果人们以为范畴在与直观的范型化分离之后仍然是
实在的概念，那么这就完全是一个错觉，因为当范畴脱离直观，就
仅仅是逻辑概念，而当范畴与直观结合，就不再是单纯的概念，而

III, 514

是现实的直观形式。这样一种推导的错误之处还会通过另外一些缺陷暴露出来，比方说它没有能力揭示出范畴（无论特殊范畴还是普遍范畴）的机制，哪怕这个机制是再明显不过的。众所周知，所谓的动力学范畴有一个鲜明的特性，即每一个这样的范畴都有一个关联者，而在所谓的数学范畴那里却不是如此。但只要人们知道内感官和外感官在动力学范畴那里是尚未分离的，就很容易解释这个特性，反之在数学范畴那里，有些仅仅属于内感官，另一些仅仅属于外感官。同理，每一类范畴总是包含着三个范畴，其中前面两个是相互对立的，而第三个是二者的综合；这件事情证明，范畴的普遍机制是立足于一个更高的对立，而从反思的立场出发是看不到这个对立的，因此对于反思的立场而言，必定存在着一个更高的、远为根本的立场。进而言之，既然这个对立贯穿了全部范畴，而且全部范畴都是以**唯一的**类型（Typus）为基础，那么无疑也只有**唯一的**范畴，加上我们从直观的原初机制里只能推导出**唯一的**关系范畴，所以我们可以预料到关系范畴就是那个**唯一的**原初范畴，而这一点通过更细致的考察也确实得到了证实。如果我们可以证明，在反思出现之前或在反思的彼岸，客体绝不是由数学范畴所规定的，毋宁只有主体（无论这是指进行直观的主体还是指进行感受的主体）才是由数学概念所规定的，正如客体并非自在地，而是只有在与一个同时进行直观和反思的主体相关联的时候才是**一个**客体；反过来，如果我们能够

III, 515　证明，客体在第一个直观里，在尚未出现这方面的一个反思时，就必定已经被规定为实体和偶性，那么确实可以由此得出，数学范畴一般而言是从属于动力学范畴，或者说动力学范畴是先于数学范畴，而恰恰在这种情况下，数学范畴只能以分离的方式呈现出动力学范

畴以联合的方式呈现出的那些东西，因为那些仅仅在反思的立场上产生出来的范畴——只要这里不像样态范畴那样又出现外感官和内感官的一个对立——只能要么属于内感官，要么属于外感官，因此也不可能有一个关联者。关于这些情况，更简略的证明是：在直观活动的原初机制里，前面两个范畴仅仅是通过第三个范畴才出现的，但数学范畴的第三个范畴总是已经以**交互作用**为前提，因为比如说，如果客体不是普遍地互为前提，就不可能设想客体的总体性，而如果客体不是交互限制的（亦即被认为处于普遍的交互作用中），也不可能设想个别客体的一种限制状态。因此，在四类范畴里，只有动力学范畴才是原初范畴，而如果我们能够进一步指出，样态范畴也不可能具有关系范畴所具有的那种原初意义，那么只有关系范畴才是基本范畴。实际上，在直观的原初机制里，虽然每一个客体都是作为实体和偶性而出现，却没有哪一个客体是作为**可能的**或**不可能的**而出现。只有通过一个现在压根还没有推导出来的最高的反思活动，客体才显现为可能的、现实的和必然的。样态范畴表达出客体与整个认识能力（内感官和外感官）的一个单纯关联，因此无论是通过可能性的概念，还是甚至通过现实性的概念，都不会有一个规定被设定在对象自身之内。但毫无疑问，只有当自我已经完全摆脱客体（亦即同时摆脱它的观念活动和实在活动），也就是说，只有通过一个最高的反思活动，客体与整个认识能力的那个关联才是可能的。这样一来，正如相对于生产性直观的综合而言，关系范畴可以叫作最高范畴，同样相对于最高的反思活动而言，样态范畴也可以叫作最高范畴，而这恰恰表明，样态范畴不是原初地出现在第一个直观里的范畴。

III, 516

III.

先验抽象是判断的条件，但不是判断本身。它仅仅解释了理智如何做到分离客体和概念，却没有解释理智如何在判断里把二者重新统一起来。倘若没有一个提供中介的东西，就不能设想，一个自在地完全无直观的概念如何与一个自在地完全无概念的空间直观结合在一起，重新成为客体。但一般而言，那个为概念和直观提供中介的东西就是范型。因此，先验抽象通过一种范型化又被扬弃了，而我们把这种范型化称作先验范型化，以区别于早先推导出来的那种范型化。

我们曾经把经验范型解释为一个以感性方式直观到的规则，据此可以在经验中制造出一个对象。相应地，先验范型就是这样一个感性直观的规则，据此可以一般地或先验地制造出一个客体。就范型包含着一个规则而言，它仅仅是一个内在直观的客体，而就范型是一个客体的建构规则而言，它必须以外在的方式被直观为一个在空间里勾勒出的东西。因此，既然一般而言范型是一个为内感官和外感官提供中介的东西，那么人们必须把先验范型解释为一个在最原初的意义上为内感官和外感官提供中介的东西。

但那个在最原初的意义上为内感官和外感官提供中介的东西是时间。这不是指那种**仅仅**是内感官或绝对界限的时间，而是指那种本身重新成为外在直观的客体的时间，那种作为线的时间，亦即那种沿着唯一的方向延伸的量。

III, 517

我们在这里稍作停留，以便更详细地规定时间的真正特性。

从反思的立场来看，时间原本只是内感官的一个直观形式，因为它只有针对我们的**表象**的相继性才出现，并从这个立场来看仅仅存在于我们之内，而不是像诸实体的**同时存在**（这是内感官和外感官的条件）那样，只能在我们之外被我们直观到。反之，从直观的立场来看，时间原本已经是一个**外在**直观，因为在这个立场上，**表象**和**对象**毫无区别。因此，如果说对于反思而言，时间仅仅是内在的直观形式，那么对于直观而言，时间就同时是内在的和外在的直观形式。从时间的这个特性可以看出，为什么空间仅仅是几何学的基体，而时间却是整个数学的基体，以及为什么甚至全部几何学都可以还原为分析；这一点恰恰解释了古代的几何学方法和近代的分析方法之间的关系，即尽管两种方法是相互对立的，但后者还是得出了和前者完全一样的结果。

只有基于时间同时属于外感官和内感官这一特性，时间才成为概念和直观的中间环节，或者说成为先验范型。由于范畴原本是直观类型，因此与范型化没有分离（只有先验抽象才造成这个分离），所以由此可以得出：

1）时间原初地已经包含在生产性直观或客体的建构里面，这在前一个时期已经得到证明；

2）一方面从时间与纯粹概念的关系，另一方面从时间与纯粹直观或空间的关系，必须推导出范畴的整个机制；

3）哪怕通过先验抽象，原初范型化被扬弃了，也必定会从客体 III, 518
的原初建构里产生出一个完全改变了的观点，而既然先验抽象是全部意识的条件，那么这个观点也将是唯一能够进入意识的观点。也就是说，生产性直观必须穿越一个媒介才能够达到意识，但恰恰通过这个媒介本身，生产性直观失去了自己的特性。

为了澄清最后一点，不妨举几个例子。

每一个变化里都发生了从一个状态到一个与之矛盾对立的状态的过渡，比如当一个物体从A方向的运动过渡到−A方向的运动，就是如此。只有通过时间的范型化，两个矛盾对立的状态才能够在那个自身同一的、始终追求着意识同一性的理智之内结合。直观生产出一种持续地从A过渡到−A的时间，以便化解对立双方之间的矛盾。通过抽象，范型化被扬弃了，随之时间也被扬弃了。——古代智者用一个著名的诡辩去否认传递运动的可能性。他们说，设想一个物体的静止的最后瞬间和运动的最初瞬间，二者中间没有任何居间者。（从反思的立场来看，这是完全真实的。）现在，如果一个物体要运动起来，那么这要么是在它的静止的最后瞬间发生的，要么是在它的运动的最初瞬间发生的，但前一种情况是不可能的，因为它仍然是静止的，后一种情况也是不可能的，因为它已经处于运动中。这个诡辩原本已经被生产性直观解决了，但如果要用反思去解决这个诡辩，人们就发明出力学的各种伎俩，而由于反思已经失去了生产性直观，并且认为只有以一种无限性为中介才能够设想一个物体从静止到运动的过渡（亦即两个矛盾对立的状态的结合），所以它不得不在那两个状态之间插入无穷多的彼此外在的时间部分，而且每一个时间部分都是无穷小的，殊不知唯有生产性直观才能够呈现出有限者之内的一个无限者，即一种虽然本身是有限的，但其中不可能有任何无穷小部分的量。现在，虽然那种过渡（比如从一个方向到相反方向的过渡）经历了无限的中介（而这原本只有借助于延续性才是可能的），但它毕竟应当是在有限的时间里发生的，既然如此，在某一个瞬间传递给一个物体的运动也只能是诱导（Sollicitation），因为否则的话，有限的时间里面就会产生出一个无限的速度。所有这些独特的概念都仅仅是通过扬弃直观的原初范型化而必然得出的。至于一般意义上的运动，那么可以说，正因为必须设想一条线上的每两个点之间有无穷多的另外的点，而从反思的立场出发绝不可能把这些点建构出来，所以就连几何学也是提出对线的**要求**，也就是说，几何学要求每一个人通过生产性直观亲自制造出线，当然，假若单凭概念就能够让线产生出来，人们就肯定不会再去做那件事情了。

"时间是先验范型"，这个特性本身就表明，时间不是单纯的概念，既不是一个以经验的方式抽象出来的概念，也不是一个以先验的方式抽象出来的概念。因为一切仿佛能够抽象出时间的东西都已经以时间本身为前提和条件。假若时间是一种等同于知性概念的先验抽象，那么就像存在着许多实体一样，也必须存在着许多时间，但时间仅仅是**唯一的**；人们通常所说的"各种时间"，仅仅是绝对时间的各种限制。因此，单纯的概念既不能证明任何时间公理（比如两个时间不可能孤立存在或同时存在），也不能证明任何数学命题，因为数学完全是立足于时间形式。

现在，在推导出先验范型化之后，我们也有必要完整地剖析范畴的整个机制。

正如我们所知，那种为其余一切范畴奠定基础的最初范畴，唯一在生产活动中已经规定着客体的范畴，是关系范畴。它是直观的 III, 520 唯一范畴，因此，唯有它能够呈现出尚且结合在一起的外感官和内感官。

第一个关系范畴，实体和偶性，标示着内感官和外感官的第一个综合。但是，如果从实体或偶性的概念那里拿走先验范型化，就只剩下主词和谓词之类单纯的逻辑概念。反之，如果人们从二者那里拿走全部概念，就只剩下作为纯粹外延或空间的实体，和作为绝对界限或时间的偶性（在这里，时间**仅仅**是内感官，而且不依赖于空间）。只有当时间规定添加在逻辑主词和逻辑谓词这两个同样自在地无直观的概念身上，才可以解释二者如何分别成为实体和偶性。

但在关系范畴里，恰恰是通过第二个范畴，时间规定才添加进来。因为只有通过第二个范畴（我们已经推导出它是对于第一个关系范畴的直观），那种在第一个范畴里是内感官的东西，才对自我而言成为时间。因此，正如当时已经证明的，一般而言，第一个范畴只有通过第二个范畴才是可直观的；这里体现出来的根据就是，只有通过第二个范畴，先验范型化才添加到时间身上。

只有当实体被直观为时间里的常驻者，它才被直观到是实体，但是，除非那种迄今为止仅仅标示着绝对界限的时间是流逝的（向着唯一的维度延伸自身），否则实体不可能被直观到是实体，而这件事情恰恰只有通过因果关系的相继性才发生。反过来，只有在与时间里的某东西相对立的情况下，或者说只有在与空间里的常驻者相对立的情况下（因为那种在流逝中停顿的时间就是空间），才能够直观到时间里出现了一种相继性，而那个常驻者恰恰就是实体。就此而言，这两个范畴是互相贯通的，也就是说，它们只有在第三个范畴里才是可能的，而这就是交互作用。

III, 521

单是从这个推导里，就已经可以抽象出如下两个命题，它们可以解释其余的全部范畴的机制：

1）前两个关系范畴之间的对立，就是空间和时间之间的那个原

初对立;

2)在每一类范畴里,第二个范畴之所以是必然的,只不过是因为它把先验范型化添加到第一个范畴身上。

现在我们把它们应用于所谓的数学范畴(虽然它们还没有作为数学范畴而被推导出来),这不是为了预告某种尚未推导出来的东西,而是为了通过进一步的阐述澄清这两个命题。

我们已经指出,数学范畴不是直观范畴,因为它们仅仅产生于反思的立场。但是,恰恰伴随着反思,外感官和内感官之间的单一性被扬弃了,而在这种情况下,唯一的基本范畴(关系范畴)分裂为两个相互对立的范畴,其中前一个仅仅标示着客体那里属于外感官的东西,后一个仅仅表现出客体那里属于外在地直观到的内感官的东西。

现在,为了从单一性范畴(这是量的范畴里的第一个范畴)出发,我们从它那里拿走全部直观,于是只剩下逻辑上的单一性。如果要让这种单一性与直观相结合,就必须添加时间的规定。现在,与时间相结合的量是**数**。因此,只有通过第二个范畴或多样性(Vielheit)范畴,才添加了时间的规定。也就是说,只有当多数性(Mehrheit)被给予之后,我们才开始进行计数。只有一个东西的地方,我不会去计数。单一性只有通过多数性才成为数。(客体的多数性仅仅是由第二个关系范畴所规定的,而正是通过这个范畴,时间才在外在直观里首次在我面前产生出来,而这也表明,时间和多样性是形影不离的。哪怕是在表象的随意的相继性里,也只有当我一个接一个地把握客体,也就是说,只有当我仅仅一般地在时间里把握客体,客体的多数性才在我面前产生出来。在数的序列里,1

III, 522

只有通过多数性才成为单一性，亦即成为全部有限性的表现。这一点可以这样证明：如果1是一个有限的数，那么它必定有一个可能的分母，但1/1=1，因此，只有通过2、3等等，也就是说，只有通过一般意义上的多样性，1才是可分的；假若没有多样性，就只有1/0，即无限者。）

但是，正如单一性不能脱离多样性而被直观，多样性也不能脱离单一性而被直观，因为二者是互为前提的，也就是说，二者只有通过第三个共同的范畴才是可能的。

同一个机制也体现在质的范畴里。如果我从实在性那里拿走空间直观（这件事情是通过先验抽象而发生的），就只剩下"肯定"这一单纯的逻辑概念。而当我把这个概念与空间直观重新结合起来，在我面前就产生出空间的充实，但如果空间的充实不具有一个度数，亦即不具有时间里的一种量，就不可能被直观到。但是，只有通过第二个范畴（"否定"），度数或者说时间规定才添加进来。因此，第二个范畴在这里之所以是必然的，同样只不过是因为，唯有它才使第一个范畴成为可直观的，或者说是因为它把先验范型化添加到第一个范畴身上。

下面的说法或许更为清楚：当我把诸客体身上的实在东西看作不受限制的，它就将无限拓展自身，而由于我们已经证明，内涵与外延处于反比例关系，所以就只剩下一种完全缺失内涵的无限外延，亦即绝对空间。反之，如果人们把否定看作不受限制的东西，就只剩下一种没有外延的无限内涵，而这就是点或内感官（就它**仅仅**是内感官而言）。也就是说，当我从第一个范畴那里拿走第二个范畴，对我而言就只剩下绝对空间，反之当我从第二个范畴那里拿走第一个范畴，对我而言就只剩下绝对时间（亦即那种**仅仅**作为内感官的时间）。

对我们而言，原初直观里面产生出来的并不是单独分开的概念、空间和时间，毋宁说一切都是同时产生的。正如我们的客体（自我）无意识地就亲自把这三个规定结合为客体，我们在生产性直观的演绎里也遭遇了同样的情形。先验抽象的任务是去扬弃那个连接直观的第三者，因此通过先验抽象，对我们而言，无直观的概念和无概念的直观就只能作为直观的组成部分残留下来。从这个立场出发，"客体是如何可能的"这一问题只能这样表达，即我们在自身之内作为先天概念而发现的那些完全无直观的概念，为什么能够如此紧密地与直观相结合或过渡到直观，以至于和客体根本不可分离？现在，由于这个过渡只有通过时间的范型化才是可能的，所以我们推知，时间必定也已经包含在原初综合里面。这样一来，我们在前一个时期里遵循的建构秩序就完全改变了，但无论如何，唯有先验抽象能够让我们带着清晰的意识去剖析原初综合的机制。

IV.

我们此前要求，先验抽象是经验抽象的条件，而经验抽象又是判断的条件。因此任何一个判断，哪怕是最普通的判断，都已经以先验抽象为基础，而先验的抽象能力，或者说先天地构成概念的能力，和自我意识本身一样必然位于每一个理智之内。

但条件不会先于有条件者而进入意识，而且先验抽象在判断或者说经验抽象里消失不见了，而经验抽象及其结果是通过先验抽象而被同时提升到意识。

III, 524 　　因为我们已经知道，普通意识里面不会必然出现某种与先验抽象及其结果有关的东西，而且即便出现了某种与之有关的东西，这种东西也是纯粹偶然的，所以，关于先验抽象本身连同它的结果如何重新被设定在意识之内这件事情，我们预先就可以猜测到，这只有通过一个行动才是可能的，这个行动在与普通意识相关联的时候不可能仍然是必然的（因为否则的话，它的结果必定始终会在普通意识之内出现），因此它必定不是由理智之内的其他行动引发的（而是由理智之外的一个行动引发的），也就是说，它对于理智自身而言是一个绝对的行动。普通意识或许最终可以意识到经验抽象及其结果，因为先验抽象毕竟对此提供了保障，但是，或许正因为一切出现在经验意识里面的东西都是由先验抽象所设定的，所以先验抽象本身不再是必然的，它即便做到了上述情况，也只能以偶然的方式进入意识。

　　很显然，只有当自我也意识到先验抽象，它才能够对自身而言把自己绝对地提升于客体之上（通过经验抽象，自我只能够摆脱特定的客体），而且，只有当自我凌驾于一切客体之上，它才能够认识到自己是理智。这个行动作为一个绝对的抽象，正因为是绝对的，所以不能再用理智之内的其他行动加以解释，于是在这里，理论哲学的链条断裂了；从理论哲学的角度来看，只剩下一个绝对的要求，即理智之内**应当**出现一个绝对的行动，但恰恰在这种情况下，理论哲学逾越了自己的界限，进入实践哲学的领域，而实践哲学仅仅通过各种直言命令进行设定。

III, 525 　　至于这个行动是否可能以及如何可能，这个问题不再属于理论研究的层面，但理论研究还需要回答一个问题，也就是说，假设这样一个行动存在于理智之内，理智将如何看待自己，如何看待客体的世界呢? 毫无疑问, 通过这个行动, 对理智而言产生出来的, 恰恰就是通过先验抽象, 对我们而言已经被设定的东西, 因此, 当**我们哲学家**向着**实践**哲学前进, 就把我们的**客体**(自我)完全带到我们在过渡到实践哲学时离开的那个点。

理智通过一个绝对行动而把自己提升到全部客观东西之上。对于理智而言, 假若原初限制状态不再延续下去, 那么绝对行动里的一切客观东西都会消失, 但这个限制状态必须延续下去, 因为只要应当进行抽象, 那么抽象所依附的东西就不可能终止存在。现在, 理智在进行抽象活动时觉得自己是绝对自由的, 同时又觉得自己被那种仿佛是理智重负的原初限制状态拉回到直观, 就此而言, 它只有在这个行动里才对自身而言被限定为理智, 也就是说, 不像在感受里仅仅被限定为实在活动, 也不像在生产性直观里仅仅被限定为观念活动, 而是被同时限定为二者, 亦即成为客体。理智觉得自己是由生产性直观所限定的。但直观作为活动在意识里已经消失了, 只剩下产物。因此, 所谓理智认识到自己是由生产性直观所限定的, 意思无非是说, 它认识到自己是由客观世界所限定的。因此在这里, 客观世界和理智之间的对立第一次出现在意识自身之内, 正如我们是通过最初的哲学抽象而在意识之内发现这个对立。

理智可以把先验抽象固定下来, 而这件事情已经通过自由, 确切地说, 通过自由的一个特殊方向而发生。这也解释了, 为什么先天概念没有出现在每一个意识里, 以及为什么它们在一个意识里不是始终并且必然出现。它们可能出现, 但不是必须出现。

一切在直观的原初综合里统一起来的东西, 通过先验抽象而彼此分离, 因此, 始终是通过自由, 一切东西才在彼此分离的情况下成

III, 526

为理智的客体，比如那种与空间和客体分离的时间，那种作为"同时存在"的形式的空间，还有那些相互规定着彼此的空间位置的客体，都是如此。在这些情况下，理智在面对那些做出规定的客体时，觉得自己是完全自由的。

但一般而言，理智的反思有三个方向。首先，理智可以反思**客体**，于是对它而言就产生出我们已经推导出的直观范畴，亦即**关系**范畴。

其次，理智可以反思**它自己**。如果理智是同时进行反思和**直观**，那么对它而言就产生出**量**的范畴。量与时间结合就是数，但正因如此，数不是原初的东西。

如果理智是同时进行反思和**感受**，或者说，如果理智所反思的是那种让时间在其中得到充实的度数，对它而言就产生出**质**的范畴。

最后，就理智同时是观念活动和实在活动而言，它可以**同时**反思**客体和它自己**。如果理智同时反思客体和作为观念活动（自由活动）的它自己，对它而言就产生出可能性范畴。如果它同时反思客体和作为实在活动的它自己，对它而言就产生出现实性范畴。

即便在这里，也只有通过第二个范畴，时间的规定才添加到第一个范畴身上。因为，根据前一个时期推导出的结论，观念活动的限定状态仅仅在于，它认识到客体是**现在的**。因此，当一个客体在时间的一个**特定**瞬间被设定，它就是现实的，反之，当客体通过一个反思着实在活动的活动而被一般地设定在时间之内，仿佛被抛入其中，它就是可能的。

如果理智通过统一实在活动和观念活动而化解了它们的这个矛

盾, 对它而言就产生出**必然性**概念。那种在全部时间里都被设定的　III, 527
东西是必然的; 但全部时间是一般时间和特定时间综合, 也就是说,
那种被设定在全部时间之内的东西, 一方面和那种被设定在个别时
间之内的东西一样是已规定的, 另一方面又和那种被设定在一般时
间之内的东西一样是自由的。

这类范畴(样态范畴)的否定的对应情况, 和关系范畴那里的情
形是不同的, 因为它们实际上不是对应情况, 而是肯定性范畴的矛盾
对立面。它们也不是现实的范畴, 也就是说, 不是那种哪怕仅仅对于
反思而言规定着客体的概念, 正相反, 如果说这类范畴里面的肯定
性范畴对于反思而言是最高范畴, 或者说是所有别的范畴的总括,
那么那些否定的范畴就是范畴的整休的绝对对立面。

既然可能性、现实性和必然性的概念是通过一个最高的反思活
动产生出来的, 那么理论哲学的整个拱顶石也必定是借助于这些概
念才得以闭合。至于这些概念已经处于从理论哲学到实践哲学的过
渡中, 读者一方面已经可以预先看出这一点, 另一方面在我们建立实
践哲学本身的体系时, 还会对此有更为清楚的认识。

第三个时期的综述

为了完成整个理论哲学, 最后必须研究的无疑是先天概念和后
天概念之间的区别, 但是, 除非人们揭示出这些概念在理智自身之内
的起源, 否则那个区别是很难说清楚的。针对这个学说, 先验唯心论
的独特之处恰恰在于, 它还能够证实所谓的先天概念的起源。当然,
先验唯心论之所以能够做到这一点, 只不过是因为它身处一个凌驾
于普通意识之上的领域, 而不是像一种局限于普通意识的哲学那　III, 528

样,实际上只能把这些概念看作一种现成已有的、仿佛唾手可得的东西,而在这种情况下,这种哲学就纠缠于这些概念的捍卫者们一直以来遭遇到的那些不可解决的困难。

当我们把所谓的先天概念的源头放置于意识的彼岸(对我们而言,那里也是客观世界的源头),我们就以同一种明晰性和同样的理由宣称,我们的知识原本既是完全而彻底的经验知识,也是完全而彻底的先天知识。

之所以说我们的知识原本是经验知识,恰恰是因为对我们而言,概念和客体是合在一起同时产生出来的。因为,假若我们原本就具有一种先天认识,那么对我们而言,就必须首先产生出客体的概念,然后再按照这个概念产生出客体本身,唯其如此,一种对于先天客体的真正认识才是可能的。与此相反,所有那些根本不需要我的参与就产生出来的知识,比如我通过一个事先不可能知道结果的物理实验而获得的知识,都叫作经验知识。现在我们发现,一切关于客体的知识原本都是不依赖于我们,以至于只有当客体存在着,我们才能够勾勒出它的一个概念,而且除非又借助于一个完全非随意的直观,否则我们不可能传达这个概念。就此而言,全部知识原本都是纯粹的经验知识。

但是,正因为我们的整个知识原本是完全而彻底的经验知识,所以它是完全而彻底的先天知识。因为,假若知识不完全是我们的生产活动,那么,要么我们的整个知识是从外面被给予我们的(这是不可能的,因为这样一来,我们的知识里就不会有任何必然的和普遍有效的东西),要么别无他法,只能说某些知识是从外面被给予我们的,而另外一些知识则是来自于我们自身。就此而言,只有当我们的知识完全而彻底地来自于我们自身，也就是说，只有当它们是完全而彻底的先天知识，它们才是完全而彻底的经验知识。

也就是说，就自我从自身之内生产出一切东西而言，一切东西（不单指这个或那个概念，更不是单指思维的形式，而是指整个唯一的不可分的知识）都是先天的。

但是，只要我们尚未意识到这个生产活动，我们之内就没有任何东西是先天的，毋宁说一切东西都是后天的。如果我们要意识到我们的知识是一种先天知识，我们就必须意识到一个行动，即那个已经与产物分离的一般意义上的生产活动。但恰恰通过这个操作，按照此前推导出的方式，概念的一切质料因素（全部直观）都消失在我们眼前，只剩下纯粹的形式因素。这样看来，对我们而言确实存在着先天概念，而且是纯粹形式化的概念，但是，只有当我们进行概念把握，只有当我们按照那个特定的方式进行抽象，这些概念才存在着，因此它们离不开我们的参与，而是基于自由的一个特殊方向。

换言之，虽然存在着先天概念，却不存在什么**天赋的**（angeborene）概念。我们生而具有的，不是概念，而是我们固有的本性及其整个机制。这个本性是一个已规定的本性，并且按照特定的方式去行动，但完全是无意识的，因为它本身无非就是这个行动；这个行动的概念不在本性之内，因为否则的话，本性就必定原初地是某种不同于这个行动的东西，而且，即便概念进入本性，那也只有通过一个新的行动——这个新的行动把那个最初的行动当作自己的客体——才进入本性。

我们在自我的概念里所思考的是行动和存在的原初同一性，这种原初同一性不仅完全驳斥了那种主张天赋概念的观点（其实人们

III, 529

早就被迫放弃了这个观点，因为他们发现全部概念里面都有某种活动着的东西），而且完全驳斥了一种直到现在都经常被鼓吹的观点（即认为这些概念作为原初禀赋而存在着），因为这个观点的唯一依据就是把自我想象为一个特殊的、与它的行动区分开的基体。如果有人对我们说，他不能思考一个没有基体的行动，他就恰恰因此承认了，那个臆想出的思维基体本身是他的想象力的单纯产物，因此仅仅是他自己的思维，而且通过这个无限回溯的方式，他不得不假定这个思维是独立的。人们以为，从一个客体那里拿走它所具有的全部谓词之后，还会剩下某种东西（也不知道究竟是什么东西），但这只不过是想象力的一个幻觉罢了。比如，没有任何人会宣称物质具有不可入性，因为不可入性就是物质本身。那么，既然概念就是理智本身，又何必再谈论理智所具有的概念呢？——亚里士多德主义者曾经把灵魂比拟为一块白板，仿佛外物的各种特征是后来才铭刻上去的。但是，即便灵魂不是一块白板，也并不因此仅仅是一块经过描画的板子。

III, 530

如果先天概念是我们的内在禀赋，我们就另外具有一种外在的激励，以发展这些禀赋。理智是一种静止的能力，外在事物仿佛是作为活动的激发原因或作为刺激作用于它。但理智不是一种随后进入活动状态的静止能力，否则的话，它就必定是某种不同于活动的东西，必定是一个与产物结合在一起的活动，大概就像有机体那样是理智的一个已经提升到更高潜能阶次的直观。同样，只要人们从那个未知的东西（它是激励的源头）那里拿走全部先天概念，也不会剩下任何客观的谓词，因此人们必须把那个x设定在理智之内，就像马勒布朗士那样让我们在上帝之内观看一切东西，或者像机智的贝克莱那样把光称作灵魂与上帝的对话，但他们的这些想法对于一个根本不理解它们的时代而言是不值一驳的。

因此，如果人们把先天概念理解为自我的某种原初禀赋，他们就有理由坚持一个思想，即认为全部概念都是通过外来的印象而产生出来的，而这并不是因为这样就可以思考某种合情合理的东西，而是因为这样一来，至少我们的知识包含着统一性和整全性。—— III, 531
这个观点的主要捍卫者洛克拒斥天赋概念之类脑中幻象（他认为莱布尼茨就是主张这些东西，实则莱布尼茨根本没有这个想法），却没有注意到，无论是说观念原本就铭刻在灵魂里，还是说观念是通过客体才铭刻在灵魂里，都同样是不可理喻的。而且洛克压根就没有想到一个问题，即在这个意义上，是否只有天赋观念才不存在，毋宁说，如果观念是灵魂获得的一个印象（且不管这个印象来自何处），那么在这个意义上，是否全部观念都不存在。

所有这些困惑可以通过一个命题而加以消除，即我们的知识在原初的意义上既不是先天知识，也不是后天知识，因为这整个区别只有针对一种哲学意识而言才被制造出来。也就是说，知识在原初的意义上，亦即对于哲学的**客体**（**自我**）而言，既不是先天知识，也不是后天知识，而基于同样的理由，它也不可能部分地是先天知识，部分地是后天知识，而这样的论断实际上将导致先天知识不可能具有任何真实性或客观性。也就是说，这样的论断不仅完全推翻了表象和对象的同一性（因为结果和原因绝不可能是同一的），而且它必须要么主张，事物仿佛作为一种无形态的质料迁就于我们之内的那些原初形式，要么反过来主张，那些形式是以客体为准绳，并因此失去自己的全部必然性。按照第三个可能的前提，客观世界和理智仿佛代表着两个彼此不认识和彼此完全封闭的座钟，而当每一方按照自己的正常进程去运转，它们就恰恰做到了彼此一致；这个论断所说的全都是多余的废话，而且违背了全部解释所依据的那个根本原则——能用一个东西去解释的，就不要用多个东西去解释——，因此它完全忽略了，那个完全位于理智的表象之外的客观世界正因为是概念的表现，所以终究只能通过理智并且为了理智而存在着。

第四章
基于先验唯心论原理的实践哲学体系

在我们看来，有必要预先提醒读者，我们在这里打算提出的，不是一种道德哲学，而是全部道德概念的可思考性和可解释性的先验演绎；也就是说，我们所研究的是道德哲学里面属于先验哲学的东西，而且我们将以极为概括的方式阐述这个研究，亦即把整体归结为少数几个基本定理和问题，然后让读者自己把它们应用于具体问题，而通过这个方式，读者不仅能够非常容易就知道自己是否理解了先验唯心论，而且能够非常容易就知道——这是关键事务——自己是否学会了把这种哲学当作研究工具而加以使用。

第一定理：绝对的抽象，亦即意识的开端，只有通过理智的一种自身规定或理智对自身采取的一个行动才是可解释的。

证明：我们假定大家已经知道，"绝对抽象"是什么意思。它是这样一个行动，理智凭借它把自己绝对地提升到客观东西之上。这个行动既然是一个绝对的行动，就不可能以任何一个先行的行动为条件，就此而言，它仿佛打破了前后相继的行动必然所属的那个联系，并且开启了一个新的序列。

所谓一个行动不是派生于理智的一个先行的行动，意思是，它作为这个特定的行动，作为一个具有特定方式的行动，不能通过理智而得到解释，而由于一般而言它必须得到解释，所以它只能通过理智自身之内的绝对者，通过理智之内的全部行动的最终本原，得到解释。

由于理智之内的终极因素无非是理智的原初二重性，因此所谓一个行动只能通过理智自身之内的终极因素得到解释，意思必定就是，理智必须把自己规定为这个行动。也就是说，这个行动确实是可以解释的，但不是通过理智的已规定的**存在**，而是通过一种直接的自身规定得到解释。

但理智借以自己规定自己的行动，是理智对自身采取的一个行动。因此绝对抽象只有通过理智对自身采取的这样一个行动才能够得到解释，而由于绝对抽象是全部意识在时间里的开端，所以意识的最初开端同样只有通过这样一个需要被证明的行动才能够得到解释。

绎理

1）理智的那种自身规定叫作"**意愿**"（Wollen，就这个词语的最宽泛的意思而言）。每一个人都可以通过内在直观亲自证明，一切意愿都包含着一种自身规定，至少意愿会显现为一种自身规定；至于这个现象究竟是真实的还是虚幻的，在这里与我们无关。而且这里所谈论的，不是一个已规定的、已经包含着客体的概念的意愿，而是一种先验的自身规定或原初的自由活动。但对于一个没有亲自通过直观而知道那种自身规定是什么的人，我们也没有办法给他解释这个东西。

2）如果那种自身规定是原初意愿，就可以由此推出，理智只有 III, 534
以意愿为媒介才成为自己的客体。

因此，意志活动完满地解答了"理智如何认识到自己是直观者"
这一问题。理论哲学是通过三个主要活动而完成的。在第一个活动
（即自我意识的那个尚且无意识的活动）里，自我已经是主体-客
体，但对此一无所知。在第二个活动（即感受活动里），只有自我的
客观活动成为自我的客体。在第三个活动（即生产性直观的活动）
里，自我作为感受者，亦即作为主体，成为自己的客体。只要自我仅
仅进行生产活动，它就绝不会成为客观的自我（因为进行直观的自
我始终指向某种不同于它自己的东西），而且，当一切东西对它而言
都是客观的，它自己就不会成为客观；正因如此，哪怕经历了生产
活动的整个时期，我们也不能做到让生产者或直观者作为这样的东
西成为自己的客体；只有生产性直观（比如通过有机体）才能够提升
到更高的潜能阶次，但自我的自身直观却做不到这一点。只有在意愿
里，这个自身直观才提升到一个更高的潜能阶次，因为通过意愿，自
我作为它所是的**整体**（亦即同时作为主体和客体），或者说作为生产
者，才成为自己的客体。这个生产者仿佛摆脱了单纯的观念自我，而
且从现在起再也不能够成为观念的东西，相反对自我自身而言是一
个永恒而绝对的客观东西。

3）由于自我是通过自身规定的活动才**作为**自我成为自己的客
体，所以现在的问题是，这个活动与自我意识的那个原初活动究竟
是什么关系，因为后者同样是一种自身规定，但并没有导致自我作为
自我而成为自己的客体。

通过迄今所述，我们已经获得了二者的一个区分标志。在那个

最初的活动里,只有规定者和被规定者之间的单纯对立,而这个对立又等同于直观者和被直观者之间的对立。当前的活动里不再有这个单纯的对立,毋宁说,规定者和被规定者**共同地**与一个直观者相对立,而最初那个活动里的直观者**和**被直观者在这里合在一起成为**被直观者**。

III, 535

这个区别的根据是如下情况。在那个最初的活动里,一般意义上的自我正在**生成**,因为自我无非是一个正在成为自己的客体的自我;也就是说,那时的自我之内尚且没有一个同时能够反思正在产生的东西的观念活动。在当前的活动里,自我已经**存在着**,而我们所谈论的仅仅是,它作为已经存在着的东西成为自己的客体。因此,虽然这第二个自身规定活动客观地看来和第一个原初的自身规定活动实际上完全是同一个东西,但区别在于,在当前的活动里,整个第一个活动成为自我的客体,反之在第一个活动里,只有其中的客观东西成为自我的客体。

这里无疑也是最合适的地方,去讨论那个反复被提出的问题,即理论哲学和实践哲学是通过什么共同的本原而联系在一起。

先验唯心论是自律(Autonomie)的实现,而自律通常仅仅被置于实践哲学的顶端,并且被拓展为整个哲学的本原。原初的自律和实践哲学所讨论的那种自律之间的区别仅仅在于,借助于前者,自我虽然绝对地自己规定着自己,但自己却不知道这一点,与此同时,自我在同一个行动里既为自己立法,也实现了法则,正因如此,它也没有把自己作为立法者区分开,而是仅仅在它的产物里,就像在一面镜子里一样,看到各种法则;反之,实践哲学里的自我作为观念自我并不是与实在自我相对立,而是与那个同时与观念自我和实在自我的东西相对立，正因如此，它不再是观念自我，而是**理想化的**（idealisierend）自我。但是，既然理想化的自我与一个同时是观念自我和实在自我的东西（亦即进行生产的自我）相对立，那么基于同样的理由，实践哲学里进行生产的自我也不再是直观者，亦即不再是**无意识的**自我，而是有意识的生产者，亦即一个**实在化的**（realisierend）自我。

　　就此而言，实践哲学完全是立足于理想化的（筹划理想的）自我和实在化的自我的二重性。诚然，实在化也是一个生产活动，因此和理论哲学里的直观活动是同一回事，只不过区别在于，实践哲学里的自我是有意识地进行生产。反过来看，理论哲学里的自我也是理想化的自我，只不过在这里，概念和活动，筹划和实在化是同一回事。　　III, 536

　　从理论哲学和实践哲学之间的这个对立可以立即引申出许多重要的结论，在这里我们仅仅提出其中最主要的那些结论。

　　a. 在理论哲学里，亦即在意识的彼岸，客体对我而言是怎样产生出来的，它在实践哲学里，亦即在意识的此岸，对我而言就是怎样产生出来的。直观活动和自由活动之间的区别仅仅在于，在后者那里，自我知道自己在进行生产。如果**直观者**总是仅仅把自我当作客体，那么它就是**单纯观念的**，而**被直观者**则是**整个**自我，亦即同时是观念自我和实在自我。当我们自由地去行动时，那在我们之内采取行动的，和那在我们之内进行直观的，是同一个东西，换句话说，直观活动和实践活动是同一个活动。这是先验唯心论最值得注意的成果，无论对于直观活动的本性还是对于行动的本性都提供了极大的启发。

　　b. 按照此前的要求，自身规定作为一个绝对的活动应当解释理智如何认识到自己是直观者。根据我们在这件事情上反复获得的经验，当我们看到，通过这个活动产生出某种完全不同于我们的预期的东西，这是不足为奇的。我们经过整个理论哲学看到的是，理智力图意识到自己的行动本身，却不断遭到失败。实践哲学里也是同样的情形。但正是由于这种失败，正是由于理智在直观到自己是生产者时发现完整的意识产生出来，世界对它而言才是真正客观的。

III, 537

因为，正是由于理智直观到自己是生产者，单纯的观念自我才与那个同时是观念自我和实在自我的东西分离，因此后者现在是完全客观的，并且不依赖于单纯的观念自我。在同一个直观里，理智一方面成为有意识的生产者，另一方面又应当意识到自己是无意识的生产者。但这是不可能的，唯其如此，世界在理智看来才是真正客观的，也就是说，无需理智的干预就存在着。理智现在不会停止生产，但它是有意识地进行生产，因此这里开启了一个全新的世界，一个从这个点出发走向无限的世界。第一个世界（如果允许我们这样表述的话），亦即那个通过无意识的生产活动而产生出来的世界，现在仿佛和它的源头一起退居意识的背后。因此，理智绝不可能直接看出第一个世界是由它自己生产出来的，就像它有意识地制造出第二个世界那样。正如从自我意识的原初活动里发展出一个完整的自然界，从第二个活动，或者说从自由的自身规定活动里，也将显露出第二个自然界，而接下来的整个研究课题就是把这个自然界推导出来。

迄今为止，我们仅仅反思了自身规定的活动和自我意识的原初活动的同一性，并且仅仅反思了二者的一个区分标志，即前者是有意识的，后者是无意识的。但除此之外还有一件极为重要的、必须进一步加以关注的事情，即自我意识的那个原初活动是位于**全部时间**

之外，反之自身规定的活动（它不是构成意识的先验开端，而是构成意识的经验开端）却是必然处于意识的一个特定瞬间。

对于理智而言，它的每一个行动都处于时间的一个特定瞬间，而按照思维的原初机制，这些行动必须得到解释。但同时不可否认的是，这里谈论的自身规定的行动不可能通过理智之内的一个先 **III, 538** 行的行动得到解释；因为此前我们认为，自身规定虽然在**观念的意义上**是**解释的根据**，但在**实在的意义上**却不是如此，或者说并不是必然起源于一个先行的行动。——顺带需要提醒的是，总的说来，我们看到在理智的生产活动中，每一个后续的行动都是以先行的行动为条件，但只要我们离开那个层面，秩序就完全颠倒过来，也就是说，我们必须从有条件者推及条件，因此最终不可避免会遭遇某种无条件的，亦即不可解释的东西。但按照理智固有的思维法则，这种东西不可能存在，而是和那个行动一样，处于时间的一个特定瞬间。

矛盾在于，自身规定的行动既应当得到解释，同时又不应当得到解释。我们必须为这个矛盾找到一个中介概念，一个迄今为止在我们的整个知识层面里从未出现在我们眼前的概念。在解决这个问题时，我们也遵循着解决其他问题的方法，也就是说，我们愈来愈细致地规定任务，直到只剩下唯一可能的解决办法。

所谓理智的一个行动不能得到解释，意思是，这个行动不能通过一个先行的行动得到解释，又因为现在我们除了生产活动之外不知道别的行动，所以那句话的意思是，这个行动不能通过理智的一个先行的生产活动得到解释。"行动不能通过一个生产活动得到解释"这个命题并不意味着行动是绝对不能解释的。但是，由于一般而言存在于理智之内的无非是它生产出来的东西, 所以那个 "某东西" 如果不是一个生产活动, 就不可能存在于理智之内; 但它必须存在于理智**之内**, 因为它应当解释理智之内的一个行动。也就是说, 行动应当通过 "某东西" 得到解释, 这个东西既是理智的生产活动, 又不是理智的生产活动。

　　这个矛盾只能按照以下方式加以调解: 首先, 那个包含着自由的自身规定的根据的 "某东西", 必定是理智的一个生产活动, 其次, 这个生产活动的否定条件必定位于理智**之外**; 前者是因为, 没有什么东西不是通过理智自己的行动才进入理智, 后者是因为, 自在且自为的理智本身不可能解释那个行动。反过来, 理智**之外**的这个 "某东西" 的否定条件必定是理智自身之内的一个规定, 而且无疑是一个否定的规定, 又因为理智仅仅是一个行动, 所以那个否定条件必定是理智的一个非行动（Nichthandeln）。

　　如果那个 "某东西" 是以理智的一个非行动（确切地说, 一个特定的非行动）为条件, 那么它就是一个能够通过理智的行动而被排除, 并且变得不可能的东西, 因此本身是一个行动, 而且是一个特定的行动。也就是说, 理智应当直观到一个行动是随后出现的, 并且借助于自身之内的一个生产活动, 像直观所有别的东西那样直观这个行动, 因此, 不应当有什么东西直接作用于理智, 理智的直观活动的肯定条件也不应当位于理智之外, 而且理智应当一如既往地被完全封闭在自身之内; 反过来, 理智也不应当是那个行动的原因, 而是只应当包含着行动的否定条件, 因此那个行动应当在完全不依赖于理智的情况下随后出现。一言以蔽之, 那个行动不应当是理智之内的一个生产活动的直接根据, 反过来, 理智也不应当是那个行动的直

III, 539

接根据。尽管如此，理智之内的这样一个行动（一个不依赖于它的行动）的**表象**和理智之外的**行动本身**应当共存，仿佛一方是由另一方所规定的。

这样的关系只有通过一种前定和谐才是可设想的。理智之外的那个行动完全依据自身而随后出现，理智仅仅包含着这个行动的否定条件，也就是说，虽然理智的特定方式的行动并不会导致那个行动随后出现，但通过自己的单纯非行动，理智同样不会成为那个行动的直接根据或肯定根据。换言之，如果不是理智之外还有某东西包含着那个行动的根据，那么仅凭理智的非行动，也仍然不能让那个行动随后出现。反过来，那个行动的表象或概念完全是从理智自身之外进入理智，但又不可能存在于理智之内，除非那个行动并不是真的独立于理智而随后出现的，因此这个行动仍然只是理智之内的一个表象的间接根据。这种间接的交互作用就是我们所理解的前定和谐。

III, 540

但只有在那些具有同等实在性的主体之间，才可以设想这种间接的交互作用，因此那个行动必定是来自于一个和理智自身具有完全同等的实在性的主体，也就是说，必定是来自于理智之外的一个理智，而这样一来，我们就通过以上指出的矛盾得到一个新的定理。

第二定理：自身规定的活动，或者说理智对自己采取的自由行动，只有通过理智之外的一个理智的特定行动才能够得到解释。

证明：这个定理已经包含在以上所述的演绎里，并且仅仅立足于这样两个命题，即自身规定必须通过理智的一个生产活动得到解释，同时又不能通过理智的一个生产活动得到解释。因此，我们不再重复进行证明,而是立即过渡到我们看到的从这个定理及其已做出的证明里暴露出来的那些问题。

第一,我们确实看到,我们之外的一个理智的特定的行动必然是自身规定活动的条件,从而也是意识的条件,但我们却看不出,我们之外的这样一个行动**如何**并且**以何种方式**只能是我们之内的一种自由的自身规定的间接根据。

第二,我们看不出,一般而言理智如何可能承受一种外来的作用,因此也看不出,另一个理智如何可能作用于这个理智。诚然,当我们把理智之外的一个行动仅仅当作理智之内的一个行动的间接根据演绎出来,就已经遭遇到这个困难,但我们究竟应当怎样设想各个理智之间的那个间接关系或这样一种前定和谐呢?

III, 541　第三,假若可以这样解释这种前定和谐,即我之内的一个特定的非行动必然为我设定了我之外的一个理智的特定行动,那么就可以期待,后一个行动既然是与一个偶然的条件(我的非行动)联系在一起,就是一个自由的行动,而我的这个非行动因此也将是一个自由的行动。但我的非行动应当是一个行动的条件,唯其如此,意识和与之相伴的自由对我而言才产生出来;那么,如何设想自由之前的一个自由的非行动呢?

这三个问题必须首先得到解决,然后我们才能够推进我们的研究。

第一个问题的解决:通过自身规定活动,我应当作为**自我**,也就是说,作为主体-客体,对我自己而言产生出来。其次,那个活动应当是一个自由的活动;我自己规定自己,这件事情的根据应当仅仅并且完全位于我自身之内。如果那个行动是一个自由的行动,那么通过这个行动产生出来的东西必须是我所**意愿**的，而且它必须只有在我意愿它的情况下才为我产生出来。然而通过这个行动而为我产生出来的东西，是意愿本身（因为自我是一个原初的意愿）。因此，我在能够自由地采取行动之前，必须已经对意愿有所意愿，尽管意愿的概念和自我的概念只有通过那个行动才为我产生出来。

只有当意愿之前的一个意愿成为我的客体，才能够打破这个明显的怪圈。但我自己不可能做到这一点，因此通过一个理智的行动而为我产生出来的，必定是意愿的那个概念。

也就是说，理智之外的这样一个行动只能成为理智的自身规定的间接根据，而意愿的概念就是通过这个行动而为理智产生出来的。现在，我们的任务变成去解释，意愿的概念究竟是通过哪一个行动而为理智产生出来。

意愿不可能是这样一个行动，仿佛可以为理智产生出一个现实客体的概念，因为这样一来，理智就会回到它本来应当离开的地方。因此意愿必定是一个可能的客体的概念，亦即一个虽然现在不存 III, 542 在，但在随后的环节能够存在的东西的概念。但即便如此，意愿的概念仍然没有产生出来。意愿必定是一个客体的概念，但只有当理智将这个客体实在化①，后者才能够存在。只有通过这样一个客体的概念，那在意愿之内分离开的东西才能够在自我之内对自我自身而言也分离开；因为，当一个客体的概念在自我面前产生出来时，自我仅仅是观念自我，而当这个概念作为一个需要通过自我的行动才

---

① 此处及随后的"实在化"（realisieren）同时有"实现"的意思，以下不再另作说明。——译者注

实在化的客体的概念在自我面前产生出来时，自我就发现自己同时是观念自我和实在自我。因此，通过这个概念，自我至少**能够**作为理智而成为自己的客体。但自我也只能如此。自我如果真的觉得自己是如此，就必须把当前的环节（观念的限定状态）和随后的环节（生产活动）对立起来，同时让二者相互关联。自我之所以不得不这样做，仅仅是因为，那个行动是一个要求，即应当将客体实在化。只有通过"应当"（Sollen）概念，才生产出观念自我和生产性自我之间的对立。至于那个把所要求的东西实在化的行动是否真的成功，这是不确定的，因为给定的行动条件（意愿的概念）是这个行动作为一个**自由**行动的条件，但条件不可能与有条件的东西相矛盾，以至于只要设定了条件，就必然有一个行动。意愿本身始终是自由的，而且只要它一直是意愿，就必须始终是自由的。只不过意愿的可能性的条件必须在自我之内，在自我没有参与的情况下，被制造出来。这样我们就看到，"理智的同一个行动既应当得到解释，也不应当得到解释"这一矛盾同时也被完整地解决了。这个矛盾的中介概念是"要求"（Forderung）概念，因为它可以**解释**为什么一个行动**应当出现**，却**未必**因此就出现。只要给自我产生出意愿的概念，或者说，只要自我反思自身，在另一个理智的镜像中看到自己，就可能出现一个行动，但这个行动未必就会出现。

III, 543 　　我们不能马上就去讨论解决这个问题之后得出的其他绎理，因为我们首先必须回答这样一个问题：自我之外的一个理智如何能够向自我提出那个要求？而用更宽泛的表述来说，这个问题等于追问：一般而言理智如何能够相互影响？

　　第二个问题的解决：我们首先在极为宽泛的意义上考察这个问

题,不去涉及当前面临的特殊情况,因为相关研究本身很容易应用于各种特殊情况。

基于先验唯心论的本原,各个理智之间不可能有一种直接的影响,这一点是不需要证明的,而且任何别的哲学也不可能解释清楚这种影响。正因如此,我们只能假设各个理智之间有一种间接的影响,而这里讨论的仅仅是这种间接影响的可能性的条件。

首先,在那些应当通过自由而相互影响的理智之间,就它们所表象的共同世界而言,必定有一种前定和谐。因为,既然全部规定性都只有通过理智的表象的规定性才进入理智,所以,假若这些理智直观到的是完全各不相同的世界,那么它们相互之间绝不可能有任何共同之处,也不可能在一个接触点那里汇合。由于我完全是从我自己得出理智的概念,所以当我承认一个理智是理智时,它必定和我处于同样的世界观条件之下,又因为它和我之间的区别仅仅是由双方的个体性造成的,所以如果我拿走这种个体性的规定性,剩下来的必定是我俩共同具有的东西,也就是说,就第一个和第二个限制状态而言,甚至就第三个限制状态而言(撇开其规定性不论),我们必定是彼此等同的。

但是,如果理智是从自身制造出全部客观东西,而且表象不具有我们在自身之外直观到的一个共同原型,那么无论是就客观世界的整体而言,还是就同一个空间和同一个时间里的个别事物和个别变化而言,都完全只能通过我们的共同本性(或者说通过我们的原初限制状态和我们的派生限制状态的同一性)去解释各个理智的表象的一致性,而唯有这种一致性才迫使我们承认我们的表象具有客观真理。正如对于个别理智而言,一切可能进入它们的表象层面的

III, 544

东西都是由原初限制状态所预先规定的，同样，各个理智的表象里的彻底的一致性也是由那个限制状态的统一性所预先规定的。这个共同的直观是一个基础，就好像是理智之间的全部交互作用赖以发生的场地，正因如此，只要这些理智发现自己在那些不是直接由直观所规定的东西上面陷入混乱，就不断地回归这个基体。——只不过，这里的解释不应当毫无节制，竟至于提出一个绝对本原，仿佛这个东西作为理智的共同焦点，或者说作为理智的创造者和始终如一的安排者（这些概念对于我们而言是完全不可理喻的）包含着理智在客观表象里的一致性的共同根据。毋宁说，正如个别理智具有它的所有那些已经由我们推导出的意识规定，同样确定的是，其他理智也具有同样的规定，因为这些规定是个别理智的意识的条件，反之亦然。

各个理智只能共同具有第一个和第二个限制状态，然后仅仅全然具有第三个限制状态；因为恰恰凭借第三个限制状态，理智才是一个特定的个体。因此看来，正是通过第三个限制状态（就它是一个特定的限制状态而言），理智之间的全部共性被扬弃了。但是，如果我们仅仅把个体性的这个限制状态看作前面两个限制状态的对立面，那么前定和谐恰恰又是以它为条件。因为，如果说通过前面两个限制状态，理智的客观表象之间设定了某种共同的东西，那么反过来看，凭借第三个限制状态，就在每一个个体之内设定了某种被所有别的理智所否定的东西，正因如此，其他理智不可能把这种东西直观为它们自己的行动，而是只能直观为不属于它们的行动，也就是说，直观为它们之外的一个理智的行动。

因此我们主张：直接通过每一个理智的个体限制状态，直接通

III, 545

过每一个理智之内的对于活动的否定，这个活动对它而言就被设定为它之外的一个理智的活动，而这种情况是一种**否定意义上的**前定和谐。

为了证明这种前定和谐，必须首先证明如下两个命题：

1）我之所以必须把那个不是**我的**（meine）活动的东西直观为我之外的一个理智的活动，仅仅是因为，它不是一个**属于我的**（meinige）活动，而且我不需要一个外来的对我的直接影响；

2）通过设定我的个体性不需要其他外来的限制状态，就直接在我之内设定了对于活动的否定。

关于第一个命题，需要指出的是，这里讨论的仅仅是有意识的或自由的行动；现在，正如此前已经一般地加以证明的，自由的理智确实受到客观世界的限制，但理智在这个限制状态的内部又是不受限制的，因此它的活动能够指向任意一个客体；现在，假设理智开始采取行动，那么它的活动必定会指向一个特定的客体，从而放过了所有别的客体，仿佛对它们无动于衷：在这种情况下，除非理智根本不可能指向其余的客体，否则我们就不能理解，它的原本完全无规定的活动如何以这个方式受到限制，而就我们目前看到的而言，这只有通过理智之外的理智才是可能的。因此，自我意识有一个条件，即一般而言（因为迄今为止的研究仍然是非常笼统的），我直观到我之外的理智的一个行动，而这又是因为，自我意识以我的活动指向一个特定的客体为条件。但我的活动的这个指向恰恰是一个已经由我的个体性的综合所设定和预先规定的东西。也就是说，通过同一个综合，不但我直观到自己在我的自由行动中受到限制，其他理智及其特定的行动也对我而言被设定，而这并不需要这些理智对我还有什么特殊的影响。

为了首先通过一些例子来进一步澄清这个解答本身，我们不想指出这个解答在个别事例上的应用，也不打算理睬我们可以预见到的一些反对意见。

以下就是我们的澄清。——在理智的原初冲动里，也包含着对于知识的冲动，而知识是理智的活动所能指向的诸多客体之一。假设事情就是如此（如果活动的直接客体全都已经被预先占有，事情当然只能是如此），那么理智的活动恰恰就已经因此受到限制；但那个客体本身是无限的，因此理智的活动在这里必须再次受到限制：也就是说，假设理智让自己的活动指向知识的一个特定的客体，那么理智就要么是发明，要么是学会关于这个客体的科学，而这意味着，理智是通过外来的影响才掌握这个类型的知识。但这个外来的影响是通过什么东西而被设定的呢？仅仅通过理智自身之内的一个否定；因为，要么理智由于它的个体的限制状态而根本没有能力去发明，要么这个发明已经被做出，而这仍然是通过理智的个体性的综合被设定的，而且这个综合也决定了理智只有在这个特定的时代才开始存在。简言之，理智只有通过对它自己的活动的否定才全然委身于外来的影响，并且仿佛为之开启自身。

但这里产生出一个新的问题，而且是这个研究里面最重要的问题：通过单纯的否定，如何能够设定某种肯定的东西，以至于我必须把那个不是我的活动的东西——仅仅因为它不是属于我的活动——直观为我之外的一个理智的活动？对此的答复是：为了一般地有所意愿，我必须意愿某个特定的东西，但是，假若我能够意愿一切东西，我就绝不可能意愿某个特定的东西，也就是说，必定有一种非随

III, 547

意的直观让我不可能意愿一切东西，而这是不可设想的，除非是通过我的个体性，或者说通过我的自身直观（就其是一个完全特定的直观而言），已经为我的自由活动设定了分界点，而这些分界点不可能是缺乏自主性的客体，毋宁只能是另外一些自由的活动，也就是说，只能是我之外的理智的行动。

因此，如果这个问题的**意思**是，为什么一切不是通过我而发生的东西终究必定会发生（我们的主张确实就是这个意思，因为我们通过否定一个理智之内的特定活动，就直接以肯定的方式把这个活动设定在另一个理智之内），那么我们的答复是：因为可能性的王国是无限的，所以一切在特定的条件下仅仅通过自由才可能的东西，必定也是**现实的**，哪怕只有一个理智应当在其自由的行动中以实在的方式受到限制，确切地说，**现实地**受到它之外的理智的限制，以至于只给它留下一个特定的客体，它也会让自己的活动指向这个客体。

如果有人针对一些毫无目的的行动提出反对意见，我们就会这样答复：这些行动根本不属于自由的行动，因此也不属于那些就其可能性而言已经给道德世界预先规定了的行动，毋宁说，它们是一些单纯的自然后果，或者说是一些现象，这些现象和所有别的现象一样，已经是由绝对的综合所预先规定的。

或许还有人希望以如下方式进行论辩：姑且承认，"我直观到这个行动是另一个理智的行动"这件事情已经是由我的个体性的综合所规定的，即便如此，这仍然没有规定恰恰是**这个**个体应当实施这个行动。对此我们可以反问道：这个个体除了是这个仅仅以这个方式去行动的个体之外，还会是别的什么东西吗？或者说，你为这个个体总结出来的概念如果不是取材于它的行动方式，还能取材于别的什 III, 548

么东西吗？诚然，对你而言，你的个体性的综合仅仅规定了，一般而言是另一个人实施了这个特定的行动；但恰恰是因为这个特定的人实施了这个行动，他才成为你想象中的另一个人。也就是说，你把这个活动直观为这个特定的个体的活动，这不是由你的个体性所规定的，而是由他的个体性所规定的，虽然你可以仅仅在他的自由的自身规定里寻找这件事情的根据，但这样一来，你必定会觉得这是一件绝对偶然的事情，即恰恰是这个个体实施了那个行动。

也就是说，那种到目前为止推导出来的，并且无疑已经得到澄清的和谐在于，通过设定我之内的一种被动性（这种被动性是自由的必要条件，因为我只有通过一种特定的外来刺激才能够达到自由），就直接把我之外的主动性设定为一个与我自己的直观必然相关联的东西。就此而言，这个理论是常规理论的颠倒，正如先验唯心论在总体上是通过彻底扭转迄今的各种哲学解释方式而产生出来的。在普通人看来，是我之外的主动性设定了我之内的被动性，因此前者是原初的东西，后者是派生的东西。而按照我们的理论，那种直接由我的个体性所设定的被动性是我在我之外直观到的主动性的条件。人们不妨设想，有一定数量的主动性仿佛弥漫在理性存在者的整体之上；其中每一个理性存在者都具有同等的权利去占有整体，但为了一般地成为主动的，它必须以特定的方式活动着；假若它能够独自占有全部主动性，那么对于除了它之外的所有理性存在者而言，就只剩下绝对的被动性。因此，通过一个理性存在者之内的主动性，就直接地，亦即不是仅仅在思想里，而且也在直观里（因III, 549　为一切作为意识的条件的东西都必须外在地被直观），设定了它之外的主动性，而且它之内被扬弃了多少主动性，它之外就被设定了多少主动性。

我们回到前面尚未予以答复的第二个问题，也就是说，究竟在何种意义上，通过设定个体性，就必然直接地也设定了活动的一个否定？这个问题在很大程度上已经通过迄今所述得到答复。

个体性不仅包含着一个特定时间里的存在和那些为了受到限制而由有机体的存在所设定的东西，而且包含着那些由行动本身所设定的东西，而个体性在去行动时，就重新限制自己，以至于人们在某种意义上可以说，个体的行动愈多，其自由就愈少。

但是，哪怕仅仅为了能够开始去行动，我也必须已经受到限制。此前我们的解释是，我的自由活动之所以仅仅指向一个特定的客体，是因为别的理智已经让我不可能意愿一切东西。然而通过许多理智，我并非不可能意愿许多东西；因此，当我在许多客体B, C, D里面恰恰选择了C，这个选择的最终根据必定仅仅位于我自身之内。但这个根据不可能位于我的自由之内，因为只有当我的自由活动被限制在一个特定的客体上面，我才意识到我自己，从而成为自由的，既然如此，在我成为自由的之前，亦即意识到自由之前，我的自由必定已经受到限制，而在我成为自由的之前，某些自由的行动对我而言必定是不可能的。比如人们所说的天分（Talent）或天才（Genie）就属于这种情况，不仅艺术或科学领域的天才是如此，行动领域的天才也是如此。有些话虽然听起来很残忍，但并不因此就缺失丝毫真实性，这就是：正如绝大多数人原初地就不擅长精神的那些最高功能，同样绝大多数人根本做不到自由地行动，把精神本身提升到法则之上，因为这些只能是少数天选之子的专利。甚至可以说，由于一种未知的必然性，**自由的**行动原初地已经是不可能的，而正是这种情况迫使人们一会儿称颂自然界的恩赐，一会儿又控诉自然界的嫉恨和命运的灾厄。

现在，整个研究的结果可以用最简明的方式总结如下：

为了达到我的自由活动的原初的自身直观，这个自由的活动只能以量的方式，也就是说，在受到某些限制的情况下，被设定。因为活动是一个自由的和有意识的活动，所以这些限制只有通过我之外的理智才是可能的，以至于我只能把这些理智对我的限制看作我自己的个体性的原初局限性，并且必须直观它们，哪怕我之外其实没有别的理智。虽然别的理智仅仅是通过我之内的否定而被设定的，但我仍然必须承认它们是不依赖于我而存在着。任何人只要认识到这个关系完全是交互的，而且一切理性存在者只有在承认别的理性存在者是理性存在者的情况下才能够证明自己是理性存在者，他就不会对此感到奇怪。

当我们把这个普遍的解释应用于当前的情况，就得出**第三个问题的解决**。也就是说，如果理性存在者对我的一切影响都是通过对我之内的自由活动的否定而被设定的，而那个最初的影响作为意识的条件，在我成为自由的之前（因为自由是伴随着意识才产生出来的）就能够出现，那么就有一个问题，即在尚未意识到自由之前，我之内的自由如何可能受到限制？以上所述已经在某些方面回答了这个问题，这里我们只补充一点，即那个最初的影响作为意识的条件不应当被看作零星的活动，而是应当被看作持久的活动，因为无论是仅凭客观世界，还是凭借另一个理性存在者的最初影响，都不会导致意识的必然的持续，毋宁说，为了在理智世界里不断地重新辨别方向，需要一个持续的影响，而这是因为，通过一个理性存在者的影响，并非一个无意识的活动在反思自身，而是一个仅仅穿透客观世界闪现出的有意识的和自由的活动在反思自身，并且作为自由活动而成为自己的客体。那个持续的影响就是人们所说的最宽泛意义上的"教育"，而在这个意义上，教育绝不会终止，而是长久地充当持续的意识的条件。但是，除非每一个个体在成为自由的之前，都有一定数量的自由行动（请容许我们为了简明起见使用这个表述）被否定，否则我们就不能理解，那个影响为什么必然是一个持久的影响。不断拓展的自由不会终结理性存在者之间的交互作用，而这种交互作用只有通过人们所说的天分和性格的差异性才是可能的，正因如此，这种差异性虽然看起来与自由冲动大相径庭，但本身作为意识的条件仍然是必要的。至于那个原初的限制状态本身在道德行动方面如何与自由协调一致——借助于这些道德行动，比如一个人终其一生都不可能达到某种程度的卓越性，或不可能摆脱别人对他的监护——，这个不劳先验哲学费心，因为先验哲学在任何地方都只需要演绎出现象，而且对于先验哲学而言，自由本身无非是一个必然的现象，正因如此，这个现象的各个条件必定具有同等的必然性，与此同时，"这些现象是否客观地和自在地是真实的"这个问题就和"是否存在着自在之物"这个理论问题一样，没有任何意义。

总而言之，第三个问题的解决在于，在我之内必定原初地已经有一个自由的、尽管无意识的非行动，亦即一个活动的否定。这个活动假若没有原初地被扬弃，就将是自由的，但它现在既然已经被扬弃了，那么我当然不可能意识到它是这样的一个活动。

与我们的第二定理重新联系在一起的是起初已经中断的综合研 III, 552
究的线索。正如当时已经指出的，第三个限制状态必须包含着行动的根据,而在这种情况下,自我对自身而言被设定为直观者。但这第三个限制状态恰恰是个体性的限制状态,并且预先规定了其他理性存在者的存在及其对于理智的影响,预先规定了自由和那种反思客体并达到自我意识的能力,预先规定了自由的和有意识的行动的整个序列。因此,第三个限定状态或者说个体性的限定状态是理论哲学和实践哲学的综合点或转折点,而从现在起,我们才真正进入实践哲学的领域,从头开始进行综合研究。

只有当理智被迫直观到自己是有机的个体,才在原初的意义上设定了个体性的限制状态,进而设定了自由的限制状态。既然如此,我们在这里同时也理解了,为什么人们不由自主地,借助一种普遍的本能,把有机体身上的偶然东西(主要是那些高贵的器官的特殊构造和形态)看作天分乃至性格的明显表现,或至少看作它们的推测根据。

附释

我们在刚才所做的研究里故意略过了许多次要问题,而在完成主要研究之后,现在应当回答这些问题了。

1)我们曾经主张:其他理智对于一个客体的影响会导致自由的活动不可能无意识地指向这个客体。这个主张已经假定,自在且自为的客体没有能力把那个指向它的活动提升为一个有意识的活动,III, 553　而这并不意味着指客体相对于我的行动而言仿佛是绝对被动的(尽管相反的情况尚未得到证明,但这件事情也确实没有被当作前提),而是仅仅意味着,如果没有一个先行的影响,那么客体单凭自己不可能在自身之内把自由的活动作为自由的活动加以反映。既然如此,究竟什么东西是自在且自为的客体不具备的，而是通过一个理智对于客体的影响才添加进来的呢？

以上所述至少给我们提供了一个事实，以回答这个问题。

意愿不像生产活动那样是立足于观念活动和实在活动之间的单纯对立，而是立足于一个双重的对立：一方面是观念活动，另一方面是观念活动和实在活动。理智在意愿里同时进行理念化和实在化。假若理智只是进行实在化，就会在客体之内表达出一个概念，因为一切实在化除了包含着实在活动之外，还包含着一个观念活动。现在，既然理智并非只是进行实在化，毋宁除此之外还是一个不依赖于实在化的观念东西，那么它在客体之内就不可能只表达出一个概念，而是必须在客体之内通过自由的行动表达出概念的一个概念。就生产活动仅仅立足于观念活动和实在活动之间的**单纯**对立而言，概念必须属于客体自身的本质，以至于和客体完全不可区分；概念的范围不会超过客体的范围，二者必须是交互穷尽的。反之，在那种包含着**观念活动的一个观念活动**的生产活动里，概念必须超越客体，或者说仿佛屹立于客体之上。但这一点只有在这种情况下才是可能的，即那个超越客体的概念只能在这个客体之外的另一个客体里穷尽自身，也就是说，前一个客体和后一个客体的关系相当于**手段**和**目的**的关系。因此，通过自由的生产活动而添加到客体身上的，是概念的概念，而这个概念本身就是客体之外的目的概念。因为任何客体都不会自在且自为地具有一个外在的目的，也就是说，哪怕存在着一些合乎目的的客体，它们也只有在与自身相关联的情况下才是合乎目的的，因此它们是以自身为目的。只有广义上的艺术作品才具有一个外在的目的。因此，正如理智在行动中必须交互限制　III, 554

（这一点和意识本身一样是必然的），艺术作品也必须这样出现在我们的外在直观的层面里。但这仍然没有解答"艺术作品是**如何**可能的"这个对于先验唯心论而言无疑很重要的问题。

　　如果说，当一个自由的和有意识的活动指向客体，概念的概念就添加到客体身上，反之在盲目生产活动的客体里，概念却是直接过渡到客体，并且只有通过概念的概念才能够与客体区分，而这个概念的概念恰恰只有通过外在的影响才对理智而言产生出来，那么盲目直观的客体就不再能够推动反思前进——也就是说，不再能够推动反思达到某种不依赖于客体的东西；与此相反，艺术作品虽然起初同样只是我的直观，但它既然表达出了概念的概念，就推动反思直接达到**反思之外的一个理智**（因为只有这样的一个理智才能够掌握更高潜能阶次的概念），进而达到某种完全不依赖于**反思**的东西。因此，只有通过艺术作品，理智才能够达到某种不再是客体，亦即不再是它的生产活动，而是远远高于一切客体的东西，也就是说，达到理智之外的一个**直观**，因为这个直观绝不会成为一个被直观者，所以它对理智而言是最初的绝对客观的东西，是完全不依赖于它的东西。现在，那个客体——它推动反思达到一切客体之外的某东西——为自由的影响设定了一个不可见的观念障碍，而正是这个障碍迫使那个同时是观念活动和生产活动的活动（而非那个客观的生产活动）反映回自身之内。因此，在只有那种客观的、按照我们的推导显现为物理事物的力遭遇障碍的地方，只可能存在着自然界，但在有意识的活动（亦即第三个潜能阶次的那个观念活动）反映回自身之内的地方，就必然有客体之外的某种不可见的东西，它让活动根本不可能盲目地指向客体。

也就是说，我们不可能主张，通过一个理智对于客体已经产生的影响，我的自由针对这个客体而言就被绝对地扬弃；毋宁说，我们仅仅主张，我在这样一个客体里遭遇的那个不可见的障碍迫使我做出一个决断，亦即做出自身限制，换句话说，另外一些理性存在者的活动之所以通过各种客体固定下来或呈现出来，是为了规定我去做出自身规定，而现在只需要解释，我如何可能意愿某种被规定的东西。

2）只有当我之外存在着诸理智，整个世界对我而言才成为客观的。

前面已经指出，只有诸理智对于感官世界的各种影响才迫使我假设某种东西是绝对客观的。但我们现在谈论的不是这个，而是只有当我之外存在着诸理智，客体的整个总括对我而言才成为实在的。我们谈论的也不是某种只有通过习惯或教育才被制造出来的东西，而是在原初的意义上，除非通过我之外的诸理智，否则我之外的客体表象对我而言根本不可能产生出来。原因如下：

a. 客体并非自在且自为地存在于我之外，因为凡是客体存在的地方，我也存在着，甚至我用以直观客体的空间原初地也仅仅存在于我之内。单凭这一点就已经可以看出，只有通过诸理智的影响（不管其影响的是我，还是它们为之打上自己烙印的感官世界的客体），才能够一般地产生出"**我之外**"这一表象。唯一原初的"**我之外**"是我之外的一个**直观**，正是在这个地方，原初的唯心论首次转化为实在论。

b. 只有通过我之外的一个直观，我才尤其把**客体**表象为我之外的，并且不依赖于我而存在着的东西（因为"客体在我看来是这样的

III, 556 客体"这件事情，如果能够一般地被演绎出来，就必须作为一件必然的事情被演绎出来）。这一点可以通过以下方式得到证明。

只有当客体在我没有直观它们的时候也存在着，我才能够确信，它们真的是存在于我之外，亦即不依赖于我。但是，个体确信在自己存在之前，客体已经存在着，这却不可能是由于个体发现自己仅仅依附于一个特定的相继性的点，因为这只不过是个体的**第二个**限制状态的单纯后果。对于个体而言，世界唯一能够具有的客观性就在于，它已经被个体之外的诸理智直观到。（由此恰恰可以推导出，对于个体而言，必定存在着非直观的状态。）因此，我们此前针对各个理智的非随意的表象已经提出的前定和谐应当同时作为唯一的条件被推导出来，基于这个条件，世界对于个体而言成为客观的。对于个体而言，其他理智仿佛是宇宙的永恒承载者，有多少个理智，客观世界就有多少面坚不可摧的镜子。世界尽管是由自我所设定的，却不依赖于我，因为世界对我而言是栖息在其他理智的直观里，这些理智的共同世界是原型，而唯有原型与我的表象的一致性才是真理。在一个先验的研究中，我们不想诉诸那些经验，比如当我们的表象与别人的表象不一致时，我们会怀疑他们的表象的客观性，或者对于每一个出乎意料的现象而言，别人的表象仿佛是一块试金石；毋宁说，我们只想诉诸一点：和包括直观在内的一切东西一样，我们的直观活动的许多直观对于自我而言也只有通过外在客体才能够成为客观的，而这些外在客体无非是我们之外的诸理智。

迄今所述本身就表明，一个孤立的理性存在者既不能达到对于自由的意识，也不能达到对于真正的客观世界的意识，因此，只有个体之外的诸理智以及个体与这些理智的一个永不止息的交互作用才

III, 557

能够完成整个意识及其全部规定。

我们的任务,"自我如何认识到自己是直观者",直到现在才得到完整的解决。**意愿**(及其按照迄今所述具有的全部规定)是一个行动,通过它,直观活动本身被完整地设定在意识之内。

按照我们的科学的已知方法,现在我们面临着一个新的任务。

E.

任务:解释意愿对自我而言为什么重新成为客观的

解决

I.

第三定理:意愿原初地必然指向一个外在客体。

证明:当自我针对客观东西使自己成为完全自由的,就仿佛通过自身规定这一自由的活动消灭了自己的表象活动的全部质料;唯其如此,意愿才真正成为意愿。但是,除非意愿重新成为自我的客体,否则自我不可能真正意识到这个活动,而只有当直观的一个客体成为自我的意愿的可见表达,上述情况才是可能的。但直观的任何客体都是一个特定的客体,也就是说,仅仅因为,并且当自我已经按照这个特定的方式有所意愿,客体才必定是这个特定的客体。只有这样,自我才成为自己的表象活动的质料的自主原因。

进而言之,那个使客体成为这个特定的客体的行动与客体自身不应当是绝对同一的,因为否则的话,行动就是一个盲目的生产活动和单纯的直观活动。因此行动本身和客体必须始终是可区分的。 III, 558
现在,当行动被理解把握为行动,就是概念。但是,只有当客体不依赖于这个行动而存在着，也就是说，只有当客体是一个**外在的**客体，概念和客体才能够始终是可区分的。——反过来看，客体之所以仅仅通过意愿就成为我的外在客体，原因恰恰在于，意愿只有在指向一个不依赖于它的东西时才是意愿。

这里也已经解释了一些后面还会更完整地加以解释的现象，比如为什么自我绝不可能觉得自己就实体而言制造出了一个客体，为什么意愿里的一切制造活动更像是仅仅赋予客体形式或对客体进行塑造。

通过我们的证明，现在确实已经表明，意愿本身只有在指向一个外在客体时才对自我而言成为客观的，但尚未解释的是，那个指向究竟是从哪里而来的。

这个问题已经有一个前提，即当我有所意愿时，生产性直观是持续的；或者说，当我有所意愿时，我被强制着去表象一些特定的客体。没有现实性，就没有意愿。因此，意愿直接造成了一个对立，因为一方面通过意愿，我意识到自由，进而也意识到无限性，但另一方面通过去表象强制，我被持续地拉回到有限性。因此伴随着这个矛盾，必定产生出一个在无限性和有限性中间摆动着的活动。我们把这个活动称作"想象力"，纯粹是为了简便起见，而不是希望武断地宣称人们通常所说的想象力就是这样一个在有限性和无限性之间摆动着的活动，或者换个说法，一个沟通理论领域和实践领域的活动，尽管这一切在随后都会得到证明。简言之，我们称作想象力的那种能力在那样摆动的时候必然也会生产出某种在无限性和有限性之间摆动着的东西，因此也只能被理解把握为这样一种能力。这类产物就是人们称作"**理念**"，并且拿来与概念相对立的东西，正因如此, 那种摆动着的想象力不是知性, 而是理性, 至于通常所说的 "理论理性", 无非是一种服务于自由的想象力。当理念被当作知性的客体, 就导致康德在二律背反的名义下提出的那些不可解决的矛盾, 这些矛盾之所以存在, 仅仅是因为要么我们对客体进行反思, 于是客体在这种情况下必然是一个有限的客体, 要么我们对反思活动本身又进行反思, 于是客体直接地重新成为一个无限的客体。由此可见, 理念其实是想象力的单纯客体, 仅仅在有限性和无限性之间的那种摆动中有其立足之地。同样很明显的是, 如果只有反思的自由指向才决定一个理性的客体是有限的还是无限的, 而客体本身自在地看来既不可能是有限的也不可能是无限的, 那么那些理念必定是想象力的单纯产物, 也就是说, 是一个既非生产出有限者也非生产出无限者的活动的产物。

但是, 除非有一个中介者, 而且这个中介者和行动的关系恰恰相当于理念的象征或概念的范型和思维的关系, 否则就不能理解, 自我如何通过意愿就造成了从理念到特定客体的过渡 (至于这样一种过渡客观上是如何可能的, 现在还根本没有成为一个问题)。这个中介者就是**理想**(Ideal)。

通过理想和客体之间的对立, 对自我而言, 第一次产生出理想化活动所要求的客体和按照被强制的思维而实际存在着的客体之间的对立; 通过这个对立, 又直接出现一个冲动, 企图把实际存在着的客体转化为应当存在着的客体。我们把这里产生出来的活动称作 "冲动", 因为它一方面是自由的, 另一方面是在未经任何反思的情况下, 直接起源于一种感觉, 而这两方面合在一起完成了冲动的概念。也就是说, 那个在理想和客体之间摆动着的自我的状态是感觉

III, 560

的状态，因为感觉就是一个独自受到限制的状态。但每一个感觉里面都会感觉到一个矛盾，而总的说来，唯一能够被感觉到的就是我们自身之内的一个矛盾。每一个矛盾都直接为活动提供了条件，而活动只要获得了它的条件，不需要任何进一步的反思就会产生出来。如果它同时是一个自由的活动（比如生产活动就不是自由的活动），那么正因如此，并且只有在这种情况下，它才是一个冲动。

因此，所谓"指向一个外在客体"是通过一个**冲动**表现出来的，而这个冲动直接产生于理念化自我和进行直观的自我之间的矛盾，并且直接致力于重建自我的被扬弃的同一性。正如自我意识应当是持续的，这个冲动同样必须具有因果性（直到现在为止，我们都是把自我的全部行动当作自我意识的条件去演绎，因为单凭客观世界，自我意识并未完成，而是仅仅达到自我意识**能够**在那里开始的一个点，但从这个点出发，只有通过自由的行动才能够继续前进）；问题仅仅在于，这个冲动**如何**能够具有因果性。

这里显然要求一个从（纯粹的）观念东西到（同时是观念东西和实在东西的）客观东西的过渡。我们尝试首先提出这样一个过渡的否定条件，然后再讨论它的肯定条件，或者说那些让过渡真正得以发生的条件。

A.

a. 正如观念自我只有通过客观世界才陷入限制状态，同样确定的是，只有通过自由，无限性才在观念自我面前直接开启自身；但观念自我如果不对无限性做出限定，就不能把后者当作自己的客体；III, 561 反过来，无限性不可能绝对地被限定，而是只能为了行动才被限定，以至于当理想得以实现，理念仍然能够继续拓展，如此直至无限。

就此而言，理想总是仅仅对于行动的当前环节有效，而那些在对行动进行反思时一再地变得无限的理念本身，只能通过一种无限进展得以实现。只有当自由在每一个环节那里受到限定，同时努力在每一个环节那里重新变得无限，对于自由的意识才是可能的，也就是说，自我意识自身的持续才是可能的。因为正是自由维系着自我意识的延续性。诚然，当我在自己的行动中反思那个生产出时间的活动，时间对我而言就成为一个中断的、由许多环节复合而成的量。但在行动自身之内，时间对我而言始终是连续的；我愈是勤于行动和疏于反思，时间就愈是连续。因此，那个冲动除了在**时间**里具有一种因果性之外别无他法，而这是那个过渡的第一个规定。但由于时间在客观上只能被看作沿着表象的相继性而流逝，而在相继性里面，随后的表象是由先行的表象所规定的，所以这个自由的生产活动里面同样必须出现这样一种相继性，只不过表象之间的关系不是原因和结果的关系，而是手段和目的的关系（因为每一个有意识的行动都包含着一个概念的概念，即目的概念），而这两个概念和那两个概念（原因和结果）的关系相当于概念的概念和一般意义上的单纯概念的关系。这恰恰表明，自由意识的条件在于，任何目的都不是被直接实现的，毋宁说，我只有通过许多中间环节才能够实现一个目的。

　　b. 我们已经断定，行动不应当绝对地过渡到客体，因为否则的话，行动就是一种直观活动，但客体应当始终是外在的，亦即不同于我的行动的客体。如何能够设想这件事情呢？

　　按照a，冲动只能在时间里具有一种因果性。但客体是与自由相 III, 562
对立的东西，而客体应当是由自由所规定的，因此这里有一个矛盾。客体包含着一个规定a，而自由所要求的是一个相反的规定−a。这对于自由而言不是矛盾，但对于直观而言却是矛盾。对于直观而言，矛盾只能通过时间这个普遍的中介者被扬弃。假若我能够制造出全部时间之外的-a，那么过渡就是不可想象的，a和-a将是同时的。但随后的环节应当包含着某种现在还不存在的东西，唯其如此，对于自由的意识才是可能的。但是，如果没有一个常驻的东西，就不可能知觉到时间里的任何相继性。我的表象里的从a到-a的过渡扬弃了意识的同一性，因此同一性必须**在过渡里面**被重新生产出来。这个在过渡里面被生产出来的同一性是实体，正是在这个地方，实体概念和其余的关系范畴才通过一个必然的反思被设定在普通意识之内。我觉得自己在行动中可以完全自由地改变客体的任何规定，虽然客体并不是什么有别于它的规定的东西，但我们仍然可以设想客体在它的各种规定的更替中是同一个客体，亦即是实体。因此，实体无非是一个承载着所有那些规定的东西，并且真正说来仅仅表达出一种对于客体的转变的持续反思。现在，既然我们必须设想客体从一个状态过渡到相反的状态，而我们又觉得自己能够影响客体，那么我们也会觉得自己只能改变事物的**偶然**规定，却不能改变事物的实体性规定。

　　c. 我们刚才主张：当我改变事物的各种偶然规定时，必须有一种对于正在改变的客体的持续反思伴随着我的行动。但一切反思都会遭遇障碍。因此，那些偶然的规定必定是在遭遇障碍的情况下发生改变，这样自由的行动才能够伴随着持续的反思而出现。由此恰恰可以看出，事物的偶然规定就是事物身上在行动中限制着我的东西，而这恰恰解释了，为什么事物的那些次要属性（它们是已规定的限定状态的表现），比如坚硬、柔软等，对于单纯的直观而言根本

III, 563

不存在。

关于从主观东西到客观东西的过渡，迄今推导出的否定条件仍然没有解释，那个过渡究竟是怎样现实地发生的，也就是说，我如何并且在哪些条件下不得不设想这样一种过渡。不言而喻，除非理想和依据理想而被规定的客体之间有一个持续的关联，否则这样一种过渡根本不可能发生，而那个关联只有通过直观才是可能的，但直观本身并不是来自于自我，而是仅仅在自我的两个相互对立的表象（自由筹划的表象和客观的表象）之间摆动。既然如此，我们马上就去探讨这个研究的主要任务。

B.

为了进行这个研究，我们回到最初的那个要求，即在客观世界里，某种东西应当是由一个自由的行动所规定的。

客观世界里的一切东西只有在自我直观它们时才存在着。因此，所谓某东西在客观世界里发生改变，意思无非是说，某东西在我的表象里发生改变，而那个要求就等于这样一个要求：在我的外在直观里，某种东西应当是由我之内的一个自由行动所规定的。

如果客观世界是一个自在地持存着的东西，那么我们根本不能理解，某种东西如何能够从自由过渡到客观世界。哪怕是借助于一种前定和谐，也是不可理解的，因为这种前定和谐只有通过一个同时变形为理智和客观世界的第三者才是可能的，也就是说，只有通过某种在行动中扬弃了全部自由的东西才是可能的。鉴于世界本身仅仅是自我的一个变形，我们的研究获得了一个完全不同的转折点。也就是说，这样一来问题就在于：就我不是自由的，而是进行直观而言，我之内的某东西如何可能是由一个自由的行动所规定的？——

III, 564

所谓我的自由的活动具有因果性，意思是，我直观到这个活动具有因果性。**行动**中的自我不同于进行**直观**的自我；尽管如此，二者在与客体相关联的时候应当是同一的；那通过行动者而被设定在客体之内的东西，也应当被设定在直观者之内，行动中的自我应当规定着进行直观的自我。也就是说，我之所以知道**我**是现在的这个行动者，仅仅是基于行动着的自我和那个直观到行动并意识到行动的自我的同一性。乍看起来，行动者并不**认知**，而是仅仅行动着，仅仅是客体，只有直观者才去认知，且正因如此仅仅是主体；那么，为什么这里会出现同一性，以至于客体里设定的东西恰恰是主体里设定的东西，主体里设定的东西恰恰也是客体里设定的东西？

我们首先给出这个问题的一般答案，然后再详细地澄清个别要点。

在客观的直观者里，某种东西应当是由自由的行动者所规定的。那么自由的行动者究竟是什么呢？正如我们知道的，一切自由的行动都是基于一方面的观念自我和另一方面的同时是观念自我和实在自我的东西之间的双重对立。但直观者究竟是什么呢？正是这个同时是观念自我和实在自我，并且在自由的行动里表现为客观事物的东西。**因此，当设定了那个与生产活动相对立的观念活动，自由行动者和直观者就是不同的，而如果不考虑那个观念活动，二者就是同一个东西。**毫无疑问，我们首先应当关注的就是这个地方，并且必须在这里寻找我们所要求的那种同一性（即自由活动着的自我和客观地直观着的自我之间的同一性）的根据。

III, 565　　　但是，如果我们希望完全搞清楚这件事情，就必须时刻牢记，我们迄今推导出的一切东西仅仅属于**现象**，或者说仅仅是自我在自身面前显现出来时依据的条件，因此和自我本身并不具备同样的实在性。我们现在尝试去解释的是行动着的自我和直观着的自我之间的对立，即在**认知着的**自我里，某种东西如何可能是由**行动着的**自我所规定的，而这整个对立无疑同样仅仅属于自我的**现象**，不属于自我本身。自我必须在它自身面前这样**显现**出来，仿佛通过它的直观活动，或者说在它没有意识到自己的直观活动的情况下，外部世界里的某种东西就是由它的行动所规定的。以此为前提，接下来的解释就会得到充分的理解。

我们曾经提出，自由行动着的自我和客观地进行直观的自我之间有一个对立。但这个对立不是客观地发生的，亦即不是在自在的自我之内发生的，因为行动着的自我本身就是进行直观的自我，只不过在这里同时是一个被直观的、客观的，因而已经**行动着**的自我。假若自我（及其同时具有的观念活动和实在活动）在这里不同时是直观者和被直观者，行动就总是会显现为一个直观活动，反过来，直观活动之所以显现为一个行动，只不过是因为自我在这里不仅是直观者，而且作为直观者也是被直观者。当直观者被直观，就是行动者本身。因此，行动者和外在直观者之间没有任何中介，而且我们也不能设想自由行动者和外部世界之间有任何中介。毋宁说，假若行动和直观活动原初地不是同一个东西，我们就根本不能理解，一个外在的直观活动如何可能是由自我的一个行动所规定的。我的活动，比如我对于一个客体的塑造，必须同时是一个直观活动，反过来，我的直观活动在这种情况下必须同时是一个行动。但自我不可能看到这种同一性，因为客观地进行直观的自我对于这里的自我而言不是直观者，而是被直观者，于是对于自我而言，行动者和直观者之间的　III, 566

那种同一性被扬弃了。自由的行动在外部世界里造成的变化必须完全遵循生产性直观的法则，仿佛自由没有发挥任何作用。生产性直观仿佛是完全孤立地行动着，并且按照自己的独特法则生产出那些现在恰恰出现的东西。自我之所以不觉得这个生产活动是一个**直观活动**，原因仅仅在于，在生产活动里，概念（观念活动）与客体（客观活动）是相互对立的，而不是像在直观里那样，主观活动和客观活动是同一个东西。反过来，只有从现象的角度来看，概念才在这里先于客体。但是，如果概念只是从现象的角度来看，而不是客观地或真正地先于客体，那么自由的活动本身也仅仅属于现象，而唯一的客观东西就是直观者。——正如人们可以说，当我相信自己在进行直观，我就真正采取了行动，同样人们也可以说，当我相信自己针对外部世界采取了行动，我在这里就真正在进行直观，而且一切在直观活动之外出现在行动中的东西真正说来都仅仅属于唯一的客观东西亦即直观活动的现象，反过来，如果从行动那里抽离一切仅仅属于现象的东西，就只剩下直观活动。

接下来我们还要尝试从另一个方面去解释和澄清那个迄今已经推导出来的，并且如我们相信的那样早已得到证明的结论。

先验唯心论既然宣称，不存在从客观东西到主观东西的过渡，二者原初地是同一个东西，客观东西仅仅是一个已经转变为客体的主观东西，就必须回答一个根本问题，即为什么我们在行动那里必须承认，反过来从主观东西到客观东西的过渡却是可能的。如果在每一个行动里，我们自由筹划的一个概念都应当过渡到那个不依赖于我们而存在着的自然界，而这个自然界并非真的不依赖于我们而存在着，那么应当如何设想这个过渡呢？

III, 567

无疑只能这样设想，即恰恰是通过这个行动本身，我们才让世界对我们而言成为客观的。我们自由地行动着，世界成为不依赖于我们而存在着的东西——这两个命题必须以综合的方式统一起来。

如果世界无非是我们的直观活动，那么毫无疑问，当我们的客观活动对我们而言成为客观的，世界就对我们而言成为客观的。但我们现在主张的是，我们的直观活动只有通过行动才对我们而言成为客观的，而这里所说的行动无非是我们的直观活动的现象。以此为前提，我们的命题，"同一个东西在我们看来是一个针对外部世界采取的行动，从唯心论的角度来看却无非是一个持续的直观活动"，就不再令人惊诧。比如，当一个行动导致外部世界的一个变化，这个变化自在地看来和所有别的变化一样都是一个直观。因此，直观活动本身在这里是一个客观东西，一个为现象奠定基础的东西；这方面属于现象的，是一个针对被认为独立的感官世界而采取的行动；因此客观地看来，这里既没有从主观东西到客观东西的过渡，也没有从客观东西到主观东西的过渡。除非的确看到一个主观东西过渡到客观东西，否则我不可能觉得自己在进行直观。

这方面的整个研究可以回溯到先验唯心论的那个普遍原理，即在我的知识里，主观东西绝不可能是由客观东西所规定的。在行动里，一个客体必然被思考为是由因果性所规定的，而因果性又是按照我的概念发挥作用。那么我怎样达到这个必然的思维呢？如果我武断地假设，客体是由我的行动所直接规定的，因此客体和我的行动的关系相当于被作用者和作用者的关系，为什么它对于我的表象活动而言也是这样被规定的呢？为什么我的行动怎样规定客体，我就恰恰必须这样去直观客体呢？在这里，我的行动是客体，因为行 III, 568

动是直观活动或知识的对立面。但现在，我的知识或我的直观活动里却应当有某种东西是由这个行动所规定的。这从刚才所说的那个原理来看是不可能的。我的知识不可能是由行动所规定的，毋宁正相反，那个行动必须和一切客观东西一样，原初地已经是一种知识，一个直观活动。这件事情是如此地明显和清楚，以至于唯一留下来的困难大概就是，为什么我们必须认为，那个客观地看来是一个直观活动的东西，为了显现出来，就应当转化为一个行动。在这里，必须针对三个方面进行反思。

a. 针对**客观东西**，亦即**直观活动**；

b. 针对**主观东西**，这个东西也是直观活动，只不过是对于直观活动的直观活动。——为了表示区别，我们把前者称作客观的直观活动，把后者称作**观念的**直观活动。

c. 针对客观东西的**现象**。但我们已经证明，除非直观的概念（观念东西）先行于直观，否则那个客观东西或直观活动不可能显现。但如果直观的概念先行于直观，以至于后者是由前者所规定的，那么直观活动就是一个遵循概念的生产活动，亦即一个自由的行动。但直观的概念之所以是先行的，仅仅是为了让直观成为客观的，因此行动也仅仅是直观活动的现象，而如果不去考虑先行的概念，行动中的客观东西就是自在的生产活动。

我们尝试通过一个例子更清楚地说明这一点。外部世界里的一个变化是通过我的因果性而出现的。如果人们仅仅反思这个变化本身的出现，那么所谓"外部世界里出现了某东西"无疑和"我生产出某东西"是同一个意思，因为外部世界里的一切东西都是以我的生产活动为中介。就我的这个生产活动是一个直观活动，不是别的什

III, 569

么东西而言，概念并非先行于变化本身，但就这个生产活动本身又应当成为客体而言，概念**必定**是先行的。这里应当显现的**客体**，是生产活动本身。因此在生产活动自身之内，亦即在客体之内，概念并非先行于直观。只有对于观念自我，对于那个直观到自己是直观者的自我而言，也就是说，只有为了让这个自我显现出来，概念才先行于直观。

这里同时也澄清了，客观东西和主观东西之间、**自在体**（An sich）和单纯**现象**之间的区别是从什么地方首次出现在我们面前，而我们迄今为止根本没有做出后面这个区分。原因在于，我们在这里第一次掌握了某种真正客观的东西，亦即那个包含着全部客观东西的根据的东西，或者说那个同时是观念活动和实在活动的活动，而这个活动现在绝不可能重新成为主观的，已经完全摆脱了单纯的观念自我。就这个活动是客观的而言，观念东西和实在东西同时存在于其中，是同一个东西，但就这个活动显现出来，与单纯观念的、进行直观的活动相对立，并且在这个对立中如今仅仅代表着实在活动而言，概念是先行于它的，而且只有在这种情况下，这个活动才是一个行动。

经过这些澄清，或许只会产生出这样一个问题：当我们让理智的生产活动在理论哲学里完结之后，整个理智如何能够成为直观者？我们的答复是：只有那种主观的生产活动是已经完结的，而理智作为客观的理智而言只能是它本来所是的样子，即同时是主体和客体，亦即在进行生产，只不过我们到目前为止仍然没有推导出，现在的生产活动在那个与生产活动相对立的观念活动的限制下，必然会出现。

为了让我们与普通意识达成一致，我们继续追问：既然从推导的结果来看，那个行动着的客观东西是一个完全盲目的活动，我们为什么还要把它看作自由的呢？这完全是通过一个幻觉而发生的，

III, 570　而同一个幻觉也导致我们把客观世界看作客观的。简言之，那个行动本身之所以仅仅属于客观世界（从而和客观世界具有同等的实在性），是因为它只有通过客观化才成为一个行动。从这一点出发甚至可以给理论唯心论提供一个新的理解。如果客观世界是一个单纯的现象，那么我们的行动中的客观东西就也是现象，反过来说，只有当世界具有实在性，行动中的客观东西也才具有实在性。因此，我们在客观世界中和我们针对感官世界的行动中看到的实在性是同一种实在性。客观行动和世界的实在性的这种共存乃至于这种错综复杂的互为条件的关系，是先验唯心论完全独有的，不可能通过任何别的体系而得出的一个结果。

那么，究竟在什么意义上，自我是在外部世界里**行动着**的呢？只有借助于自我意识里已经表达出来的存在和现象的那种同一性，自我才是行动着的。——只有当自我对自身显现出来，它才存在着，它的知识才是一种存在。命题"我＝我"无非是说：**认知着的**自我就是**存在着的**自我，我的知识和我的存在是彼此穷尽的，意识的主体和活动的主体是同一个东西。按照这种同一性，我的知识和自由行动也是与自由的行动本身同一的，换言之，命题"我直观到自己是客观地行动着的"＝命题"我是客观地行动着的"。

II.

正如我们刚才已经推导出并加以证明的，如果那个显现为行动

的东西自在地仅仅是一个直观活动，那么可以得出，首先，一切行动都必须总是受到直观法则的限制，其次，凡是按照自然法则不可能的东西，也不能被直观为通过自由行动而出现的，而这是对于那种同一性的一个新的证明。但是，至少对于现象而言，确实发生了从主观东西到客观东西的过渡，而这个过渡包含着一种对于自然法则的违背。凡是应当被直观为确实对实在东西产生影响的东西，本身必须显现为实在的。因此，我不能把自己直观为直接影响客体，而是只能直观为通过物质的中介去影响客体，因为我在行动的时候必须直观到物质和我自己是同一的。物质作为那个指向外部的自由活动的直接官能，是一个有机躯体，因此这个躯体必须看起来能够做出自由的、貌似随意的运动。那种在我的行动中具有因果性的冲动，必须在客观上显现为一个**自然冲动**，仿佛不需要任何自由就产生影响，并且为自己制造出那些看起来是通过自由而制造出来的东西。但是，为了能够把这个冲动直观为自然冲动，我必须觉得自己在客观上是通过有机体的一个强制（通过最宽泛意义上的"痛苦"）而被迫采取各种行动，而且一切行动为了成为客观的，无论经历多少中间环节，都必须与一个物理的强制联系起来，后者作为现象中的自由的条件，本身是必然的。 III, 571

　　此外，外部世界里的预期变化只有在客体的不断抵抗下才出现，因此是前后相继地出现。假设这种变化叫作D，那么它就是以变化C为它的条件和原因，而C又是以变化B为它的条件和原因，如此等等；也就是说，在变化D能够出现之前，必须先有这整个一系列变化。只有当全部条件已经在外部世界里被给予，完整的变化才会在某一个环节出现，否则的话，就会存在着一种违背自然法则的情况。

如果自然界里根本不能为某个东西给出任何条件，那么这个东西绝不可能存在。现在，自由为了成为客观的，必须完全等同于直观活动并且服从直观活动的法则，既然如此，那些使自由能够出现的条件就重新扬弃了自由；当自由表现为一个自然现象，就也可以用自然法则来解释，但恰恰在这种情况下，自由作为自由就被扬弃了。

III, 572　　　　就此而言，前面提出的那个任务，即对于自我而言，意愿本身如何成为客观的，确切地说，如何作为意愿又成为客观的，并没有通过迄今所述得到解决，因为恰恰当意愿成为客观的，就不再是一个意愿。因此总的说来，除非有一种不同于那种单纯客观的自由（它无非是**自然冲动**）的自由，否则绝不可能有绝对自由（在绝对的意志里）的现象。

　　我们之所以陷入这个矛盾，无非是因为我们迄今为止只考虑了意愿中的客观的、走向外部的东西，而这个东西正如我们现在知道的，原初地仅仅是一个直观活动，因此在客观上根本不是意愿，并且无需任何中介就过渡到外在世界。然而我们现在讨论的是，**整个意愿**——不仅指那个客观的，同时是观念活动和实在活动的活动（这个活动包含在意愿之内，并且按照前面的演绎，不可能是自由的），而且指那个与之对立的观念活动——如何成为自我的客体，既然如此，我们必须找到一个现象，在其中，**这两个活动**作为相互对立的东西而出现。

　　意愿里的那个客观活动，因为本身又是一个**进行直观**的活动，所以必然指向某种**外在的**东西。但意愿里的主观活动，或者说那个纯粹的观念活动，恰恰是把这个同时是观念活动和实在活动的活动（正因如此，它是意愿里的客观活动）当作直接的对象，从而不是指向任何外在的东西，而是仅仅指向这个包含在意愿自身之内的客观活动。

也就是说，包含在意愿之内的**观念**活动只有作为一个指向**自在地**位于意愿之内的客观活动的活动，才能够成为自我的客体，而这个客观活动本身只有作为一个指向某种不同于意愿的外在东西的活动，才能够成为自我的客体。

意愿之内的客观活动，**自在地**看来，或者说纯粹地看来（因为它只有作为这样的活动，对于观念活动而言才是客观的），无非是**一般意义上的自身规定**。因此，意愿里的观念活动的客体无非是**纯粹的自身规定活动本身**，或者说自我本身。也就是说，自我之所以把包 III, 573 含在意愿之内的观念活动看作客观的，是因为后者仅仅是一个指向纯粹的、**自在的**自身规定的活动，反之，自我之所以把包含在意愿中的客观活动看作客观的，仅仅是因为后者是一个**盲目地**（因为它只有在这种情况下才是进行直观的）**指向外在东西的活动**。

为了找到那个使整个意愿成为自我的客体的现象，需要做两件事情。

1）我们必须考虑那个仅仅指向纯粹的、自在的自身规定的活动，并且追问这样一个活动如何能够成为自我的客体。

正如之前所说的，纯粹的、自在的自身规定在抽离一切偶然东西之后（这些偶然东西是那个进行直观的活动或客观活动通过指向一个外在东西而添加在它身上的），无非是纯粹的自我本身，因此是全部理智仿佛共同依托的一个东西，是全部理智共同具有的唯一的**自在体**。按照我们的要求，那个原初的和绝对的意志活动是全部自我意识的条件，在其中，纯粹的自身规定直接成为自我的客体，此外没有包含着更多的东西。但这个原初的意志活动本身已经是一个绝对自由的活动，因此，如果它通过另一个活动而重新成为自我的客体，或者说，如果自我借助另一个活动重新意识到那个指向纯粹的自身规定的活动本身，那么后面这个活动很难在理论上（作为必然的东西）被演绎出来，尽管它是持续的意识的条件。也就是说，只有一个要求才能够解释那个观念活动为什么成为客观的。那个仅仅指向纯粹的自身规定的观念活动必须通过一个**要求**才成为自我的客体，而这个要求无非是**这样**一个要求：自我唯一**应当**意愿的是纯粹的自身规定本身，因为通过这个要求，那个仅仅指向自在的自身规定的纯粹活动作为客体被放置于自我面前。但这个要求本身无非是定言

III, 574 命令，或者说是康德这样表述的一条道德律："你只应当意愿全部理智能够意愿的东西。"但全部理智能够意愿的东西，仅仅是纯粹的自身规定本身，纯粹的合法则性。因此，纯粹的自身规定，全部意愿里的纯粹客观的东西，就其**完全**是客观的，但本身并不进行直观（亦即指向一个外在的经验东西）而言，是通过道德律而成为自我的客体。也只有在这个意义上，先验哲学才谈到道德律，因为道德律也是仅仅作为自我意识的条件而被演绎出来。原本说来，道德律并不是针对作为这个特定理智的我，而是压制一切属于个体性的东西，完全消灭个体性。毋宁说，道德律针对的是作为一般理智的我，亦即那个把我之内的纯粹客观的和永恒的东西直接当作客体的东西，而不是针对这个客观东西本身（它指向一个不同于自我、不依赖于自我的偶然东西），正因如此，唯有道德律是理智得以达到自我意识的条件。

2）我们必须考虑那个指向一个位于意愿自身的范围之外的东西的客观活动，并且追问这个活动如何成为自我的客体。

但这个问题在前面的探讨中基本上已经得到答复，因此我们在这里仅仅尝试从一个新的方面来阐述这个答案。

指向某种不依赖于意愿，并且位于意愿之外的东西的客观活动，应当在意识里与那个观念活动相对立，后者所指向的恰恰是这个客观活动本身，就其是一种纯粹的自身规定而言。

但那个观念活动只有通过一个**要求**才能够成为自我的客体。因此，如果要让这个对立达到完满，客观活动必须**自行**（亦即无需要求）就成为客观的，而且我们必须**预设**它已经成为客观的。因此，这个指向外在东西的客观活动之所以成为自我的客体——客观活动和客体的关系相当于观念活动和客观活动的关系——，必定是由于某种必然的东西，而这种东西既然只能是一个活动，就必定是一种单纯的**自然冲动**，即我们在前面（I.）已经推导出的那种自然冲动，它像生产性直观一样完全盲目地发挥作用，并且自在地看来根本不是意愿，毋宁只有在与那个仅仅指向自身规定的纯粹意愿相对立的情况下，才成为意愿。这种冲动使我意识到自己纯粹是个体，因此是道德里面所谓的自私冲动，而它的客体就是通常所说的最宽泛意义上的"幸福"。

III, 575

对于幸福而言，不存在什么诫命（Gebot）或命令。设想这样的命令是荒谬的，因为凡是自行发生的，亦即按照一个自然法则而发生的事情，不需要被当作诫命提出来。那种幸福冲动（为简明起见，我们使用这个称呼，至于这个概念的进一步的发展，则是属于道德的范围）无非是一个对自我而言已经再度客观化的、指向一个不依赖于意愿的东西的客观活动，是这样一种冲动，和对于自由本身的意识具有同样的必然性。

　　就此而言，那个把纯粹的自身规定当作直接客体的活动，只有通过与另一个把外在东西当作客体，并且完全盲目地指向外在东西的活动相对立，才能够达到意识。因此，正如存在着对于意愿的意识，必然也存在着这样一个对立：一边是那个仅仅指向自在的自身规定并通过道德律而成为自己的客体的活动要求得到的东西，一边是自然冲动要求得到的东西。这个对立必须是实在的，也就是说，两个行动（一个是那个已经成为自己的客体的纯粹意志所要求的行动，另一个是自然冲动所要求行动），必须在意识里作为同样可能的东西而出现。但按照自然法则，两个行动都必定不会出现，因为它们扬弃了彼此。因此，如果出现了一个行动，而且是和持续的意识一样明确地出现，它就不可能是按照自然法则而出现的，也就是说，不可能是必然出现的，而是只有通过自由的自身规定才能够出现，换言之，只有通过自我的这样一个活动才能够出现，当这个活动在迄今所谓的相互规定的主观活动和客观活动中间摆动，同时本身又不是**被规定的**，就制造出一些条件，而只要这些条件被给出，那种始终仅仅是**规定活动**的行动就完全盲目地仿佛自行就出现了。

III, 576

　　因此，唯有以意识里的两个同样可能的行动的对立为条件，绝对的意志活动才能够重新成为自我本身的客体。但恰恰是这个**对立**使绝对的意志成为**任意**（Willkür），因此**任意**就是我们找到的绝对意志的现象，它不是原初的意愿本身，而是一个已经成为客体的绝对自由活动，而一切意识都是开始于这个绝对的自由活动。

　　普通意识之所以相信意志是自由的，仅仅是通过任意，也就是说，只不过是因为我们在每一个意愿里都意识到对立事物之间的一个选择。但按照我们的观点，任意不是绝对意志本身，而是绝对意志的现象，因为正如前面已经证明的，绝对意志仅仅指向纯粹的、自在的自身规定。因此，如果自由等于任意，那么自由也不是绝对意志本身，毋宁仅仅是后者的现象。因此，如果绝对地看待意志，人们就既不能说它是自由的，也不能说它不是自由的，因为我们不能设想，绝对者会按照一个不是通过它的本性的内在必然性而颁布给它的法则去行动。由于自我在绝对的意志活动里仅仅把严格意义上的自身规定当作客体，所以当意志被看作是绝对的，就不可能违背自身规定，因此，意志如果可以被称作自由的，就是**绝对**自由的，因为对于现象中的意志来说是诫命的东西，对于绝对意志来说是一个从它的本性的必然性里显露出来的法则。但绝对者如果要显现自身，就必须在它的客观方面看起来是依赖于他者，依赖于异己的东西。当然，这种依赖性并不属于绝对者自身，而是仅仅属于它的现象。绝对意志为了 III, 577
显现出来而依赖的这个异己东西，就是自然冲动，而只有在与自然冲动的对立中，纯粹意志的法则才转化为一个命令。但在原初的意义上，绝对地看来的意志无非是把纯粹的自身规定，亦即把它自己，当作客体。因此对于这个意志而言，不存在什么"应当"或法则去**要求**它**是**自己的客体。简言之，道德律，还有那种立足于任意的自由，本身仅仅是那个绝对意志的现象的条件，而绝对意志则是建构起一切东西，并且在这个意义上也是那个成为自己的客体的意识的条件。

通过这个结论，我们同时真正出乎意料地已经解决了那个引人注目的问题，那个且不要说被解决，毋宁迄今为止几乎没有被正确理解的问题。我指的是先验自由的问题。这个问题并非追问"自我是不是绝对的"，而是追问"就自我**不是绝对的**，而是**经验的**而言，是不是自由的"。现在，我们的解决方法恰恰表明，意志只有作为**经验**

的或**显现出来的**意志，才可以在先验的意义上被称作**自由的**。因为当意志是绝对的，本身就凌驾于**自由**之上，与其说它服从某一个法则，不如说它是全部法则的源头。但就绝对意志显现出来而言，它为了**显现为**绝对意志，就只能通过任意而显现出来。因此，任意这一现象不可能继续从客观方面得到解释，因为它不是什么自在地具有实在性的客观东西，而是绝对主观的东西，是对于绝对意志自身的直观，而在这种情况下，绝对意志无限地一直成为自己的客体。但绝对意志的这个现象恰恰才是真正的自由，或者说才是人们通常理解的自由。现在，由于自我在自由的行动中无限地一直把自己直观为绝对意志，并且在最高的潜能阶次上**本身**无非是这个对于绝对意志的直观，所以那个"任意"现象也和自我自身一样是确凿无疑的。——反过来，"任意"现象只能被设想为一个仅仅在有限性的限制之下显现出来的绝对意志，因此是我们之内的绝对意志的一个不断重现的启示。值得注意的是，如果人们希望从"任意"现象出发，倒推出它的根据，那么他们总是很难做出恰当的解释，尽管康德在其法权学说里至少提到了绝对意志和任意之间的对立，但也没有指出前者与后者的真实关系。这件事情再一次证明了我们的方法的优越性，因为这个方法不把任何现象预设为**给定的**，而是仿佛把它们当作完全未知的，然后再从它们的根据出发去认识它们。

III, 578

这样一来，针对我们此前的那个主张（自在地看来，客观的、看上去行动着的自我仅仅在进行直观），一切大概从"意志自由"这一普遍的前提出发的质疑也烟消云散了。因为，那个**单纯**客观的，并且在行动和直观活动中都完全以机械的方式表现出来的自我，那个在全部自由的行动里**被规定的东西**，并没有获得"自由"这一谓词；毋宁说，唯有那个在意愿的主观东西和客观东西之间摆动，用一方去规定另一方的东西，或者说，**第二个潜能阶次里的那个自己规定自己的东西**，才获得"自由"这一谓词，而且只有它能够获得这个谓词。反之，那个相对于自由而言仅仅是被规定者的东西，自在且自为地看来，或者说在撇开规定者不论的情况下，始终是它之前所是的那个东西，即一个单纯的直观活动。因此，如果我仅仅反思客观活动本身，那么自我之内只有单纯的必然性；如果我仅仅反思主观活动，那么自我之内只有一个绝对的意愿，这个意愿就其本性而言仅仅把自在的自身规定当作客体；最后，如果我反思那个凌驾于二者之上，同时规定着主观活动和客观活动的活动，那么自我之内只有任意，以及随之而来的意志自由。从这些不同方向的反思里产生出不同的自由体系：第一个体系彻底否认自由，第二个体系仅仅把自由设定在纯粹理性之内，也就是说，设定在那个直接指向自身规定的观念活动之内（通过这个假定，人们就被迫假定，一切违背理性的特定行动都只是基于理性的一种莫名其妙的无作为，而这恰恰取消了一切意志自由），而第三个体系则是通过演绎表明，唯有一个超越了二者（观念活动和客观活动）的活动才能够具有自由。

III, 579

对于这个作为绝对规定者的自我而言，也没有预先规定，只有对于进行直观的、客观的自我而言，才有预先规定。虽然对于后者而言，一切过渡到外部世界的行动都是已经预先规定的，但这件事情就像自然界里的一切东西都是已经预先规定的一样，不会给那个作为绝对规定者而凌驾于全部现象之上的自我带来半点损害，因为那个客观自我相对于自由而言是一个单纯显现出来、自在地并不具有实在性的东西，就像自然界一样，仅仅是自我的行动的外在基础。换言之，虽然一个行动对于现象或单纯进行直观的活动而言已经是预先规定的，但我不能由此倒推出，它对于自由的活动而言也是预先规定的，因为二者具有完全不同的地位，以至于虽然那个单纯显现出来的东西完全不依赖于那个不显现出来的规定者，但反过来规定者也是完全不依赖于显现出来的东西，而且每一方都是独自去行动和持续发挥作用：规定者是出于自由的任意，而显现者因为已经被这样规定下来，则是完全遵循自己的独特法则——二者的这种互不依赖同时又协调一致的情况只有通过一种**前定和谐**才是可能的。正是在这里，我们早先已经推导出的自由规定者和直观者之间的预先规定的和谐第一次出现，因为在二者彼此分离的情况下，假若不通过某

III, 580　种位于二者之外的东西去建立二者之间的协调一致，二者之间就绝不可能有什么交互作用。至于这个第三者是什么，我们直到现在都根本无法解释，因此必须满足于权且暗示和指出整个研究的这个最高点，同时期待着后续研究对此的进一步澄清。

此外还需要指出，哪怕对于自由规定者而言也有一种预先规定——这确实是我们在前面提出的观点，因为按照我们的要求，自由的一个原初否定对于理智的个体性而言是必要的，间接地对于诸理智之间的交互作用也是必要的——，这种预先规定也只有通过一个原初的、当然并没有进入意识的自由活动才是可设想的。关于这个活动，我们必须请读者参看康德关于原初恶（根本恶）的研究。

现在，让我们再一次通览迄今的研究的整个进程：我们首先尝试去解释普通意识的前提，这个普通意识站在抽象的最低层次上，把被作用的客体和作用者或行动者本身区分开，于是产生出一个问题：客体如何可能是由那个针对它而行动的东西所规定的？我们的

答复是：**行动所针对的客体**和**行动本身**是**同一个东西**，也就是说，二者仅仅是同一个直观活动。由此可知，我们在意愿里只看到一个**被规定的东西**，即那个同时是行动者的直观者。因此，在原初的意义上，这个行动着的客观东西和外部世界不是独立于彼此而存在着的，凡是设定在前者之内的东西，恰恰因此也设定在后者之内。现在，意识里的这个单纯客观的东西与一个主观东西相对立，后者通过一个绝对的要求而成为自我的客体，前者则是通过一个不依赖于自我的对外指向而成为自我的客体。因此，**整个意愿**是通过一个行动而成为**自我**的客体，而任何行动都离不开一个凌驾于主观活动和客观活动之上，自己规定着自己的东西。这个东西第一次迫使我们去追问：这个绝对规定者既然超越了一切客观东西，为什么还是能够规定着客观东西或直观者？

III, 581

附释

我们在能够回答这个问题之前，还面临另一个问题：无论自我怎样自己规定自己（要么让自身之内的主观东西去规定客观东西，要么让自身之内的客观东西去规定主观东西），既然那个走向外部的活动（冲动）在任何情况下都是某东西借以能够从自我出发进入外部世界的唯一工具，那么那种冲动也不可能通过自身规定而被扬弃。因此这里的问题在于，通过道德律，那种走向外部的冲动和那个仅仅指向纯粹的自身规定的观念活动之间究竟是什么关系？

在回答这个问题时，我们只能列举几个关键点，因为这个问题真正说来仅仅是作为研究的中间环节而出现的。——诚然，纯粹意志除非同时是一个外在客体，否则不可能成为自我的客体。但正如前面已经推导出的，这个外在客体本身并不具有实在性，毋宁仅仅是纯粹意志的显现活动的媒介，而且它只应当是纯粹意志对于外部世界而言的表现，此外无他。也就是说，纯粹意志如果不让自己等同于外部世界，就不可能使自己成为客体。但是，如果我们仔细分析"幸福"概念，就会发现其中所包含的恰恰只是一种不依赖于意愿的东西和意愿本身的同一性。因此幸福作为自然冲动的客体只应当是纯粹意志的现象，也就是说，应当和纯粹意志本身是同一个客体。二者应当完全是同一个东西，以至于它们不可能像提供条件者和有条件者那样，相互之间有一个**综合**关系，但二者也绝不可能**独立**于彼此而存在着。如果把幸福理解为某种可能不依赖于纯粹意志的东西，那么根本不会有任何幸福。但是，如果幸福仅仅是外部世界和纯粹意志的同一性，那么二者就是同一个客体，只不过是从不同的方面加以看待。正如幸福不可能是某种不依赖于纯粹意志的东西，同样我们不能设想一个有限的存在者所追求的是一种单纯形式上的道德，因为道德本身只有通过外部世界才能够成为他的客体。全部努力的直接客体并不是纯粹意志，同样也不是幸福，而是那种作为纯粹意志的表现的外在客体。这个绝对同一体，这个支配着外部世界的纯粹意志，是唯一的和最高的善。

III, 582

　　现在，尽管自然界相对于行动而言不是绝对被动的，但它终究不可能为最高目的的实现设置绝对的障碍。从真正的字面意思来看，自然界不可能去**行动**，但理性存在者能够去行动，而他们之间以客观世界为媒介的交互作用甚至是自由的条件。至于是不是每一个理性存在者都由于所有别的理性存在者有可能自由地行动，就去限制他们自己的行动，这取决于一个绝对的偶然，取决于任意。但实际情况不可能是这样。最神圣的东西不应当接受偶然性的摆布。在一个坚不可摧的法则的强制之下，全部理性存在者的交互作用绝不可能取消个体的自由。诚然，这个强制不可能是直接针对自由的，因为任何理性存在者都不是被强制的，而是只能被规定着去自己强制自己；这个强制也不是针对纯粹意志（因为后者仅仅把全部理性存在者共有的东西亦即那个自在的自身规定当作客体），而是只能针对那种从个体出发，又回到个体的自私冲动。为了对付这种冲动，除了它自身之外，也没有什么强制手段或武器可供使用了。外部世界仿佛必须成为一个有机体，以便在自私冲动逾越自己的界限时，强迫它反过来针对自己去行动，并且给它设置一个对立面，在这种情况下，自由 III, 583 的存在者虽然能够作为理性存在者去意愿，却不能作为自然存在者去意愿，而通过这个方式，行动者就陷入自相矛盾，并且至少注意到它已经发生内在的分裂。

自在且自为地来看，客观世界不可能在自身之内包含着这样一个矛盾的根据，因为客观世界对于自由存在者本身的活动是完全漠不关心的；因此，只能是理性存在者把自私冲动遭遇的那个矛盾的根据放置在客观世界里。

必须在第一个自然界之上，仿佛建立起第二个更高的自然界，其中占据支配地位的虽然也是一个自然法则，但这个自然法则完全不同于那个在可见的自然界里占据支配地位的自然法则，也就是说，这是一个服务于自由的自然法则。正如在感性自然界里，原因伴随着铁石心肠的必然性产生出自己的结果，在这第二个自然界里，对于他人的自由的侵犯也必定会伴随着铁石心肠的必然性以冷酷无情的方式立即产生出一个与自私冲动相对抗的矛盾。刚才描述的这样一种自然法则就是法权法则（Rechtsgesetz），而这种法则所支配的第二自然界就是法权制度（Rechtsverfassung），因此后者同样是作为持续的意识的条件被演绎出来。

从这个演绎本身就可以看出，法权学说不是道德的一部分，或者说根本不是一门实践科学，而是一门纯粹理论科学，它对于自由的意义恰恰相当于力学对于运动的意义，因为它仅仅演绎出这样一种自然机制，其中能够设想自由的存在者本身处于交互作用之中，而这种机制本身无疑只能通过自由而建立起来，并且与自然界毫不相干。因为诗人说过，自然界是没有感情的，而福音书也说，上帝让他的太阳高照义人和不义的人。①但是，法权制度只应当是可见的自然界的补充，由此可知，法权秩序不是一种道德秩序，而是一种单纯的自然秩序，不会服从于自由，正如感性自然界的秩序也不会服从于自由。因此，所有那些企图把法权秩序转化为一种道德秩序的做法都会直接导致一个后果，即通过它们固有的颠倒是非和那种最可怕的独断专横的形态而遭到谴责，这就不足为奇了。诚然，法权制度所执行的和我们真正对于一种天命所期待的，就**质料**而言是同一回事，而且总的说来是人类能够提出的最好的神义论，但就**形式**而言却不是同一回事，换言之，法权制度不是作为天命，亦即不是带着深思熟虑和预先筹划去做事。它看起来像一台在某些情况下预先安装好的机器，只要这些情况出现，它就会自行（亦即盲目地）运行起来；虽然机器是由人手制造和安装的，但只要工匠一松手，机器就必定像可

III, 584

---

① 参阅《新约·马太福音》5：45："这样，就可以做你们天父的儿子；因为他叫日头照好人，也照歹人；降雨给义人，也给不义的人。"——译者注

见的自然界一样按照自己固有的法则并且独立地一直运行下去，仿佛它是通过它自己而存在着似的。因此，如果说法权制度是因为近似于自然界而更加令人崇敬，那么当一个制度里占据支配地位的不是法则，而是法官的意志和专制主义，而且这种专制主义在不断干预法权的自然进程的情况下把法权当作一种洞见内核的天命而予以执行，那么这样的景象就是一个笃信法权的神圣性的情感所能遭遇的最可鄙的和最令人愤慨的景象。

但是，如果法权制度是存在于外部世界之内的自由的必要条件，那么无疑有一个重要的问题，也就是说，既然个人的意志根本没有能力建立法权制度，并且预设某种不依赖于它的东西（亦即所有其他人的意志）是必要的补充，那么如何能够设想，这样一种制度仅仅是产生出来的呢？

可以预料的是，一种法权秩序最初产生出来的时候，已经不是凭借偶然性，而是凭借一种自然强制性。这种自然强制性是普遍实施的暴行导致的后果，因此驱使人们在无意识的情况下听任这样一种秩序产生出来，仿佛他们是不经意间领略到这种秩序的最初效果。但接下来很容易看出，一种作为应急措施的秩序本身是不可能持存的，部分是因为，出于紧迫性而建立的东西，也仅仅是用于满足最切近的需要，部分是因为，一个制度的机制动用自己的强制性去对付那些仅仅在有利可图的时候才接受强制的自由存在者，又因为自由事务里不存在什么先天因素，所以如何在一个共同的机制之下把这些自由存在者联合起来，这属于那些只有通过无穷多的尝试才能够被解决的问题之一，更何况那种促使制度重新运转起来的机制，作为制度的理念及其实现之间的中间环节，和制度本身是完全不

III, 585

同的，并且必定依据民族特性、文明程度等方面的差异性经历完全不同的变形。因此可以预料，首先产生出的是一些纯粹临时性的制度，它们全都在自身之内包含着自己灭亡的萌芽，而且因为它们原本不是通过理性，而是通过处境的强制性而建立的，所以迟早都会瓦解，因为很自然地，如果一个民族是迫于形势而暂时放弃了它不能永远转让的某些法权，那么它迟早会把这些法权索要回去，而在这个时候，制度的崩溃就是不可避免的，而且这个制度在形式方面愈是完善，其崩溃就愈是确定无疑，因为真的发生这种事情的话，执政的力量肯定不会心甘情愿地归还那些法权，而单是这一点就已经证明了制度的一种内在缺陷。

　　但是，无论以什么方式，如果最终确立了一个真正立足于法权，而不是仅仅立足于压迫的制度（在开端那里，压迫是必要的），那么，虽然经验永远不足以证明一个普遍命题，但不仅它会表明，而且很多强有力的推论也会证明一点，即哪怕一个制度对于个别国家而言可能是最完满的制度，其持存也是依赖于最明显的偶然事件。

III, 586　　　自然界呈现出来的一切独立的或自足持存的体系都是立足于三种彼此独立的力量。如果以自然界为榜样，制度的法权性也划分为三种彼此独立的基本国家权力，虽然这种划分对于一个法权制度来说是必要的，但那些合理提出的反对意见恰恰证明了这个制度的缺陷，只不过这个缺陷不可能是位于制度自身之内，而是必须在制度之外去寻找。出于个别国家在面对其他国家时的安全方面的考虑，行政权力绝对会不可避免地凌驾于国家机器的其他权力尤其是立法权力和司法权力之上，占据最具决定性的优势地位，所以最终说来，整体的持存不是取决于对相反权力的防范（这是一个以极为肤浅的方式臆想出来的保障手段），而是仅仅取决于那些掌握最高权力的人的善良意志。然而任何属于法权的护卫和保护伞的东西都不应当依赖于偶然性，而如果要让这样一个制度的持存不依赖于善良意志，那么仍然只有通过一个强制才是可能的，这个强制的根据显然不可能位于制度自身之内，因为这样就必须有第四种权力，而人们要么把大权交给这种权力，于是它就是行政权力本身，要么剥夺它的权力，于是它的作用仅仅依赖于偶然性，而哪怕在最好的情况下（即人民站在它那边），暴乱也是不可避免的，而在一个好的制度里，就像在一台机器中那样，暴乱必定是不可能的。

因此，如果没有一个凌驾于个别国家之上的组织，即一个由全部相互担保其制度的国家组成的联邦，就根本不能设想任何个别的国家制度的持存是有保障的，哪怕这个国家制度就理念而言已经是完满的。但这种普遍的相互担保要成为可能，又需要两个前提：**首先**，真正的法权制度的各种原理已经得到普遍推广，以至于个别国家只关心一件事情，即去维护全部国家的制度；**其次**，正如此前的个体在建立个别国家时已经做的那样，这些国家也服从唯一的共同法则，以至于个别国家都是万国中的一国，而对于各个民族相互之间的纠纷，则是存在着一个由全部文明国家的成员组成的普遍的最高法院，它可以动用所有别的国家的力量去制裁任何一个造反的国家个体。 III, 587

通过一种普遍的，而且在个别国家之上推广开的法权制度，个别国家走出了它们一直以来相互之间所处的自然状态。那么这种制度应当如何通过自由而得以实现呢？因为正是自由在国家的交互关系里展开自己的最放肆和最无拘无束的表演，而自由的表演就是整个历史进程，所以，除非有一种盲目的必然性在这个表演里占据着支配地位，而且这种必然性在客观上给自由带来了单凭自由绝不可能存在的东西，否则我们根本不能理解刚才所说的那个问题。

这样，通过上述推理过程，我们被迫回到此前提出的那个问题，也就是说，一方面是那种表现为任意的自由，一方面是客观东西或合乎法则的东西，它们之间的同一性究竟是以什么为根据？从现在起，这个问题获得了一个卓越得多的意义，并且必须按照一种最大的普遍性得到回答。

III.

尽管普遍的法权制度只能寄希望于我们在历史里面看到的各种力量的自由表演，但这样一种制度不应当是纯粹偶然地产生出来的。这样就出现一些问题：总的说来，一系列没有计划和目标的事件是否配得上"历史"这个名称？历史的纯粹**概念**是否也包含着一种就连任意也被迫为之服务的必然性的概念？

III, 588 这里的首要关键在于，我们应当搞清楚历史的概念。

并非一切发生的事件都因此是历史的客体，比如，有些自然事件之所以获得历史学的意义，仅仅是因为它们曾经影响到人类的行动；至于那些按照一个已知的规则而发生的、周而复始出现的事件，或者所有那些可以先天地推算出的结果，更不能被看作历史学的客体。如果人们希望按照真正的字面意思去谈论"自然史"，就必须这样想象自然界：它仿佛自由地进行生产活动，并且通过不断偏离唯一的原初原型而逐渐呈现出生产活动的整个杂多性，这样一来，这就不是**自然客体**的历史（其实是对于自然界的描述），而是进行生产的**自然界本身**的历史了。那么在这样一种历史里，我们看到的自然界是什么样子呢？我们将看到，自然界仿佛变着各种法子随心所欲地分配各种力量的同一个总和或比例，同时绝不逾越界限；也就是说，我们将看到，自然界在进行生产时虽然是自由的，但并不因此就是完全杂乱无章的。换言之，一方面，自然界是通过其生产活动中的自由假象而成为历史的客体，因为我们不可能先天地规定它的生产活动的方向，尽管这些方向无疑都有自己的特定法则，另一方面，自然界是通过它所支配的那些力量的比例在自然界之内设置的局限性和合法则性而成为历史的客体。这就清楚地表明，历史既不是遵从绝对的合法则性，也不是遵从绝对的自由，而是仅仅存在于那样一个地方，在那里，唯一的理想通过无穷多的偏离情况而得以实现，以至于虽然个别东西不是与理想契合，但整体却是与理想契合。

进而言之，在这样逐渐实现理想的过程中，只有一种作为整体的进展才仿佛在一个理智直观面前满足了理想。但这个实现过程只有通过一些具有族类特性的存在者才是可设想的，也就是说，个体正因为是个体，所以没有能力达到理想，而理想作为一个必然已规定的东西，必须得以实现。这样我们就发现了历史的一个新的特性，也就是说，只有这样一些存在者才有历史，他们所抱有的理想绝不可能通过个体，毋宁只能通过族类而得以实现。这就需要每一个后来的个体恰恰在先行的个体止步的地方参与进来，需要前后相继的个体之间有一种延续性，以及，如果历史的进展里应当实现的是某种只有通过理想和自由才可能的东西，还需要传统或传承。 III, 589

以上对于历史概念的演绎本身就表明，无论是一系列完全杂乱无章的事件，还是一系列绝对合乎法则的事件，都不配被称作历史。由此还可以看出：

　　a. 任何历史里面设想的进展都不容许有这样一种合法则性, 这种合法则性把自由的活动限制在一些特定的、总是前后相继回归自身的行动上面;

　　b. 一切按照一个特定的机制而出现的东西, 或者说一切具有其先天理论的东西, 都绝不是历史的客体。理论和历史是完全对立的。人类之所以拥有历史, 仅仅是因为他们做的事情不能够根据任何理论预先推算出来。就此而言, 任意是历史的女神。在神话里, 历史的第一步就开始于从本能的统治进入自由的领域, 而这伴随着黄金时代的丧失, 或者说伴随着原罪, 亦即伴随着任意的最初表现。在哲学家的理念里, 历史是伴随着理性王国(亦即法权的黄金时代)而终结的, 当此之际, 一切任意都从大地上消失了, 而人类将通过自由而回到自然界原初地为他们安排的, 而他们在历史开始的时候已经离开的那个地方;

III, 590　　c. 完全杂乱无章的东西, 或者说一系列没有目的和意图的事件, 同样不配被称作历史, 只有自由和合法则性的联合, 或者说, 只有一个从未完全丧失的理想通过存在者的整个族类而逐渐实现的过程, 才构成了历史的独特性。

　　按照现在推导出来的历史的这些根本特性, 我们必须更为精确地研究历史的先验可能性, 而这将把我们导向一种**历史**哲学; 历史对于实践哲学而言的意义, 恰恰就是自然界对于理论哲学而言的意义。

A.

　　针对一种历史哲学, 第一个可以合理提出的问题无疑是这个问题: "一般而言, 怎样才可以设想一种历史?" 因为, 如果对于每一个人而言，一切存在着的东西都仅仅是由他的意识所设定的，那么对于每一个人而言，整个过去的历史也只能是由他的意识所设定的。实际上我们同样主张，假若之前的整个历史从未存在过，那么单凭所有那些为了设定个体意识而必不可少的规定，并不能设定个体意识；假若这里涉及的是一种技巧，那么很容易通过一些例子而予以说明。诚然，过去的历史和意识本身的个体性一样，仅仅属于现象，因此对于每一个人而言，历史所具有的实在性相比于意识的个体性所具有的实在性，既不会更多，也不会更少。这个特定的个体性把具有这个文化特性、这个文化进步等等的这个特定时代当作前提，但没有整个过去的历史，就不可能有这样一个时代。一般而言，历史学的任务无非是去解释世界的当前状态，因此它同样可以从现在的状态出发，推断出过去的历史，而在我们看来，如果能够遵循严格的必然性而从现在的状态推导出整个过去，这未尝不是一个有趣的尝试。

　　针对这个解释，或许有人会质疑道：无论如何，过去的历史不是由**每一个**个体意识所设定的，而且每一个个体意识所设定的也不是**整个**过去，而是过去的主要事件，而人们之所以能够认识到这些事件，只不过是因为它们的影响已经延伸到现在的时间和每一个人的个体性；对此我们的答复是：首先，只有当过去已经对一个人产生影响，只有在这个意义上，对他而言才存在着一个历史；其次，凡是在历史中**曾经存在**的东西，都是真正和每一个人的个体意识联系在一起，或者将要联系在一起，只不过不是直接地联系在一起，而是经历了无穷多的中间环节，而在这种情况下，假若人们能够揭示出那些中间环节，就会清楚地看出，为了把这个意识组合起来，**整个**过去都是必不可少的。当然，正如每一个时代的绝大多数人在世界上都不曾

III, 591

拥有一种真正具有历史意义的存在，许多事件也是如此。因为，正如仅仅作为物理原因并通过物理作用而让自己永恒化的做法并不足以导致后世的纪念，同样，如果人们不让自己成为一个新的未来的原因，而是仅仅成为理智产物，或者说仅仅成为一个中间环节，进而仅仅作为一个媒介让过去传承下来的文化过渡到后世，那么同样很难获得一种历史中的存在。无论如何，伴随着每一个个体性的意识而设定的，就是那些直到现在都一直发挥作用的东西，但这恰恰也是唯一属于历史，并且在历史中已经存在的东西。

至于历史的先验的**必然性**，已经在前面通过这种方式推导出来，也就是说，理性存在者的任务是要解决普遍的法权制度问题，而这只有通过整个族类，确切地说，只有通过历史才是可实现的。因此我们在这里满足于仅仅推出一个结论，即历史的唯一真实的客体只能是世界公民制度的逐渐产生，因为这个制度恰恰是历史的唯一根据。一切别的不具有普遍意义的历史只能在**实用方面**，也就是说，只能按照古人已经遵循的概念，指向一个特定的经验目的。与此相反，"实用的普遍历史"是一个自相矛盾的概念。其余的一切通常被划归为历史学的东西，比如艺术和科学的不断进步等，严格说来根本不属于κατ' ἐξοχήν [真正意义上的]历史学，或者说在历史学里面仅仅要么充当文献，要么充当中间环节，因为就连艺术和科学里面的那些发明，主要也是通过增加和增强人们相互伤害的手段，带来前人闻所未闻的大量祸害，从而加速人类的进步，以建立一个普遍的法权制度。

III, 592

B.

历史的概念包含着一种无限**进展**的概念，这在前面已经得到充足的证明。但由此当然不能直接推出，人类具有无限的完满能力，因为那些否认这一点的人同样可以主张，人类和动物一样不具有一种历史，而是被封闭在一个永恒的行动怪圈之内，在其中，人类就像绑在轮子上的伊克西翁[①]一样，无休止地运转着，在持续的振荡中有时甚至看起来偏离了曲线，但总是又回到起初的出发点。关于这个问题，我们很难期待一个明智的结论，因为无论是赞成还是反对这个结论的人，对于那个应当用来衡量进步的尺度，其观点是极为混乱的。有些人诉诸人类的**道德**进步，我们倒真是希望掌握这方面的尺度。另一些人则是诉诸**艺术**和**科学**里的进步，但这种进步从历史的（实践的）立场来看，更像是一种退步，或至少是一种反历史的进步，关于这一点，我们可以援引历史本身和那些历史意义上的古典民族（比如罗马人）的判断和例子作为证据。但是，如果历史的唯一客体是法权制度的逐渐实现，我们就会发现，人类进步的唯一的历史尺度就是逐渐接近这个目标，至于人类最终会达到目标，这一点既不能依据迄今为止的经验加以推断，也不能在理论上先天地加以证明，毋宁仅仅是有效地行动着的人们的一个永恒信条。

III, 593

C.

我们现在转而讨论历史的那个主要特性，即历史应当呈现出自由和必然性的统一，并且只有通过这个统一才是可能的。

但我们已经从一个完全不同于纯粹历史概念的方面演绎出，自由和合法则性在行动中的这个统一是必然的。

---

① 伊克西翁(Ixion)，特萨利国的暴君，犯下诸多罪行，其中最严重的一桩是热烈追求宙斯的妻子赫拉（朱诺），而他为此遭受的惩罚是被绑在一个永远燃烧和转动的轮子上面。——译者注

　　普遍的法权制度是自由的条件，因为如果没有这种制度，自由就没有保障。换言之，自由如果没有得到一种普遍的自然秩序的保障，就仅仅晃荡地存在着，并且像在我们当今的绝大多数国家里一样，仅仅是一株寄生植物，基本上是按照一种必然的断断续续而得到容忍，以至于个人永远不能确保自己的自由。但事情不应当是这样的。自由不应当是一种恩赐或一种只允许像禁果那样去享用的善。自由必须得到一种像自然界那样鲜明而恒定的秩序的保障。

III, 594　　　但这种秩序又只能通过自由而得以实现，而且它的建立完全并且仅仅取决于自由。这是一个矛盾。正因如此，外在自由的第一个条件必须和自由本身一样是必然的，而这个条件只能通过自由而得以实现，也就是说，它的产生取决于偶然性。如何统一这个矛盾呢？

　　只有当自由本身又包含着必然性，才可以统一这个矛盾。但如何设想这样一种统一呢？

　　在这里，我们遭遇到先验哲学的最高问题，这个问题虽然在前面（II.）已经说出来，但还没有得到解决。

　　自由应当是必然性，必然性应当是自由。但必然性在与自由的对立中无非是无意识的东西。我之内的无意识的东西，是非任意的；伴随着意识的东西，是通过我的意愿而存在于我之内。

　　所谓自由又应当包含着必然性，无非是说：通过自由本身，当我相信自己在自由地行动时，应当无意识地（亦即无需我的干预）产生出我并未欲求的东西；或者换个说法：有意识的活动，亦即我们在前面推导出来的那个自由地做出规定的活动，应当与一个无意识的活动相对立，通过后者，且不论自由的最不受限制的表现，在完全非任意的，或许甚至违背行动者的意志的情况下，产生出行动者通过自己的意愿永远不可能加以实现的某种东西。这个命题无论看起来多么荒谬，却无非仅仅是自由和一种隐蔽的必然性的那种被普遍采纳和预设的关系的先验表述。这种必然性有时候被称作命运，有时候被称作天命，但无论是对于前者，还是对于后者，人们都没有清楚的看法。凭借那种关系，人们在违背自己的意志的情况下，必定通过他们的自由行动本身，就成为某种他们从未意愿过的东西的原因，或者反过来说，凭借那种关系，人们通过自由并且竭尽全力所意愿的东西必定会失败和蒙羞。

人类自由受到一种隐蔽的必然性的干预——这不仅是悲剧艺 　III, 595
术的前提（悲剧艺术的整个存在都是基于这个前提），甚至也是有效的行动的前提；没有这个前提，人们就不可能意愿任何正当的东西，没有这个前提，人类心灵也不可能受到那种不计后果的勇气的激励，按照义务所要求的那样去行动；因为，如果一切可能的牺牲都是基于人们相信他们所属的这个族类绝不会停止进步，那么这个完全并且仅仅建立在自由之上的信念是如何可能的呢？这里必定有一种高于人类自由的东西，唯有基于这种东西，人们才能够对有效的行动进行稳妥的估算，而如果没有这种东西，那么任何人都不敢采取一个具有重大后果的行动，因为哪怕是对于行动的最完满的估算，也会通过别人的自由的干预而被如此彻底地破坏，以至于从他的行动可能得出某种完全不同于他的意图的后果。义务一旦已经决定，就不可能要求我对于我的行动的后果无动于衷，除非虽然我的行动是依赖于我自己（亦即依赖于我的自由），但我的行动的后果，或者说那些从我的行动里对我的整个族类发展出的东西，却根本不是依赖于我的自由，而是依赖于某种完全不同的更高东西。

也就是说，自由有一个必要的前提，即人类虽然就其行动本身而言是自由的，但就其行动的最终结果而言却是依赖于一种必然性，这种必然性高高在上，并且本身操纵着人类的自由表演。现在，这个前提应当以先验的方式加以解释。如果用天命或命运去解释这个前提，就等于根本没有做出解释，因为天命或命运恰恰是一种应当加以解释的东西。诚然，我们并不怀疑天命；我们也不怀疑你们口中的命运，因为我们感觉到它对于我们自己的行动，对于我们自己的计划的成功和失败的干预。但这种命运究竟是什么东西呢？

III, 596　　如果我们把问题还原为先验的表述，就等于是问：当我们完全自由地（亦即伴随着意识）去行动时，为什么会发现某种我们从未欲求的，并且那种沉湎于自身的自由也从未制造出来的东西会无意识地产生出来？

在与我的意图无关的情况下产生出来的东西，就像客观世界一样产生出来；但通过我的自由行动，也应当对我产生出某种客观的东西，即第二自然界或法权秩序。但没有什么客观东西能够通过自由行动对我产生出来，因为一切客观东西本身都是无意识地产生出来的。因此，除非有一个无意识的活动与有意识的活动相对立，否则就不能理解，那第二种客观东西如何能够通过自由行动产生出来。

但只有在直观活动中，客观东西才无意识地对我产生出来，因此那个命题的意思是：真正说来，我的自由行动中的客观东西必须是一个直观活动；这样一来，我们就回到以前的一个命题，这个命题在某些方面已经得到解释，但在某些方面只有在这里才能够获得其完满的清晰性。

也就是说，行动中的客观东西在这里获得了一个完全不同于以往的意义。更确切地说，我的行动的最终目的是某种并非单凭个体，毋宁只有**通过整个族类**才可以实现的东西；至少我的全部行动都应当以此为目标。因此我的行动的结果不是依赖于我自己，而是依赖于所有其他人的意志，而且，如果不是所有的人都意愿同一个目的，那么我也不可能达到那个目的。但这恰恰是可疑和不确定的，甚至是不可能的，因为绝大多数人根本还没有想到那个目的。那么如何摆脱这种不确定性呢？在这里，或许人们觉得自己是向着一种道德世界秩序前进，并要求这种秩序是达到那个目的的条件。但人们打算怎样证明，这种道德世界秩序可以被看作客观的，并且是完全不依赖于自由而存在着呢？人们可以说，只要我们建立起道德世界秩序，它就存在着，但它究竟是在哪里建立起来的呢？也就是说，如果全部理智间接地或直接地所意愿的无非是这样一种秩序，那么它就是全部理智的共同结果。但如果事情不是这样，这种秩序也就不存在。每一个单独的理智都可以被看作上帝或者说道德世界秩序的一个组成部分。每一个理性存在者都可以对自己说："在我的作用范围之内，即使法则的执行和法权的实施被托付给我，而且我也承担着道德世界秩序的一个部分，但和许多人相比，我又算什么呢？"只有当所有其他人和我具有同样的想法，并且每一个人都行使自己的神圣权利，让正义占据统治地位，那种秩序才会存在着。

〔III, 597〕

简言之：要么我诉诸一种**道德**世界秩序，这样我就不能把它看作绝对客观的，要么我要求某种绝对客观的东西，某种完全不依赖于**自由**就保障并且仿佛保证行动的结果能够达到最高目的的东西，这样我就不得不承认一种**无意识的东西**（因为意愿里的唯一客观的东西就是无意识的东西），通过它，全部行动的外在结果必须得到保障。

　　也就是说，只有当一种无意识的合法则性又支配着人们的任意的，亦即完全不服从法则的行动，我才能够设想全部行动为着一个共同的目的最终统一起来。但合法则性仅仅存在于直观活动中，因此，除非那在我们看来是自由行动的东西客观地或自在地来看是一个直观活动，否则那种合法则性是不可能的。

　　但现在谈论的不是个体的行动，而是**整个族类**的行动。那应当对我们产生出来的第二种客观东西，只能通过族类，亦即只能在历史里，得以实现。但客观地看来，历史无非是一系列事件，它们仅仅在主观上看起来是一系列自由行动。诚然，历史里的客观东西是一个直观活动，但不是个体的直观活动，因为在历史里行动的不是个体，而是族类；因此，历史里的直观者或客观东西对于整个族类而言必须是**同一个东西**。

III, 598

　　尽管全部理智里的客观东西是同一个东西，但每一个单独的个体毕竟绝对自由地行动着，因此各个理性存在者的行动不是必然协调一致的，毋宁说，除非全部理智所共有的那种客观东西是一个**绝对综合**，其中已经预先消解和扬弃了全部矛盾，否则个体愈是自由，整体里面就有愈多的矛盾。——我在每一个行动那里都不得不预设，每一个自由的存在者都旁若无人似的在从事一种完全不服从法则的自由表演，以突出自己（这始终必须被认为是一个规则），但这种表演的最终结果却是某种合乎理性的和协调一致的东西，而如果要理解这个预设，那么全部行动里的客观东西必须是某种共同的东西，通过这种东西，人们的全部行动被导向唯一的和谐目标，以至于无论人们怎么扭捏作态，怎么挥洒自己的任意，都必定会在违背自己的意志的情况下被一种隐蔽的必然性带到他们不想要去的地方，而这种隐蔽性已经预先规定，人们恰恰是通过不服从法则的行动而展开一场出乎他们意料的大戏，而且他们愈是不服从法则，这件事情就愈是确定。但这种必然性本身只有通过全部行动的一个绝对综合才是可设想的，而一切发生的事情（因此也包括整个历史）都是从这个综合里发展出来的，又因为这个综合是绝对的，其中的一切东西都预先得到权衡和估算，所以无论发生什么事情，无论这些事情看起来多么矛盾和混乱，都能够在这个综合之内具有和找到自己的统一根据。这个绝对综合本身必须被设定在绝对者之内，而绝对者就是全部自由行动里的直观者和永恒而普遍的客观东西。

尽管如此，这整个观点仅仅把我们导向一个自然机制，通过这个机制，全部行动的最终结果得到保障，而且全部行动无需自由的介入就指向整个族类的最高目标。因为对于全部理智而言，永恒而唯一的客观东西恰恰是自然界或者说直观活动的合法则性，而直观活动在意愿里成为某种完全不依赖于理智的东西。但客观东西对于全部理智而言的这种统一性仅仅给我解释了，对于**直观**而言，整个历史是由一个绝对综合所预先规定的，这个综合在不同序列里的单纯发展就是历史，却没有解释，行动本身的自由如何与全部行动的这种客观的预先规定协调一致；也就是说，那种统一性仅仅给我解释了历史概念的其中一个规定，即**合法则性**，而正如我们现在看到的，合法则性仅仅出现在行动的客观东西里面（因为这种客观东西实际上属于自然界，**必须**和自然界一样合乎法则，因此行动的客观的合法则性完全是机械地仿佛自行产生出来的，所以，企图

III, 599

通过自由而制造出这种合法则性，这是徒劳的）；但那种统一体没有给我解释另一个规定，即不服从法则的情况（亦即**自由**）与合法则性的共存；换句话说，它始终没有给我们解释，究竟怎样才能够把那种**客观东西**（它在完全不依赖于自由的情况下通过它自己的合法则性就制造出它要制造出的东西）和**自由规定者**之间的和谐建立起来。

当前的反思之处有两个相互对立的东西：一边是**自在的理智**（全部理智所共有的绝对客观的东西），一边是自由规定者（绝对主观的东西）。历史的客观的合法则性是由**自在的理智**所一劳永逸地预先规定的，但是，既然客观东西和自由规定者完全不依赖于彼此，各自仅仅依赖于自己，那么我是凭借什么才确信，客观的预先规定和无穷多的通过自由而可能的东西是相互穷尽的，因此那种客观东西对于全部自由行动的整体而言真的是一个**绝对综合**？既然自由是绝对的，并且绝不可能由客观东西所规定，那么什么东西能够确保二者之间的持久的一致性呢？如果客观东西始终是被规定者，那么它是通过什么东西而恰恰被规定成这样，即在客观上给那种仅仅在任意里表现出来的自由补充一种不可能包含在自由之内的东西，亦即合乎法则的东西？客观东西（合乎法则的东西）和规定者（自由的东西）之间的这样一种前定和谐，只有通过某种更高的、凌驾于二者**之上**的东西才是可设想的，因此这种东西既不是理智，也不是自由的，毋宁同时是理智东西和自由东西的共同源泉。

III, 600

如果那种更高的东西无非是那些为了显现出来而在行动中分裂的绝对主观东西和绝对客观东西、有意识的东西和无意识的东西之间的同一性的根据，那么它本身就既不可能是主体，也不可能是客体,更不可能同时是二者,毋宁只能是**绝对同一性**,这种同一性不包含任何二重性,而且正因为二重性是全部意识的条件,所以它绝不可能达到意识。这种永恒的无意识的东西仿佛是魂灵王国里的太阳,用自己的纯净光芒把自己隐藏起来,尽管从未成为客体,却给全部自由的行动打上它的同一性的烙印,与此同时,它对于全部理智而言是同一个东西,是一个不可见的根基(全部理智仅仅是这个根据的潜能阶次),是我们之内的自己规定着自己的主观东西和客观东西或直观者之间的永恒中介者,是自由里面的合法则性的根据,同时也是客观东西的合法则性里面的自由的根据。

很显然,那个已经在意识的最初活动里发生分裂,并且通过这个分裂而制造出有限性的整个体系的**绝对同一体**,根本不可能具有任何谓词,因为它是绝对单纯的东西,不具有理智东西或自由东西具有的谓词,既然如此,它也绝不可能是知识的客体,毋宁只能是行 III, 601 动中永恒预设的客体,亦即信仰的客体。

但是,如果那个绝对者是自由行动——不仅指个体的自由行动,而且指整个族类的自由行动——中的客观东西和主观东西之间的和谐的真正根据,我们就会首先在合法则性那里察觉到这种永恒不变的同一性的痕迹,而合法则性作为一只未知的手编织出来的东西,贯穿着历史里面的任意的自由表演。

现在,如果我们仅仅反思全部行动中的**无意识的**或**客观的东西**,我们就必须假定全部自由的行动(因此也包括整个历史)是被彻底地预先规定的,而且这不是一种有意识的预先规定,而是一种完全盲目的、通过模糊的命运概念表达出来的预先规定,而这就是**宿命论体系**。但如果我们仅仅反思**主观东西**或那个任意地做出规定的东西，就会看到一个绝对不服从法则的体系产生出来，这就是真正**反宗教**的或**无神论**的体系，其主张的是，一切活动和行动里面都没有法则，没有必然性。最后，如果我们把反思提升到那个绝对者，即自由和理智东西之间的和谐的共同根据，就会看到天命的体系产生出来，而这就是唯一真实意义上的**宗教**。

无论什么时候，那个绝对者都只能把自己**启示**出来，假若它已经在历史里真正地并且完整地启示自身，或曾经启示自身，这也是为了推翻自由的现象。假若自由的行动完全契合预先规定，这个完满的启示就会出现。但是，假若这样一种契合或者说绝对综合得到完整的发展，我们就会发现，一切在历史进程里通过自由而发生的事情，在这个整体里是合乎法则的，而且为了制造出这个整体，一切行动尽管看起来是自由的，实则却是必然的。有意识的活动和无意识的活动之间的对立必然是一个无限的对立，因为假若能取消这个对立，也就会取消那种完全并且仅仅以此为基础的自由现象。也就是说，我们不能设想在某个时间里，绝对综合（用经验的表述来说就是天命计划）会得到完整的发展。

如果我们把历史设想为一出戏剧，其中的每一个参与者都完全自由地、随心所欲地扮演自己的角色，那么只有通过如下情况才可以设想这种混乱表演的一个合乎理性的发展，即唯一的精神在所有的演员之内作诗，这位诗人的分散的肢体（disjecti membra poetae①）是单个的演员，而诗人已经预先把整体的客观结果与所有单个演员的自由表演设定为和谐一致，以至于最后必定会得出某

III, 602

---

① 这句谚语出自罗马诗人贺拉斯，后来也引申出"残篇断简"的意思。——译者注

种合乎理性的东西。**假若**诗人是独立于他的戏剧的，那么我们就仅仅是一些去表演他的剧本的演员。但是，**如果**诗人不是独立于我们的，而是仅仅通过我们的自由表演本身而不断地启示和揭示他自己，以至于他自己的**存在**离不开这种自由，那么我们就是整体的合作诗人，并且亲自发明出我们所扮演的特殊角色。——因此，如果要让自由的现象屹立不倒，那么自由和客观东西（合乎法则的东西）之间的和谐的最终根据就绝不可能完全成为客观的。——绝对者是通过每一个理智而去行动的，也就是说，每一个理智的行动**本身**都是绝对的，就此而言，既不是自由的，也不是不自由的，毋宁同时是二者，是**绝对–自由的**，但正因如此也是必然的。现在，当理智让自己的行动对自己成为客观的，过渡到客观世界，而它自己则是通过这个方式走出了绝对的状态，亦即走出了那种无法区分任何东西的同一性，并且意识到它自己（把自己与自己区分开），那么它的行动里面就发生了自由的东西和必然的东西的分裂。行动只有作为内在现象才是自由的，在这种情况下，我们是自由的，并且在内心里始终相信我们是自由的，与此同时，我们的自由的现象，或者说我们的 III, 603已经过渡到客观世界的自由，和任何别的事件一样，都是遵循自然法则。

　　通过迄今所述，本身就可以看出哪一种历史观才是唯一真实的历史观。历史作为整体乃是绝对者的一个持续推进的、逐渐揭示自身的启示。因此无论在历史里面的哪个位置，人们都绝不可能指出那里仿佛能够看到天命或上帝自身的痕迹。因为，如果存在是一种在客观世界呈现出来的东西，那么上帝绝不**存在**；假若他**存在**，**我们**就不存在：但上帝是不断地**启示**自身。人类通过自己的历史不断地做出上帝存在的证明，但这个证明只有通过整个历史才能够完成。一切的关键在于，人们应当认识到那个抉择。如果上帝**存在**，也就是说，如果客观世界是上帝的一个完满呈现，或者换个说法，是自由东西和无意识的东西的完整契合，那么一切东西**只能**像它们现在这样存在着。但客观世界不是这样的。或者客观世界真的是上帝的一个完整启示？——如果自由的现象必然是无限的，那么绝对综合的完整发展就是一个无限的发展，而历史本身则是那个绝对者的绝不会完全发生的启示；绝对者为了顾及意识，因此也仅仅为了顾及现象，才分裂为有意识的东西和无意识的东西，分裂为自由的东西和进行直观的东西，但它**自身**在其寓居的炫目光芒里却是二者之间的和谐的永恒同一性和永恒根据。

我们可以假设那个启示有三个时期，因此也可以假设历史有三个时期。我们的划分根据是由命运和天命这两个相互对立的东西提供的，而它们中间的自然界则是构成了从前者到后者的过渡。

第一个时期是这样一个时期，其中占据支配地位的东西仅仅作为命运，亦即作为完全盲目的力量，冷酷无情地、无意识地摧毁哪怕最伟大和最辉煌的事物；我们可以把历史上的这个时期称作悲剧时期，这里面包括古代世界的辉煌奇迹的沉沦，包括那些几乎没有留下任何记忆，因此我们只能根据其废墟去推测其规模的伟大王国的崩溃，还包括自古以来最繁盛和最高贵的人类的毁灭，至于让他们回归大地，这只不过是一个永恒的夙愿。

III, 604

历史的第二个时期是这样一个时期，在其中，前一个时期里显现为命运亦即完全盲目的力量的东西，作为自然界启示自身，而前一个时期里占据支配地位的黑暗法则至少看起来转化为一种明显的**自**

然法则，它强迫自由和最放荡不羁的任意服务于一个**自然计划**，并且通过这个方式至少逐渐地在历史里制造出一种机械的合法则性。这个时期看起来是开始于伟大的罗马共和国的扩张，从那时起，那种最为放纵的任意表现为一种普遍的占领欲和征服欲，因为它第一次普遍地把各个民族联合起来，并且让那些一直以来在伦理和法律、艺术和科学里仅仅按照个别民族而区分开的东西相互接触，在无意识的，甚至违背它的意志的情况下，被迫服务于一个自然计划，而这个计划一旦得到完整的发展，就必然导致普遍的民族联盟和无所不包的国家。就此而言，属于这个时期的一切事件也必须被看作单纯的自然秩序，甚至罗马帝国的覆灭也既不具有悲剧意义也不具有道德意义，而是按照自然法则必然发生的，而且真正说来仅仅是一件缴纳给自然界的贡品。

历史的第三个时期将是这样一个时期，那时候，早先的时期里显现为命运和自然界的东西，将作为**天命**而发展和启示自身，就此而言，甚至那些看起来仅仅是命运或自然界的单纯作品的东西，也已经是一种以不完满的方式启示着自身的天命的开端。

至于这个时期将在什么时候开始，我们无法回答。但这个时期存在的时候，上帝也将**存在**。

F ①

任务:解释自我自身如何能够意识到主观东西和
客观东西之间的原初和谐

解决

I.

1)一切行动只有通过自由和必然性的原初统一才是可理解的。② 对此的证明是,每一个行动,无论是**个体**的行动还是整个**族类**的行动,作为行动而言必须被看作自由的,但作为客观的结果而言却必须被看作服从于自然法则。也就是说,主观上看,我们对于内在现象而言在行动;但客观上看,我们从未行动,反倒是另一个东西仿佛通过我们在行动。

2)但无论如何,这种通过**我**而行动着的东西,又应当是我。③然而我仅仅是有意识的东西,反之另外那种东西是无意识的东西。因此我的行动中的无意识的东西应当是与有意识的东西同一的。但现在的问题是,这种同一性在自由的行动自身之内是无法证实的,因为恰恰是为了顾及自由的行动(亦即让那种客观东西客观化)④,这种同一性扬弃了自己。就此而言,这种同一性必须在这种客观化的

---

① 从这个地方开始,出现在脚注里的补充和修订(以及少数出现在方括号里面的文字)都是谢林在一份校样里亲笔写下的。——原编者注
② 一切行动的绝对公设是自由和必然性的原初统一。——谢林本人校订
③ 自由的东西。——谢林本人校订
④ 括号里的文字在校样里被删掉了。——原编者注

彼岸被揭示出来。①但那种在自由的行动里，在不依赖于我们的情况下，成为客观东西的东西，显现出来就是**直观活动**，因此这种同一性必须在直观活动里得到证实。

但它在直观活动自身之内得不到证实。因为，要么直观活动是绝对**主观的**，于是根本不是客观的，要么直观活动[在行动里]成为客观的，于是恰恰为了顾及客观化，那种同一性已经在直观活动里扬弃自身。因此，这种同一性只能在直观活动的产物里得到证实。

III, 606

在第二种秩序的客观东西里，这种同一性不可能被揭示出来，因为只有通过扬弃同一性，并且通过一种无限的分裂，那种客观东西才确立下来。诚然，这种客观东西只能通过这样一个假设而加以解释，即它是一种原初地被设定为和谐的东西，然后在自由的行动里为了显现出来而发生分裂。但这种具有同一性的东西只有对于自我自身而言才应当得到证实，而且它既然是历史的解释根据，就不能反过来依据历史而得到证明。

因此，这种同一性大概只有在第一种秩序的客观东西里才能够被揭示出来。

我们已经断定，客观世界是通过理智的一种完全盲目的机制而产生出来的。但这样一种机制的基本特性是意识，因此，除非这种机制已经是由一个自由的和有意识的活动所预先规定的，否则就很难理解，它如何可能存在于自然界之内。同理，除非世界在成为一种有意识的行动的客体之前，已经借助于无意识的活动和有意识的活

---

① 必须在自由的行动的彼岸，在无意识的东西客观地与我们对立的地方的彼岸，被揭示出来。——谢林本人校订

动的那种原初同一性而获得了对于有意识的行动的感受能力，否则也很难理解，我们的目的如何可能通过一个自由的和有意识的活动在外部世界里得以实现。

　　现在，如果全部有意识的活动都是合乎目的的，那么有意识的活动和无意识的活动的那种契合就只能在一种虽然是**合乎目的的，但不是以合乎目的的方式被制造出来**的产物里得到证实。这样一种产物必定是自然界，而这恰恰是全部目的论的本原，只有在目的论里，才能够找到已经提出的问题的解决办法。①

───────────

① 自然界作为这样的东西，就是我们对于下面这个问题的第一个答复：我们为了让行动成为可能而要求的必然性和自由的那种绝对和谐，是如何或通过什么东西对我们自身而言重新成为客观的？——谢林本人校订

第五章
基于先验唯心论原理的目的论主要定理

正如自由的现象只有通过唯一的同一的活动才是可理解的，而这个活动仅仅为了显现出来才分裂为有意识的活动和无意识的活动①，同样确定的是，自然界作为[位于那个分裂的彼岸并且]无需自由而被制造出来的东西，必须显现为一种虽然合乎目的，但不是遵循一个目的而被制造出来的产物，也就是说，这种产物虽然是盲目机制的作品，但看起来却仿佛是被有意识地制造出来的。

1）**自然界必须显现为合乎目的的产物。**先验的证明②是依据无意识的活动和有意识的活动的必然和谐而做出的。基于经验的证明并不属于先验哲学，因此我们立即过渡到下面的第二定理。

2）**自然界按照生产活动[制造活动]而言不是合乎目的的**，也就是说，尽管它本身具有一个合乎目的的产物的全部特性，但就其起源而言不是合乎目的的，而且，当我们通过用一个合乎目的的生产活动去解释它，自然界的特性，还有那个使自然界成为自然界的东

---

① 只有通过唯一的同一的活动，绝对和谐才是可理解的，而这种和谐为了显现出来，已经分裂为有意识的活动和无意识的活动。——谢林本人校订

② 思辨的和原初的证明。——谢林本人校订

西，就恰恰被扬弃了。因为自然界的独特之处恰恰在于，它在自己的机制中虽然本身无非是盲目的机制，却是合乎目的的。当我扬弃了这种机制，也就扬弃了自然界本身。整个魔法，比如那个围绕着有机自然界，只有借助于先验唯心论才能够被完全消除的魔法，是基于一个矛盾，即这个自然界尽管是盲目的自然力量的产物，却是彻彻底底合乎目的的。但通过目的论解释方式，这个可以依据[先验唯心论的]原理先天地演绎出来的矛盾恰恰被扬弃了。①

康德说，自然界在其各种合乎目的的形式里生动地对我们倾诉，而我们内心里的自由的现象给我们提供了对于自然界的密码的解读。那个为了显现出来而在行动里已经分裂的东西，在自然产物里仍然是聚集在一起的。每一株植物都完全是它应当所是的东西，它之内的自由东西是必然的，而它之内的必然东西是自由的。人是一个永恒的残缺之物，因为要么他的行动是必然的，因而不是自由的，要么他的行动是自由的，因而不是必然的和合乎法则的。这样看来，唯独有机自然界②才在外部世界里给我提供了统一起来的自由和必然性的完整现象，而且这一点已经预先可以从有机自然界在理论哲学所说的一系列生产活动里占据的位置推断出来，因为按照我们的推导，它本身已经是一个客观化了的生产活动，就此而言与自由的行动相毗邻，同时它还是一种无意识的对于生产活动的直观，就此而言

---

① 因为按照目的论解释方式，自然界是在意图先于制造活动的意义上呈现为合乎目的的。但真正说来，恰恰是在没有意图和没有目的的地方，最高的合目的性才显现出来。——谢林本人校订

② 无论从个别方面还是从整体方面来看的那个作为绝对有机存在者的自然界。——谢林本人校订

本身又是一个盲目的生产活动。

　　除了先验唯心论体系之外，任何体系都根本无法解释"同一个　　III, 609
产物既是盲目的产物，同时也是合乎目的的"这一矛盾，因为所有别
的体系要么否认产物的合目的性，要么否认产物的制造机制，而这些
做法都必定会扬弃那种共存。要么人们假设，物质自己把自己塑造为
合乎目的的产物，这样我们至少可以理解，为什么物质和目的概念在
产物里是相互渗透的，但在这种情况下，人们要么承认物质具有绝
对的实在性，而这就是物活论所做的事情（这个体系之所以是荒谬
的，是因为它假设**物质本身**是一个理智东西），要么不承认物质具有
绝对的实在性，于是物质必须被看作一个理智存在者的单纯直观方
式，以至于真正说来目的概念和客体不是在物质里，而是在那个理
智存在者的直观里相互渗透，而这样一来，物活论本身又还原为先
验唯心论。要么人们假设物质是绝对消极无为的，并且让物质之外
的一个理智在物质的产物里制造出合目的性，也就是说，这个合目的
性的概念是先于生产活动本身的，但这样一来我们就无法理解，为
什么概念和客体是无限地相互渗透的，一言以蔽之，为什么产物不
是艺术作品，而是自然产物。因为艺术作品和自然产物的区别恰恰在
于，在前者那里，概念仅仅铭刻在客体的表面，但在后者那里，概念
已经过渡到客体本身，并且与之完全不可分离。目的概念和客体本
身的这种绝对同一性只能用一个把有意识的活动和无意识的活动
统一起来的生产活动加以解释，但这样的生产活动只有在一个理智
中才是可能的。诚然我们可以理解，一个类似于创造者的理智如何
能够为自己呈现出一个世界，但不能理解，这个理智如何能够为自身
之外的其他理智呈现出一个世界。在这种情况下，我们发现自己又被

迫回到先验唯心论。

III, 610　　无论从整体来看, 还是从个别产物来看, 自然界的合目的性都只有通过一个在自身之内把概念的概念和客体本身原初地和不可区分地统一起来的直观才是可理解的, 也就是说, 这样一来, 虽然产物必定显现为合乎目的的东西（因为生产活动本身已经是由一个本原所规定的, 这个本原为了顾及意识分裂为自由的东西和不自由的东西）, 但目的概念不能被看作先于生产活动（因为在那个直观里, 二者仍然是不可区分的）。因此迄今所述本身就表明, 我们不需要更多的解释, 也不需要任何例子, 就可以看出, 一切目的论解释方式, 即那些让目的概念（对应于有意识的活动）先于客体（对应于无意识的活动）的解释方式, 实际上扬弃了全部真实的自然解释, 从而也会败坏完满的知识本身。

II.

诚然, 对我来说, 盲目地和机械地合乎目的的自然界代表着有意识的活动和无意识的活动的一种原初同一性, 但它[毕竟]没有代表着那种在**自我自身**之内具有其最终根据的绝对同一性。虽然先验哲学家认识到, 这种同一性[这种和谐]是我们之内的终极东西①, 即那个在自我意识的最初活动中已经分裂, 并且承载着整个意识及其全部规定的东西, 但**自我自身**并没有认识到这一点。然而**整个科学**的任务**恰恰**是要解释, 主观东西和客观东西之间的和谐的最终根据如何对**自我自身**而言成为客观的。

————————

① 自在体（das An sich）, 灵魂的本质。——谢林本人校订

　　既然如此，理智自身之内必须可以揭示出一个直观，通过这个直观，自我在**同一个现象里对自身而言**同时是有意识的和无意识的，而且，只有通过这个直观，我们才仿佛让理智完全摆脱自身，也就是说，只有通过这样一个直观，先验哲学的整个[最高的]问题（解释主观东西和客观东西的一致性）也才得到解决。 III, 611

　　通过第一个规定——有意识的活动和无意识的活动在**同一个直观**里成为客观的——，这个直观区别于过去我们在实践哲学里能够推导出来的那个直观①，因为在实践哲学里，理智仅仅对于内在直观而言是有意识的，但对于外在直观而言却是无意识的。

　　通过第二个规定——自我在同一个直观里**对自身而言**同时成为有意识的和无意识的——，这里所要求的直观区别于我们在自然产物里看到的直观，因为在自然产物里，我们虽然认识到有意识的自我和无意识的自我的同一性，却没有认识到那种在自我自身之内具有其本原的同一性。每一个有机体都是原初同一性的一个字母组合②，但自我如果要在这种反映中认识到自己，就必须已经在那种同一性之内直接认识到自己。

　　我们唯一需要做的事情，就是去分析这个如今已经推导出来的直观的特征，以找到这个直观本身。如果要做一个预先判断的话，那么这个直观只能是**艺术直观**。

---

① 区别于**自由**的行动中的自身直观。——谢林本人校订
② 一团缠绕在一起的笔画。——谢林本人校订

第六章
哲学的一个普遍官能的演绎，
或基于先验唯心论原理的艺术哲学主要定理

§. 1.
全部艺术作品的演绎

我们所要求的那个直观应当把分别存在于自由的现象里的东西和对于自然产物的直观里的东西统摄起来，也就是说，把**自我之内的有意识的东西和无意识的东西的同一性和对于这种同一性的意识统摄起来**。因此，这个直观的产物一方面与自然产物相毗邻，另一方面与自由作品相毗邻，并且必须在自身之内把二者的特性统一起来。当我们认识到直观的产物，也就认识到直观本身，相应地，我们只需要推导出产物，就可以推导出直观。

这种产物和自由作品的共同之处在于，它是伴随着意识而被制造出来的，而它和自然产物的共同之处在于，它是无意识地被制造出来的。从前一个角度看，它是有机的自然产物的反面。如果有机的产物反映出，无意识的（盲目的）活动是有意识的活动，那么反过来，

这里所说的产物反映出，有意识的活动是无意识的（盲目的），换句

514　个自由的行动,而是成为一个在自身之内将自由和必然性统一起来的行动。但是,生产活动毕竟应当是伴随着意识而发生的,而除非二者[两个活动]已经分裂,否则这是不可能的。因此这里有一个明显的矛盾。[我再阐述一下这个矛盾。] 有意识的活动和无意识的活动应当在产物里完全合为一体,正如它们在有机的产物里已经是如此,但它们应当以另一个方式合为一体,也就是说,它们应当**对于自我自身而言**是同一个东西。但是,除非自我已经意识到生产活动,否则这是不可能的。如果自我已经意识到了生产活动,那么两个活动必定是分裂的,因为这是对于生产活动的意识的必要条件。因此,两个活动必须是同一个东西,否则同一性就不存在,但二者必须是分裂的,否则同一性虽然存在,但不是对自我而言存在。如何解决这个矛盾呢?

　　为了让生产活动显现出来,成为客观的,两个活动必须是分裂的,正如为了让直观活动成为客观的,它们在自由的行动中也必须是分裂的。然而就像在自由的行动中一样,它们不可能**无限地**分裂下去,因为否则的话,客观东西就绝不可能是那种同一性的完满呈现。[①]二者的同一性只应当为了顾及意识才被扬弃,但生产活动应当终结于无意识的状态;因此必须有一个地方,二者在那里是合为一体的,反过来说,在二者合为一体的地方,生产活动必须不再显现为一个自由的生产活动。[②]

---

① 那种对于自由的行动而言处于一个无限进展中的东西,在当前的制造活动中应当是一个**"现在"**,应当在一个有限者里成为现实的、客观的。——谢林本人校订

② 在这里,自由的活动完全过渡到客观东西或必然的东西。因此生产活动在开端是自由的,反之产物显现为自由的活动和必然的活动的绝对同一性。——谢林本人校订

话说，如果对我而言，有机的产物反映出无意识的活动是由有
的活动所规定的，那么反过来，这里推导出的产物反映出有意
活动是由无意识的活动所规定的。简言之：自然界是无意识地
而有意识地终结，虽然生产活动不是合乎目的的，但产物却是
目的的。因此在这里所说的活动里，自我必须（主观地）开始
识，然后终结于无意识的东西，或者说客观地终结；从生产活
角度看，自我是有意识的，但从产物的角度来看，自我是无意识的

在我们所要求的那个直观里，无意识的活动仿佛是通过有意
的活动而发挥作用，最终达到二者的完满同一性；那么我们应当
何以先验的方式解释这样一个直观呢？我们首先考虑到，活动应
是一个有意识的活动。但这里所要求的情况，即某种客观东西伴
着意识被制造出来，却是绝对不可能的。只有无意识地产生出来
东西才是客观的，因此，在那个直观里，真正客观的东西也不可能
伴随着意识而被添加进来。关于这一点，我们可以直接援引那些
于自由的行动已经做出的证明，即在自由的行动中，客观东西是通
某种不依赖于自由的东西添加进来的。区别仅仅在于，a.在自由的行
动中，两个活动的同一性必须被扬弃，而这恰恰是为了让行动显现
自由的[，反之在这里，在意识自身之内，两个活动应当在不否定自身
的情况下显现为同一个东西]；b.在自由的行动中，两个活动也绝不可
能成为绝对同一的，所以自由行动的客体必然是一个无限的、绝不
会完满实现的东西，因为假若这个客体被完满实现了，有意识的活
动和无意识的活动就会合为一体，也就是说，自由的现象将不复存
在。过去通过自由绝对不可能的东西，现在应当通过这里所要求的
那个行动成为可能，但后者为之付出的代价就是，它必须不再是一

如果到达生产活动里的这个地方, 生产活动就必须绝对终止, 而且生产者也不可能继续进行生产, 因为一切生产活动恰恰是以有意识的活动和无意识的活动的对立为条件, 而这两个活动在这里应当绝对地汇合在一起, 因此, 在理智里面, 全部冲突都应当被扬弃, 全部矛盾都应当被统一起来。① $\quad$ III, 615

因此, 理智将终结于一种完满的认识, 即认识到产物里面表现出来的同一性是一种其本原位于理智自身之内的同一性, 也就是说, 理智将终结于一个完满的自身直观。②那种同一性里面早已包含着一个倾向于自身直观的自由趋势, 而且是这个趋势导致理智原初地发生分裂, 既然如此, 那种伴随着自身直观的感觉就将是一种无限满足的感觉。伴随着产物的完成, 一切企图去生产的冲动都止息了, 全部矛盾都被扬弃了, 全部谜语都被解答了。由于过去的生产活动是从自由出发, 亦即是从两个活动的一种无限对立出发, 所以理智不能把两个活动的那个终结了生产活动的绝对统一归功于**自由**, 因为伴随着产物的完成, 自由的一切现象也同时被取消了; 理智将由于那个绝对统一本身而感到惊诧和**庆幸**, 也就是说, 它仿佛把那个绝对统一看作一个更高的自然界的自愿的恩赐, 这个自然界把对理智而言不可能的东西变成可能。

在这里, 一个未知的东西使客观的活动和有意识的活动达到

---

① 从"如果到达生产活动里的这个地方"开始的整个段落在谢林的修订样本里被删掉了。——原编者注

② 因为它(理智)本身是生产者; 但与此同时, 这种同一性已经完全摆脱了理智: 前者对于理智而言已经成为完全客观的, 也就是说, **这种同一性对它自己而言已经成为完全客观的**。——谢林本人校订

一种出乎意料的和谐,但这个未知的东西无非是那个包含着有意识的东西和无意识的东西之间的前定和谐的普遍根据的绝对者。①因此,当这个绝对者从产物中反映出来,理智就会觉得它是一个凌驾于理智之上的东西,而且这个绝对者甚至违背了自由,把无意图的东西添加到那种伴随着意识和意图而开始的东西里面。

III, 616　　　这个永恒不变的同一东西,这个不能达到意识,并且只能从产物里返照出来的东西,其对于生产者而言恰恰就是命运对于行动者而言所是的东西,即一种黑暗的未知力量,是它把已经完成的或客观的东西添加到自由的残缺作品里面;并且,正如通常所说的命运是那样一种力量,它通过我们的自由行动,在我们不知不觉,甚至在违背我们的意志的情况下,实现了我们**想象不到的**目的,同样,我们也用"**天才**"这个晦涩的概念去标示那个不可思议的东西,那个无需自由的参与,并且在某种程度上违背自由,在自由里面永恒地逃避自己的东西,那个在生产活动里得到统一的东西,是它把客观的东西添加到有意识的东西里面。

这里所要求的产物无非是天才作品②,或者说无非是**艺术作品**,因为天才只有在艺术里才是可能的。

演绎已经完成了,我们接下来需要做的事情,无非是通过完整的分析以表明,这里所要求的生产活动的全部特征都汇集在审美生产活动里面。

所有的艺术家都宣称,他们是不由自主地被驱使着制造出自己

---

① 原初自主体(das Urselbst)。——谢林本人校订
② 天才的作品。——谢林本人校订

的作品，而且他们通过生产出作品，仅仅满足了他们的本性的一个不可遏制的冲动；单凭这些言论就可以合理地推断出，全部审美生产活动都是基于两个活动的对立。因为，如果一切冲动都是从一个矛盾出发，以至于矛盾被设定下来，自由的活动也成为不由自主的，那么艺术冲动必定也是从这样一种对于内在矛盾的感觉中显露出来的。既然是这个矛盾使整个的人及其全部力量运动起来，那么无疑也是它冲击着**人之内的终极东西**，冲击着人的整个存在的根基。①在极少数先于最高意义上的艺术家而存在着的人那里，那个永恒不变的同一东西，那个承载着一切存在者的东西，仿佛已经脱掉了它在其他人那里包裹着自己的外壳，一方面直接被事物刺激，另一方面也直接反作用于一切东西。就此而言，只有自由行动中的有意识的东 III, 617西和无意识的东西之间的矛盾才使艺术冲动运动起来，而反过来，只有艺术才注定能够满足我们的无限追求，并且消解我们之内的那个终极矛盾。

正如审美生产活动的开端在于感觉到一个貌似不可解决的矛盾，同样，根据全部艺术家和全部分有了艺术家灵感的人的供认，审美生产活动的终点在于感觉到一种**无限的**和谐，而且，单凭这种伴随着完满终结的感觉同时是一种**感触**，就已经证明，艺术家不是把他在自己的艺术作品里看到的矛盾的完满解决[仅仅]归功于他自己，而是归功于他的本性的一个自愿恩赐②，这个本性一方面冷酷地让他陷入自相矛盾，另一方面又仁慈地给他消除了这种矛盾带来的痛

---

① 真正的自在体。——谢林本人校订
② 这句话在校样里修改为："而是归功于他的本性的一个自愿恩赐，因此是归功于无意识的活动和有意识的活动的一种汇合。"——原编者注

苦；因为，正如艺术家是不由自主地，甚至是带着内在的反抗被驱使着从事生产活动（因此才有古人所说的pati Deum［被神驱使］之类谚语，并且总的说来才有灵感是源于外来的嘘气这一观念），同样，客观东西也仿佛无需他的干预，亦即本身就纯粹客观地添加到他的生产活动里面。正如厄运缠身的人做出的不是他所意愿的或图谋的事情，而是他在一个不可思议的命运的影响下必定做出的事情，同样，无论艺术家多么深谋远虑，但就他制造出的真正客观的东西而言，他看起来也是受到一个力量的影响，这个力量把他与所有别的人分开，强迫他说出或呈现出他自己没有完全看清的、具有无限意义的事物。现在，既然两个相互躲避的活动的那种绝对汇合是根本不能进一步加以解释的，毋宁仅仅是一个虽然不可思议①，但毕竟不

III, 618 可否认的**现象**，那么艺术就是唯一存在着的、永恒的启示，是这样一个奇迹，它哪怕只是昙花一现，也必定会让我们对那个最高东西的绝对实在性确信无疑。

　　进而言之，如果艺术是通过两个彼此完全不同的活动而完成的，那么天才就既不是前一个活动，也不是后一个活动，而是凌驾于二者之上。如果说我们必须在前一个活动（有意识的活动）里面寻找通常所谓的**艺术**②——这个东西实际上仅仅是艺术的一部分，亦即艺术身上那种伴随着意识、思索和反思而实施的东西，那种可教可学，可以通过别人的传授和自己的训练而达到的东西——，那么我们就必须反过来在艺术所包含的无意识部分里面寻找艺术身上那种不

---

① 从纯粹反思的立场来看。——谢林本人校订
② 当这里所说的"艺术"与后面所说的"诗"相对立时，是指"技艺"或"技巧"。——译者注

能通过学习、训练或别的什么方式而获得，毋宁只有通过自然界的自由恩赐才能够生而具有的东西，一言以蔽之，那种可以被称作艺术里的**诗**①的东西。

而这恰恰表明，去追问两个组成部分里面哪一个比另一个更优越，这是毫无意义的，因为实际上任何一方离开对方都是无价值的，毋宁说，只有当二者合在一起，才制造出最崇高的东西。尽管通常都认为，我们生而具有而非通过训练才获得的那种东西是更卓越的，但诸神也把那些原初力量的实施与人的严肃努力，与勤奋和思索如此牢固地结合起来，以至于如果没有艺术的话，即便是那种生而具有的诗，也仿佛只能制造出僵死的作品，而这些作品是任何人类知性都会感到索然无味的，并且通过其内在发挥作用的完全盲目的力量而排除了一切判断乃至直观。毋宁说，相比那种没有艺术的诗，我们反过来更期待那种没有诗的艺术能够有所成就，这一方面是因为，虽然没有艺术的人遍地都是，但很难说一个人在天性上跟诗完全不沾边，另一方面是因为，通过坚持不懈地研究大师们的理念，可以在某种程度上弥补客观力量的原初缺失，尽管这样一来，始终只 III, 619 能产生出诗的一个假象，这个假象的肤浅性相对于真正的艺术家在其作品中倾注的深奥意义——真正的艺术家虽然在工作时殚精竭虑，却不由自主地把深奥意义倾注到作品中，而他自己和任何别的人都不能完全理解这些意义——而言是很容易辨别的，此外还可以通过另外许多特征（比如重视艺术的单纯机械因素，在运用形式方面

---

① 这里所说的"诗"在与刚才所说的"艺术"相对立时，是指"创意""发明"等等。——译者注

捉襟见肘等）得到识别。

　　但也可以看出，正如单独的诗和艺术不可能制造出完满的东西，二者的孤立存在也不可能制造出完满的东西。[①]换言之，正因为二者的同一性只能是原初的，绝不可能通过自由而达到，而完满的东西只有通过天才才是可能的，所以，天才对于美学而言的意义等同于自我对于哲学而言的意义，也就是说，最高的东西是绝对实在的东西，它本身绝不会成为客观的，却是一切客观东西的原因。

§. 2.
艺术作品的特性

　　a. 艺术作品给我们反映出有意识的活动和无意识的活动的同一性。但二者的对立是一个无限的对立，而这个对立完全不需要自由的参与就被扬弃了。因此，艺术作品的基本特性是一种**无意识的无限性**[自然界和自由的综合]。艺术家在自己的作品里除了呈现出他故意放置到其中的东西之外，仿佛还按照本能呈现出一种无限性，一种不可能由任何有限的知性完全展开的无限性。我们只需要一个例子就可以说明这一点。比如，不可否认，希腊神话在自身之内包含着全部理念的无限意义和象征，但考虑到它产生出来时所属的民族和遵循的方式，这两个因素让我们根本不可能假设，有一个意图贯穿着这个发明，贯穿着那种把一切东西统一为一个伟大整体的和

III, 620

---

① 没有哪一方比另一方更有优先性。艺术作品里面反映出来的，恰恰只是二者（艺术和诗）的无差别。——谢林本人校订

谐。一切真实的艺术作品也是如此，虽然其中仿佛有无穷多的意图，可以做无限的解读，但人们终究还是不能断言，这种无限性是位于艺术家本人之内呢，还是仅仅位于艺术作品之内。反之在那种仅仅假装具有艺术作品特性的产物里，意图和规则都浮于表面，并且看上去是如此地局促和狭隘，以至于这个产物无非是艺术家的有意识的活动的忠实翻版，并且在根本上仅仅是反思的客体，而不是直观的客体，因为直观喜欢潜心于被直观者，并且只能在无限者那里得到安宁。

b. 每一个审美生产活动的开端都在于感觉到一个无限的矛盾，因此那种伴随着艺术作品的完成的感觉必定是一种满足的感觉，而且这种感觉必定又过渡到艺术作品本身。因此，艺术作品的外在表现是安宁和寂静的伟大，哪怕在应当表现出最高程度的痛苦和欢乐时也是如此。

c. 两个活动在一切自由的生产活动里都是已经分裂的，而每一个审美生产活动都是以这两个活动的一个自在地无限的分裂为出发点。但由于两个活动应当在产物里被呈现为统一起来的，所以通过产物，无限者就以有限的方式呈现出来。但无限者以有限的方式呈现出来，就是**美**。也就是说，一切艺术作品的基本特性在于把前面的两个活动包揽在自身之内，而这就是美，而且，如果没有美，也就没有艺术作品。诚然，也存在着崇高的艺术作品，而美和崇高从某个角度来看是相互对立的，比如一个自然场景可能是美的，但并不因此就是崇高的，反之亦然。然而美和崇高之间的对立仅仅出现在客体方面，而不是出现在直观的主体方面，因为美的艺术作品和崇高的艺术作品的区别仅仅在于，当美出现时，无限的矛盾就在客体自身之

III, 621

内被扬弃了，反之当崇高出现时，矛盾却不是在客体自身之内统一起来，而是仅仅攀升到一个高度，在直观里不由自主地扬弃自身，而这样一来，它仿佛就是在客体之内被扬弃了。[①]此外也很容易看出，崇高和美是立足于同一个矛盾，因为，每当一个客体被称作崇高的，它都总是通过无意识的活动而获得一个量，而这个量不可能被转移到有意识的活动之内，因此在这种情况下，自我就和自己相冲突，而这个冲突只能终结于一个把两个活动带入意料之外的和谐中的审美直观，只不过这个直观在这里不是位于艺术家之内，而是位于进行直观的主体之内，并且是完全不由自主的，因为崇高的东西（它完全不同于那些纯粹光怪陆离的东西，这些东西虽然也给想象力设置了一个矛盾，但这个矛盾不值得费力去解决）使心灵的全部力量运动起来，以求解决那个威胁着整个理智存在的矛盾。

在推导出艺术作品的各种特性之后，艺术作品和所有别的产物的**区别**同时也昭然若揭。

也就是说，艺术作品区别于有机的自然产物的地方主要在于，[a. 审美生产活动呈现出的是那种分裂之后又统一起来的东西，而有机存在者呈现出的是这种东西未分裂之前的样子；b.]有机的生产活动不是从意识出发，因此也不是从无限的矛盾出发，而这个矛盾却是审美生产活动的条件。因此，[如果美在根本上是一个无限冲突的解决，那么]有机的自然产物并非必然是**美的**，而如果它是美的，因为

III, 622

---

① 从"诚然……"开始的这段文字在校样里被替换为："诚然，也存在着崇高的艺术作品，而崇高和美通常都被看作相互对立的，但美和崇高之间没有真正的、客观的对立；真正而绝对美的东西始终也是崇高的，崇高的东西（如果真的是如此）也是美的。"——原编者注

美的条件不可能被认为存在于自然界之内,所以美将显现为绝对偶然的东西,而这就可以解释,那种对于自然美的完全独特的兴趣,不是在于它是一般意义上的美,而是在于它被规定为**自然美**。由此本身就表明,我们应当怎样看待那种把模仿自然界当作艺术的本原的做法,因为,纯粹偶然美的自然界远远谈不上给艺术提供规则,毋宁说,完满的艺术制造出的东西才是评判自然界的本原和标准。

至于审美作品是通过什么区别于**普通艺术作品**,这是很容易判别的,因为一切审美制造活动就其本原而言都是一个绝对自由的制造活动,艺术家虽然可能是在一个矛盾的驱使之下才制造出作品,但这个矛盾仅仅位于他自己的最高本性之内,反之任何别的制造活动都是由一个位于真正的生产者之外的矛盾所引发的,因此全都具有一个外在于自身的目的[①]。艺术的那种神圣性和纯粹性就是起源于它相对于外在目的而言的独立性,这种独立性是如此之彻底,以至于不但与一切单纯的感官享受断绝了关系(野蛮人的一个真正特性,就是要求通过艺术而获得感官享受),或者说与那些有利可图的东西断绝了关系(只有一个把经济学发明看作人类精神的最大努力的时代才可能要求艺术提供有利可图的东西),而且与一切属于道德的东西也断绝了关系,甚至把那种在无利可图方面最接近于艺术的科学也远远抛在身后,而这仅仅是因为,科学总是指向一个外在于 III, 623 自身的目的,并且本身最终必须仅仅作为手段而服务于最崇高的东西(艺术)。

关于艺术和科学的关系,尤其需要指出一点,即二者就其倾向

---

① (绝对地过渡到客观东西)。——谢林本人校订

而言是如此地相互对立，以至于假若科学像艺术总是能够做到的那样解决了自己的整个任务，那么二者必定会融合和转化为同一个东西，而这就完全证明了二者的相反方向。因为，尽管科学就其最高功能而言和艺术面临同一个任务，但从解决任务的方式来看，这个任务对于科学而言是一个无限的任务，以至于可以说，艺术是科学的原型，科学只会出现在艺术存在着的地方。这恰恰也解释了，为什么以及在何种意义上科学里面没有天才，这并非仿佛在说，一个科学任务不可能以天才的方式得到解决，而是说，同一个任务既可以通过天才找到解决办法，也可以以机械的方式得到解决，比如牛顿提出的万有引力体系就是如此，因为这个体系既可能是一个真正天才的发明，而开普勒实际上是它的第一个发明者，但同样也可能是一个完全属于科学的发明，而牛顿就是完成了这样一个发明。只有艺术制造出的东西才**仅仅**通过天才而成为可能，因为在艺术已经解决的每一个任务里面，都有一个无限的矛盾被统一起来。科学制造出的东西**有可能**是由天才制造出来的，但并非必然是由天才制造出来的。因此，科学里面有而且始终有一个悬疑，即人们虽然总是能够明确地说出哪里没有天才，却从不能说出哪里有天才。只有通过少数特征，人们才可以推断出科学里面有天才（但就人们必须进行推断而言，这已经表现出事情的一个完全独特的性质）。比如，如果一个类似于体系的整体仿佛是由一些部分组合而成的，那里就肯定没有天才。因此人们必须反过来预设，当在某个地方整体的理念明显是先于个别部分，那里就有天才。这是因为，整体的理念如果要成为清晰可见的，终究只能在个别部分里面展开自身，反过来，个别部分只有通过整体的理念才是可能的，于是这里似乎有一个矛盾，而这个矛盾

III, 624

只有通过天才的一个活动才是可能的，也就是说，只有通过无意识的活动和有意识的活动的一种出乎意料的汇合才是可能的。关于科学里面的天才，或许还有一个猜测根据，即在一个人说出或主张某些事物时，要么按照他所生活的那个时代而言，要么按照他的别的言论而言，他都不可能完全洞察这些事物的意义，因此他那些似乎是有意识地说出来的东西，其实只能是无意识地说出来的。但我们不难通过各种方式证明，这些猜测根据也可能是极具欺骗性的。

天才之所以从一切别的仅仅是才能或娴熟技能的东西里脱颖而出，是因为它解决了一个通过别的东西绝不可能解决的矛盾。在一切生产活动（包括最普通和最常见的生产活动）里面，都是无意识的活动和有意识的活动一起发挥作用；但只有那个把两个活动的无限对立当作条件的生产活动，才是一个**仅仅**通过天才而成为可能的审美生产活动。

§. 3.
绎理

为了满足当前研究的需要，我们已经完整地推导出艺术作品的本质和特性，而剩下的事情无非就是去指出艺术哲学和一般哲学的整个体系的关系。

1）整个哲学都是，而且必须是发源于一个本原，这个本原作为绝对同一体是绝对非客观的。现在，如果这个绝对非客观的东西是理解整个哲学的条件，它是如何必然地被召唤到意识面前并得到理解呢？它既不能通过概念而被把握，也不能通过概念而被呈现，这 III, 625

些都是不需要证明的。因此只剩下一个办法，即它在一个直接的直观里被呈现出来，但这个直观本身同样是不可理解的，甚至因为把某种绝对非客观的东西当作客体而看起来是自相矛盾的。假若确实有一个直观，把那个绝对同一的、自在地既非主体也非客体的东西当作客体，假若人们希望通过诉诸直接经验去验证这个只能是理智直观的直观，那么，如果这个直观不具有一种普遍的、所有的人都承认的客观性，它如何可能重新成为客观的，也就是说，如何可能摆脱质疑，而不被看作基于一个纯粹主观的幻觉呢？理智直观的这个普遍承认的、无论如何都不可否认的客观性就是艺术本身。因为审美直观恰恰是已经客观化了的理智直观。①艺术作品仅仅给我反映出那个此外不能通过别的事物而反映出来的东西，即那个绝对同一体，那个甚至在自我之内已经分裂的东西；哲学家在意识的第一个活动里已经使之分裂的东西，通过艺术的奇迹从艺术作品里重新映照出来，这是任何别的直观都无法企及的。

　　不仅哲学的最初本原和哲学由之出发的最初直观，而且哲学推导出来并以之为基础的整个机制，都只有通过审美生产活动才成为客观的。

III, 626

---

① 从本段开始到这里的文字在校样里被修改为："整个哲学都是，而且必然是发源于一个本原，这个本原作为绝对本原，同时也是绝对同一体。一个绝对单纯的同一体不可能通过描述，更不可能通过概念而得到把握或传达。它只能被直观。这样一个直观是全部哲学的官能。——但这个直观不是一个感性直观，而是一个理智直观，不是以客观东西或主观东西为对象，而是以那个绝对同一的、自在地既非主观的也非客观的东西为对象，因此它本身仅仅是一个对自身而言不可能重新客观化的内在直观：它只有通过第二个直观才能够成为客观的，而这第二个直观就是审美直观。"——原编者注

哲学发源于两个相互对立的活动的一种无限分裂①；但一切审美生产活动也是立足于这种分裂，而且艺术的每一个单独的呈现都会完整地扬弃这种分裂。②那么，究竟是通过什么样的神奇能力，那个按照哲学家的论断存在于生产性直观之内的无限对立扬弃了自身呢？我们之所以直到现在都还不能完整地解释这个机制，是因为只有艺术能力才能够完全揭示这个机制。正是通过这个生产能力，艺术才做成了那件不可能的事情，即在一个有限的产物里扬弃一个无限的对立。第一个潜能阶次里作为原初直观的东西，正是诗的能力，反过来看③，我们所说的诗的能力，仅仅是一个在最高的潜能阶次里重复进行的生产性直观。原初直观和生产性直观之内活动着的是同一个东西，唯有通过这个东西，我们才能够思考和统摄矛盾的东西，——这就是想象力。因此，同一个活动的那些产物，在意识的彼岸被我们看作现实事物，而在意识的此岸却被我们看作理想事物或艺术世界。但恰恰是这一点，即在别的产生条件都完全相同的情况下，一种产物的起源位于意识的彼岸，另一种产物的起源却是位于意识的此岸，构成了二者之间的绝不可被扬弃的永恒区别。

因为，尽管现实世界和艺术世界完全是从同一个原初对立里显露出来的，都必须被看作一个伟大的整体，而且在它们的全部单个　III, 627

---

① 哲学让直观的全部生产活动从两个之前并不对立的活动的分裂中显露出来。——谢林本人校订

② 校样里删掉了"而且艺术……扬弃这种分裂"这句话。——原编者注

③ "正是通过这个生产能力……反过来看"这段文字在校样里被修改为："同一个生产能力既使客体产生出来，也使艺术对象产生出来，只不过那个活动在前一种情况下是**浑浊的**、受到限定的，在后一种情况下是纯粹而不受限定的。就诗的能力在有限的和现实的事物里表现出来而言，从它的第一个潜能阶次来看就是灵魂的最初的生产能力，反过来看……"——原编者注

产物里，都必须只有唯一的无限者呈现出来和显露出来，但意识彼岸的那个对立只有在这种情况下才是无限的，即无限者是通过作为**整体**的客观世界，但绝不是通过单个客体而被呈现出来，反之，对于艺术而言，那个对立在**每一个单个客体**里都是一个无限的对立，而且艺术的每一个单个客体都呈现出无限性。因为，如果审美生产活动是发源于自由，如果有意识的活动和无意识的活动的对立恰恰对于自由而言是一个绝对对立，那么真正说来就只有一件绝对的艺术作品，这件艺术作品虽然能够存在于千差万别的样本里面，但终究只是单一的东西，哪怕它还不能按照其最原初的形态而存在。人们不可能针对这个观点提出异议，说什么它会导致人们再也不能慷慨大度地把"艺术作品"这个标签随便贴在什么东西上面。凡是不能直接地或至少在反映里呈现出一个无限者的，都不是艺术作品。比如，难道我们会把那些就其本性而言仅仅呈现出个别东西和主观东西的诗歌也称作艺术作品？如果是这样，我们也必须把艺术作品的称号授予一切仅仅记录下瞬间感受和当前印象的名言警句，虽然一些大师确实是用这类诗歌形式进行训练，但他们所追求的却是仅仅通过他们的诗歌的**整体**而制造出客观性本身，而且他们仅仅把诗歌当作手段来使用，以呈现出一个完整而无限的生命，并且借助多种多样的镜子将其映照出来。

2) 如果说审美直观仅仅是一个已经客观化了的先验直观[①]，那么不言而喻，艺术是哲学的唯一真实的和永恒的官能，同时是哲学的一份证书，这份证书总是不断地重新确证哲学不能外在地呈现出

---

① 理智直观。——谢林本人校订

来的东西，即行动和生产活动中的无意识的东西及其与有意识的东　III, 628
西的同一性。艺术仿佛给哲学家开启了至圣的场所，在这里，那些在
自然界和历史里分开的东西，还有那些在生命、行动和思维里必定
会相互躲避的东西，回到永恒而原初的统一，仿佛在一团火焰里燃
烧；正因如此，艺术对于哲学家而言是最崇高的东西。哲学家在自然
界那里煞费心机得到的观点，对于艺术而言是一个原初的和自然而
然的观点。我们所说的自然界，是一首封闭在秘密而神奇的文字里
的诗。假若谜语能够揭露自身，我们就会从中认识到精神的奥德赛，
而精神就像陷入了神奇的幻觉，既寻找着自己，也躲避着自己；因
为，正如意义仅仅是通过词语而闪现出来，我们向往的幻想之国也
仅仅像通过朦胧的云雾一样，通过感官世界而闪现出来。每一幅辉
煌的画作都仿佛是这样产生出来的，即那个不可见的、把现实世界
和理想世界分开的隔断被取消了，只需要一个缺口，幻想世界的那
些通过现实世界仅仅隐约闪现出来的形态和风光就完全显露出来。
自然界对于艺术家而言不再是哲学家眼里的样子，也就是说，不再
仅仅是一个在持续限制之下显现出来的理想世界，或者说，不再仅
仅是那个不是在哲学家之外，而是在哲学家之内存在着的世界的一
个不完满的镜像。

　　通过以上所述，已经充分回答了"哲学和艺术既然有这种亲缘
性，那么它们的对立是从哪里来的"这一问题。

　　因此我们以如下评论作为结语。——当一个体系回到它的出发
点，就完结了。而我们的体系恰恰就是这样。因为，主观东西和客观
东西的全部和谐的原初根据，按照其原初同一性而言只能通过理智
直观而被呈现出来，但通过艺术作品，这个原初根据完全摆脱了主

观东西，并且已经完全客观化，而在这种情况下，我们就把我们的客
体，自我自身，逐渐带到我们开始进行哲学思考时曾经亲自所在的
位置。

　　如果唯有艺术能够做到以普遍有效的方式把哲学家只能主观
地呈现出来的东西客观化，那么为了得出这个结论，还必须期待，既
然哲学在科学的童年时期是诞生于诗并且从诗中得到滋养，那么在
哲学完满终结之后，所有那些通过哲学而臻于完满的科学也将作为
同样多的河流重新注入它们所发源的诗的普遍海洋。至于什么东西
是科学回归诗的过程的中间环节，一般而言是不难回答的，因为在
这个现在看起来不可解决的分裂尚未发生的时候，神话里面已经存
在着这样一个中间环节。[①]至于一种新神话——它不可能是个别诗
人的发明，毋宁只能是一个仿佛仅仅表现为一位诗人的新族类的发
明——本身如何能够产生出来，这个问题的解决只能寄希望于世界
的未来命运和历史的后续进程。

III, 629

----

① 我在一篇很多年以前就已经完成的论文《论神话》里面详细地阐发了这个思想，而这篇论
　文很快就会发表。——谢林原稿注

整个体系的综述

任何一位全神贯注地跟随我们来到这里的读者，只需要再次思考整体的联系，无疑就会做出以下评论：

首先，整个体系是处于两个极端之间，一个极端以理智直观为标志，一个极端以审美直观为标志。对于哲学家而言是理智直观的东西，对于他的客体而言就是审美直观。前一个直观仅仅是哲学家在进行哲学思考时为了采取一个特殊的精神方向而必需的东西，因此根本不会出现在普通意识里面；后一个直观无非是已经普遍有效化和客观化的理智直观，因此至少**能够**出现在每一个意识里面。由此恰恰可以认识到"哲学**作为哲学**绝不可能成为普遍有效的"这一事实及其原因。具备绝对客观性的那个极端是艺术。可以说，如果拿走艺术的客观性，艺术就不再是艺术，而是转变为哲学；如果赋予哲学以客观性，哲学也不再是哲学，而是转变为艺术。——哲学虽然达到了最崇高的东西，但仿佛只是引导很少一部分人来到这个点，而艺术则是按照人的本质引导**所有的人**去认识最崇高的东西；艺术与哲学的永恒区别以及艺术的奇迹就是以此为基础。

其次，先验哲学的整体联系仅仅以自身直观不断提升潜能阶次为依据，这个过程就是从自我意识里的最初的、最单纯的潜能阶次一直上升到最高的潜能阶次，即审美的潜能阶次。

以下就是哲学的客体[自我]为了制造出自我意识的整座大厦而经历的那些潜能阶次。

绝对同一体第一次发生分裂的地方是自我意识的一个活动，而这个活动无非是**一般意义上的自身直观**的活动。但这个活动还不能够把任何已规定的东西设定在自我之内，因为这个活动仅仅一般地设定了全部规定性。在这个最初的活动里，那个同一体第一次同时是主体和客体，也就是说，它一般地转变为自我——虽然它自己并不知道这一点，但对哲学反思而言却是如此。

（至于那个从这个活动中抽离出来，仿佛**先于**这个活动而存在着的同一体究竟是什么，这是根本不可能追问的。因为这个东西**只能通过自我意识而启示自身**，并且任何时候都不能离开这个活动。）

凭借第二个自身直观，自我直观到那个设定在自我的活动的客观东西之内的规定性，而这件事情是在**感受**中发生的。在这个直观里，自我是**它自己的**客体，而在这之前，它仅仅对于哲学家而言是客体和主体。

在第三个自身直观里，自我作为感受者也成为自己的客体，也就是说，自我之内迄今为止的主观东西也转变为客观东西；因此自我之内的一切东西现在都是客观的，或者说，**整个**自我都是客观的，并且**作为客观的自我**同时是主体和客体。

因此，意识的这个环节唯一能够遗留下来的，就是意识产生出来之后察觉到的一个绝对客观的东西（外部世界）。——这个直观已经上升到更高的潜能阶次，因此就是生产性直观，而它除了包含着客观活动和主观活动之外（**二者**在这里都是客观的），还包含着

第三个活动，一个真正进行直观的活动，亦即那个后来作为**有意识** III, 632
的活动而浮现出来的**观念**活动，但这个活动仅仅是前两个活动所构
成的第三个活动，因此既不能脱离那两个活动，也不能与它们相对
立。——也就是说，这个直观已经掺杂着一个有意识的活动，换言
之，无意识的客观东西是由一个有意识的活动所规定的，只不过后
者并没有作为这样一个活动而被区分开。

　　凭借接下来的第四个直观，自我直观到自己是生产者。但由于自
我现在**完全**是客观的，所以这个直观也**完全**是客观的，也就是说，仍
然是无意识的。诚然，这个直观里也有一个观念活动，它把那个掺杂
在前一个直观里的同样进行直观的观念活动当作客体；因此，这里
进行直观的活动是第二个潜能阶次的观念活动，亦即一个虽然合乎
目的，却是无意识地合乎目的的活动。这个直观在意识里遗留下来
的东西，虽然显现为合乎目的的产物，却不是显现为以合乎目的的方
式制造出来的产物。这样的产物就是整个范围内的**有机体**。

　　经过这四个层次，作为理智的自我就完成了。很显然，直到这个
地方为止，自然界和自我都是完全同步的，因此自然界所缺失的无疑
只是一个终极的东西，通过这个东西，所有那些直观对于自身而言
才获得它们对于自我而言已经具有的意义。至于这个终极东西是什
么，以下自见分晓。

　　假若自我永远都**完全**是客观的，那么自身直观就会无限地提升
自己的潜能阶次，而这只不过是延长了自然界里面的产物序列，却绝
不会让意识产生出来。只有当自我之内的那个完全客观的东西**对自
我自身而言**成为客观的，意识才是可能的。但这件事情的根据**不可
能**是位于**自我自身之内**。因为自我和那个**完全**客观的东西是绝对同

一的。因此，那个根据只能是位于自我之外，于是自我在不断受到限定的情况下，逐渐把自己限制为理智，甚至把自己限制为个体性。但那个位于个体之外，亦即不依赖于个体的东西，仅仅是**理智本身**。理智本身在其存在的地方必须（按照已经推导出的机制）把自己限制为个体性。因此，那个应当在理智之外去寻找的根据只能是位于**另一个个体**之内。

III, 633

只有在另外一些理性存在者的影响之下，绝对客观的东西才能够成为**自我自身**的客体。但这些理性存在者必须已经有去发挥影响的意图。因此在自然界里，自由总是已经被当作一个前提（自然界并未制造出自由），除非自由在某个地方已经是第一位的东西，否则它不会在这里产生出来。由此可见，虽然自然界直到这个地方都是等同于理智，并且和理智经历了同样一些潜能阶次，但**如果**存在着自由（"存在着自由"这个**事实**在理论上是不可证明的），那么自由必定是高于或先于自然界（natura prior）。

于是这个地方开始了行动的一个新的层次秩序，这些行动不可能是由自然界造成的，而是把自然界抛在身后。

绝对客观的东西或直观活动的合法则性成为自我自身的客体。然而直观活动只有通过意愿才成为直观者的客体。意愿里的客观东西是直观活动本身，或者说是自然界的纯粹合法则性；意愿里的主观东西是一个指向那个自在的合法则性的观念活动，而造成这个局面的活动，是**绝对的意志活动**。

绝对的意志活动本身之所以又成为自我的客体，是因为客观东西（意愿里的那个指向外在事物的东西）作为自然冲动成为自我的客体，而主观东西（意愿里的那个指向自在的合法则性的东西）则是作为绝对意志，亦即作为定言命令，成为自我的客体。但如果没有一个凌驾于客观东西和主观东西之上的活动，这仍然是不可能的。这个活动就是**任意**，或者说一个伴随着意识的自由活动。

这个伴随着意识的自由活动虽然应当与客观活动合为一体，但在行动中却是与之对立的，而如果在它们的原初同一性中去直观这个伴随着意识的自由活动（这件事情绝不可能是通过自由而发生的），最终就产生出自身直观的最高潜能阶次。因为这个自身直观本身已经超越了意识的**各种条件**，毋宁是一个从头开始创造自己的意识本身，所以它当出现时，必定会显现为绝对偶然的东西，而在自身直观的最高潜能阶次里，这个绝对偶然的东西就是**天才**的理念所标示的那个东西。

III, 634

以上就是自我意识的历史里面的那些永恒不变的、对于全部知识而言都坚定不移的环节，它们在经验中以一个延续的层级秩序为标志，这个层级秩序从单纯的质料开始，一直到有机体（通过有机体，无意识的生产性自然界回归自身），然后从有机体开始，经过理性和任意，一直到艺术里的自由和必然性的最高统一（通过这种统一，有意识的生产性自然界在自身之内闭合并完满终结），都可以被揭示出来并连贯起来。

人名索引

（条目后面的页码指德文版《谢林全集》第三卷的页码，即本书正文中的边码）

主要译名对照

Abdruck 摹本

Abseits 彼岸世界

das Absolute 绝对者

Absolutheit 绝对性

Akt 活动

All 大全

Anfang 开端

Anschauen 直观活动

Anschauung 直观

An-sich 自在体

an und für sich 自在且自为的

Atheismus 无神论

Band 纽带

Befreiung 解放, 摆脱

Begriff 概念

Beschreibung 描述

Bestimmtheit 规定性

Bestimmung 规定, 使命

Betrachtung 观察

Betrachtungsweise 观察方式

Beziehung 关联

Bild 形象, 图像, 肖像

Coexistenz 共存

darstellen 呈现, 表现

Darstellung 呈现

Dasein 实存, 存在

Dauer 延续, 绵延

Denken 思维

Dialektik 辩证法

Dichtung 诗歌

Differenz 差异

Dualismus 二元论

Ein- und Allheit 大全一体
Einbilden 内化
Einbildung 内化, 想象
Einbildungskraft 想象力
Einheit 统一性, 统一体
Empfindung 感受
Empirismus 经验论
das Endliche 有限者
Endlichkeit 有限性
entstehen 产生
Entwicklung 发展, 展开
Entzweiung 分裂
Erde 大地, 地球
Erfahrung 经验
Erfindung 发明
Erkennen 认识活动
Erkenntnis 认识
Erklärungen 解释
Ereignis 事件
Erscheinung 现象
esoterisch 隐秘的
ewig 永恒的

Ewigkeit 永恒, 永恒性
Existenz 实存, 存在
exotersich 显白的

Folge 后果, 顺序
Forderung 要求
Form 形式
Freiheit 自由

das Ganze 整体
Gattung 种属
Gebot 诫命
Geburt 诞生
Gedanke 思想
Gedicht 诗, 诗作, 诗歌
gegeben 给定的
Gegenstand 对象
Gegenwart 现在
gegenwärtig 当前的
Geist 精神
geistig 精神性的
Gemeinschaftliches 共同者
Genie 天才
Geschichte 历史

Geschlecht 族类

Gott 上帝, 神

Götter 诸神

Gottheit 神性

göttlich 上帝的, 神性的, 神圣的

Grund 根据

Grundsatz 原理

Handlung 行动

Hervortreten 显露

Historie 历史学

historisch 历史学的

Hylozoismus 物活论

Ich 我, 自我

Ichheit 自我性

Ideal 理想

idealisierend 理想化的

Idealität 理念性

Idealismus 唯心论

Idee 理念

ideell 观念的

Ideenwelt 理念世界

Identität 同一性

Indifferenz 无差别。

Individualität 个体性

Individium 个体

Irritabilität 激动性

Konstruktion 建构

Kritizismus 批判主义

Leben 生命

Lehre 学说, 教导

Lehrsatz 定理

Leib 身体, 载体

Materie 物质, 质料

Mittel 中介, 手段

Mitteilung 分有, 分享

Möglichkeit 可能性

Mythologie 神话

Nachahmung 摹仿

Natur 自然界, 本性

Naturphilosophie 自然哲学

Naturwissenschaft 自然科学

Nichtigkeit 虚妄, 虚无

Nichts 虚无

Notwendigkeit 必然性

Objekt 客体

objektiv 客观的

Offenbarung 启示

Organ 官能

Organisation 有机体

Organismus 有机体

Phänomen 现象

Poesie 诗, 诗歌, 创制

positiv 肯定的

Postulat 公设

Potenz 潜能阶次

potenzieren 提升潜能阶次

Prinzip 本原

Produkt 产物

Produktion 生产活动

produktiv 生产性

Produzieren 生产活动

Progressus 进展

Prozeß 过程

Raum 空间

real 实在的

das Reale 实在东西

realisierend 实在化的

Realismus 实在论

Realität 实在性

Reflexion 反映, 反思

Regel 规则

Resultat 结果

Rührung 感触

Sache 事情

Satz 命题, 定理

Schauen 直观

Schema 范型

Schematismus 范型化

Schicksal 命运

Schwere 重力

Seele 灵魂

Selbst 自主体

Selbstbewußtsein 自我意识

Selbsterkennen 自我认识

Selbstheit 自主性

Sensibilität 感受性

setzen 设定

Sinnenwelt 感官世界

sinnlich 感性的

sittlich 伦理的

Sittlichkeit 伦理性

Spekulation 思辨

Sphäre 层面

Staat 国家

Stetigkeit 延续性

Streben 努力

Stufenfolge 层次秩序

Subjekt 主体

subjektiv 主观的

Substanz 实体

Substrat 基体

Sukzession 相继性

Symbol 象征

Tätigkeit 活动

Tatsache 事实

Tendenz 倾向

Totalität 总体性

Trieb 冲动

Tugend 美德

Tun 行动

Übel 灾难

Übergang 过渡

Überlieferung 传承

das Unendliche 无限者

Unendlichkeit 无限性

Universum 宇宙

Urbewußtsein 原初意识

Ursein 原初存在

Ursprung 起源

ursprünglich 原初的

Urwesen 原初本质

Urwissen 原初知识

Verfassung 制度

Vergangenheit 过去

Verhängnis 厄运, 灾厄

Vernunft 理性

Verstand 知性

Volk 民族

Voraussetzung 前提

Vorsehung 天命

Vorstellung 表象, 观念

das Wahre 真相

Wahrheit 真理

Wechselwirkung 交互作用

Welt 世界

Weltgeist 世界精神

Weltsystem 世界体系

Werkzeug 工具

Wesen 本质, 存在者

Willkür 任意

Wirklichkeit 现实性

Wissen 知识

Wissenschaft 科学

Wissenschaftslehre 知识学

Wunder 奇迹

Zeit 时间

zeitlich 应时的, 短暂的

zeitlos 与时间无关的

Zentralpunkt 中心点

Zentrum 核心

Zeugung 生殖

Zukunft 未来